Wüstenrot Stiftung (Hrsg.)

RAUMPILOT
ARBEITEN

Markus Gasser

Carolin zur Brügge

Mario Tvrtković

kraemerverlag

Die Publikationsreihe „Raumpilot" besteht aus insgesamt vier Bänden:

Raumpilot Grundlagen	Thomas Jocher, Sigrid Loch
	Institut Wohnen und Entwerfen, Universität Stuttgart
	ISBN 978-3-7828-1525-3
Raumpilot Arbeiten	Markus Gasser, Carolin zur Brügge, Mario Tvrtković
	Professur Entwerfen und Siedlungsentwicklung, Technische Universität Darmstadt
	ISBN 978-3-7828-1526-0
Raumpilot Lernen	Arno Lederer, Barbara Pampe
	Institut für Öffentliche Bauten und Entwerfen, Universität Stuttgart
	ISBN 978-3-7828-1527-7
Raumpilot Wohnen	Walter Stamm-Teske, Katja Fischer, Tobias Haag
	Professur Entwerfen und Wohnungsbau, Bauhaus-Universität Weimar
	ISBN 978-3-7828-1528-4

Herausgeber
Wüstenrot Stiftung, Ludwigsburg

Redaktion, Konzept und Gestaltung Band Arbeiten
Markus Gasser, Carolin zur Brügge, Mario Tvrtković

Gesamtlayout Buchreihe „Raumpilot"
Sigrid Loch, Tobias Haag

Das Werk einschließlich aller seiner Teile ist urheberrechtlich geschützt. Jede Verwertung außerhalb der engen Grenzen des Urheberrechtsgesetzes ist ohne Zustimmung der Wüstenrot Stiftung und des Karl Krämer Verlags unzulässig und strafbar. Dies gilt insbesondere für Vervielfältigungen, Nachdruck, Übersetzungen, elektronische Speicherung (auch durch Scannen) in digitalen Netzen oder die Mikroverfilmung.

© 2010 Wüstenrot Stiftung, Ludwigsburg, und Karl Krämer Verlag Stuttgart + Zürich
Alle Rechte vorbehalten. All rights reserved.
Druck: RöslerDruck GmbH, Schorndorf
Printed in Germany
ISBN 978-3-7828-1526-0

Inhaltsverzeichnis

Vorwort	5
Position	7
Anleitung	**9**
Überblick	11
Entwerfen	13
Arbeit verstehen	**17**
Arbeit heute	19
Arten der Arbeit	24
Historische Entwicklung	29
Ökonomie	51
Stadt, Quartier, Haus	67
Typologische Konzepte	97
Arbeit und…	**109**
Gebrauchsanleitung	111
Sich verorten	113
Typologie	127
Rohbau, Ausbau, Gebäudetechnologie	143
Verbinden, Trennen	159
Kommunizieren	173
Gestalten, Designen	187
Periphere Dienste & technische Peripherie	203
Projekte – Arbeiten	**219**
Projektauswahl	221
0 bis 19 Arbeitsplätze	222
19 bis 49 Arbeitsplätze	230
50 bis 249 Arbeitsplätze	238
über 250 Arbeitsplätze	246
Anhang	

Vorwort der Wüstenrot Stiftung

Die Arbeits-, Lebens-, Organisations- und Wirtschaftsformen haben sich in den letzten Jahrzehnten nicht nur in Deutschland erheblich verändert. Kulturelle, technische und wirtschaftliche Entwicklungen und Globalisierungsprozesse sowie gewandelte Anforderungen, Präferenzen und Werthaltungen gehören zu den wichtigsten Ursachen für diese Veränderungen. Inzwischen werden dadurch auch neue Orientierungen in der räumlich-baulichen Konzeption und in der Organisation der Gebäude erforderlich, um den damit verbundenen Auswirkungen auf die vorherrschenden Nutzungsformen entsprechen zu können.

Zu beobachten ist dieser Prozess in nahezu allen Lebensbereichen; deutlich wird er beispielsweise in einer gewandelten Nachfrage nach differenzierten Wohnungen und Wohngebäuden, in modifizierten Anforderungen an die Gestaltung von Kindergärten, Schulen und anderen Bildungseinrichtungen, in Industrie- und Gewerbebauten, die unter den Bedingungen eines verschärften ökonomischen Wettbewerbs einem besonderen Anpassungsdruck unterliegen, oder in den Wirkungen neuer Konsum- und Freizeitmuster sowohl auf Gebäude als auch auf öffentliche Räume. Besonders auffällig werden die Veränderungen an neuen Kombinationen unterschiedlicher Gebäudenutzungen, an veränderten Nutzungszyklen und an den Verbindungen des Wohnens mit modernen, leicht integrierbaren Dienstleistungen.

Angesichts signifikant wachsender internationaler Einflüsse und Marktorientierungen greifen eine klassische Gebäudelehre und damit auch die herkömmliche Vermittlung von Raum- und Organisationskonzepten nur noch begrenzt. Parallel zu einer gebäudetypologischen Betrachtung treten die ausgeübten Tätigkeiten und die mit ihnen verbundenen Anforderungen stärker in den Vordergrund. Die Gebäudelehre muss, um auf diese Veränderungen adäquat reagieren zu können, intensiver als bisher auf die grundlegenden Anforderungen ausgerichtet werden, die sich aus den verschiedenen Tätigkeiten ergeben. Neue Schwerpunkte in der Vermittlung der Grundlagen von Architektur und Gestaltung sind ergänzend hierzu unverzichtbar.

Die Wüstenrot Stiftung hat auf eine Initiative von Prof. Dr. Thomas Jocher hin gemeinsam mit einem Kreis von engagierten Hochschullehrern verschiedener Universitäten in einem Forschungsprojekt die Frage aufgegriffen, mit welchen neuen Impulsen und Strukturen in der Ausbildung der Architekten auf diese Veränderungen reagiert werden kann. Ziel dabei ist es, die Studierenden besser auf sich wandelnde Anforderungen an ihre Berufsgruppe vorzubereiten und zugleich das kreative Entwerfen auch angesichts neuer Herausforderungen und Leistungsprofile weiterhin in den Mittelpunkt der Ausbildung stellen zu können. Zentrales Kriterium für eine erfolgreiche, zukunftsgerichtete Ausrichtung ist in diesem Sinne die Fähigkeit, in einen kreativen, künstlerischen Entwurfsvorgang eine wachsende Zahl an zu beachtenden Rahmenbedingungen zu integrieren und dabei zugleich die Qualität der einzelnen Komponenten aufrecht erhalten zu können.

Entstehen sollen funktional und ökonomisch nachhaltige Gebäude, deren Eignung und Qualität vor allem in der Fähigkeit bestehen, auch weiterhin sich kontinuierlich verändernden Bedingungen und Einflussfaktoren entsprechen zu können. Dieser Anspruch kann in einer kreativen Entwurfsleistung nur dann eingelöst werden, wenn als Grundlage der Kreativität ein klares Konzept der wichtigsten Elemente einer Bauaufgabe verfügbar ist – im technischen und wirtschaftlichen sowie in wachsendem Maße auch im gesetzlichen Bereich.

Es war ein Anliegen der Wüstenrot Stiftung, mit ihren Möglichkeiten einen Beitrag dafür zu leisten, dass in dieser Hinsicht für einige ausgewählte Bereiche der Gebäudelehre ein erster Schritt getan werden konnte, und zwar in Form einer Aufbereitung von Aufgaben und Lösungsvorschlägen, die den genannten Kriterien folgen kann. Sie hat hierzu ein Forschungsprojekt initiiert, das auf Wunsch der beteiligten Hochschullehrer den programmatischen Titel „Raumpilot" erhalten hat.

Das Forschungsprojekt „Raumpilot" der Wüstenrot Stiftung konzentriert sich auf eine anschauliche, die wesentlichen Nutzungen fokussierende Darstellung der Gebäudelehre. Die daraus entstandene Publikation ist in vier Bände unterteilt. Der Band Grundlagen schafft die gemeinsame Basis für drei ergänzende Vertiefungsbände und führt in die wichtigsten Aufgaben und Themen ein.

Der Band Arbeiten ist einer von drei Vertiefungsbänden, die ergänzend zum Grundlagenband wichtige Bereiche der Gebäudelehre aufgreifen. Er konzentriert sich auf das Entwerfen von Gebäuden mit Büro-Arbeitsplätzen in den Sektoren Verwaltung und Dienstleistungen. Aufgrund der vielfältigen und wachsenden Einflüsse auf die Arbeitsorganisation ist dies ein Spektrum, das dynamischen Veränderungen unterworfen ist. Anstelle fest gefügter, isolierter Arbeitsplätze stehen heute und vor allem in Zukunft eher Systeme im Vordergrund. Die damit verbundene Komplexität fordert die Architektur auch unter dem Gesichtspunkt der Nachhaltigkeit in besonderer Weise. Die Darstellung der wichtigsten Parameter dazu und Beispiele zu einer räumlichen sinnvollen Anordnung von Arbeit in den Mobilitätssystemen einer Region sind wichtige Bausteine für eine Auseinandersetzung mit dieser Aufgabe. Übergeordnetes Ziel ist – wie in allen Bänden der Reihe – Entwurfsinstrumente zu erläutern, mit denen neue und wechselnde Anforderungen strukturiert und in einem kreativen Prozess bewältigt werden können.

Die anderen beiden Vertiefungsbände behandeln die Themen Lernen und Wohnen. Die Wüstenrot Stiftung dankt allen „Raumpiloten" – Autoren, Hochschullehrern, Studierenden – für die engagierte, intensive Zusammenarbeit bei der Erstellung und Umsetzung des Konzeptes. Sie hofft damit wichtige Impulse für den kontinuierlichen Prozess der Anpassung von Form und Inhalten der Ausbildung im Fachbereich Architektur an die veränderten Rahmenbedingungen in Wirtschaft und Gesellschaft geben zu können.

Position

Für die Niederschrift aber auch für das Verständnis des vorliegenden Bands „Arbeiten" der Reihe Raumpilot mussten vorweg Positionen geklärt werden. Zum einen haben wir als architektonische Aufgabe vor uns eine große Masse an konventionellen Büro-Arbeitsplätzen im Bereich Verwaltung und Dienstleistung und zum anderen zahlreiche damit verwandte, aber doch neuartige Arbeitsorganisationen – in speziellen Konfigurationen, unter speziellen ökonomischen Bedingungen, unter neuen Zeitrhythmen und auch mit relativierten Arbeitsbedingungen. Gerade weil sich Wandel bemerkbar macht, gewichten wir neue Systeme leicht überproportional.

Dazu einige zusammenfassende Hinweise: Grundsätzlich geht es in „Raumpilot Arbeiten" um Verwaltungsarbeit, also um die eigentliche Büroarbeit. Wir haben aber mehrere Abgrenzungsprobleme: Ehemalige reine Handwerksbetriebe weisen heute einen hohen Dienstleistungs- und Verwaltungsanteil auf, zahlreiche ursprüngliche Handarbeiten wie beispielsweise Lagerbedienung, Produktion, Veredelung, Verpackung werden heute am Computer gesteuert und sind von den Arbeitsplatzbedingungen als Computerarbeitsplätze einzuschätzen – und umgekehrt kennen wir viele Kleinbetriebe, in welchen neben den eigentlichen Büroarbeiten alle zusätzlichen Tätigkeiten auch selbst erledigt werden. Letztlich hat sich auch die reine Verwaltungsarbeit am Bürotisch stark verändert: Mit Notebooks wird hochmobil an und in verschiedenen räumlichen Situationen gearbeitet. In diesem Sinne können wir uns nicht auf reine Verwaltungsarbeit eingrenzen, sondern beschreiben relevante und vielfältige Systeme – und diese sind wieder etwas heterogener, vielfältiger und spannender geworden.

Öfters wird diskutiert, „welche Ökonomie" als Umfeld für eine Arbeit gültig sei. Auch dazu werden wir zahlreiche Querverweise geben müssen – denn auch die Gesetzmäßigkeiten und Randbedingungen der freien Marktwirtschaft wechseln schneller und tiefgreifender als erwartet. Die globale Wirtschaftskrise ab 2008 zeigt dies auf beeindruckende Weise und wird Einfluss auf Architektur und Entwurfsstrategien haben. Jedenfalls wollen wir uns auch hier nicht auf den Normalfall beschränken, der bei Büroarbeit von einer durchschnittlichen Wertschöpfung und von Arbeitsplatzrichtlinien definiert ist. Dieses Fundament ist uns längst unter den Füßen weggebrochen. Wir stehen hier mit einem Unterrichtsbuch vor einer anderen Verantwortung: Zum einen muss vermittelt werden, dass auch an Arbeitsplatzqualitäten nicht alles weggespart werden darf (zu Ungunsten des Arbeitnehmers), zum anderen muss es möglich sein, bei einer niedrigen Wertschöpfung doch noch überhaupt einen Arbeitsplatz zu schaffen, und diesen in architektonischer Qualität zu organisieren (zu Gunsten des Arbeitenden). Dieser minimale Arbeitsplatz kann aber nicht Standard sein – er ist eventuell selbstverantwortete Überlebensstrategie. Genau diesen Fragen wollen wir uns nicht verschließen.

Arbeit als eine Ebene der Identifikation
Viele Menschen definieren sich vorwiegend über ihre Arbeit. Die Möglichkeit, an einer sinnvollen Arbeit teilzunehmen, ist dabei zentral. Eine hochwertige Architektur respektive Arbeitsplatzqualität stützt Identifizierung mit Sicherheit – aber sie garantiert diese nicht. Es gibt genügend Beispiele von sinnvollen und befriedigenden Arbeiten, welche nicht in „großer Architektur" gemacht werden. In diesem Sinn soll dieses Buch auch einen Anstoß geben, nach Arbeitsarchitekturen zu suchen, die „wirkliche Qualitäten" eröffnen, und dies ist mehr als nur Office-styling.

Die Produktion von Architektur ist ein wesentlicher Baustein hin zur Nachhaltigkeit. Wir versuchen, dazu die wichtigsten Planungsparameter zu erklären. Wie bei allen anderen architektonischen Aufgaben wird Nachhaltigkeit nur in Abstimmung vieler Ebenen wegweisend wirksam. Obwohl es nicht direkt Thema von „Raumpilot Arbeiten" sein müsste, wollen wir dazu auch städtebauliche Anregungen geben – zum Beispiel zur räumlich sinnvollen Anordnung von Arbeit in den Mobilitätssystemen einer Region.

Letztlich zum Grundthema Entwerfen: Die Serie Raumpilot sollte konzeptionell ein Beitrag zu einer neuen Gebäudelehre werden. Wir verstehen dies so, dass den Studierenden Entwurfsinstrumente gegeben werden, mit welchen sie neue Anforderungen strukturieren können und sich selbst Grundlagen zum Entwurfsakt erarbeiten können – und auch müssen. Unser Verständnis von Entwerfen ist hier am Thema „Architekturen für Arbeit" dargestellt – die systemische Komponente gilt selbstverständlich für jede andere Entwurfsaufgabe auch.

Diese Schrift ist eine grundlegende Anregung und eine erste Anleitung für das Entwerfen von Arbeitsarchitekturen. Als Studierende müssen Sie sich zwangsläufig mit anderen wertvollen Publikationen beschäftigen und wir empfehlen als weiterführende Publikationen den „BürobauAtlas" von Jo Eisele und Bettina Staniek sowie den „Entwurfsatlas Bürobau" von Hascher/Jeska/Klauck. Zahlreiche Publikationen behandeln Bürobau als Design- und Marketingaufgabe – dies gehört sicher auch dazu, deckt aber die tiefgreifende Problematik mitnichten ab.

Markus Gasser
Mario Tvrtković
Carolin zur Brügge
Technische Universität Darmstadt, 2010

Anleitung

Überblick

Zur Gliederung
Dieses Buch gliedert sich in drei Hauptkapitel – sie können der Reihe nach gelesen oder intuitiv durchgestöbert werden.

I Arbeit verstehen
Der erste Teil gibt einen Überblick zu den wichtigsten Grundkenntnissen über die Architektur der Arbeit.

- Zu Beginn findet sich eine Gebrauchsanleitung, die Entwerfen allgemein erklärt und im Besonderen dem Verständnis der Entwurfsschemas in Kapitel 2 dient. Entwerfen ist ein strukturierbarer und damit teilweise analytischer Prozess – es ist aber auch ein intuitiver und improvisierender Akt. Gerade im Zusammenspiel dieser beiden Komponenten – dem Systemischen und dem Intuitiven – kann zukunftsfähige Architektur entwickelt werden.
- Nach der Einleitung über das Entwerfen haben wir unter „Arbeit heute" die wichtigsten Daten zur aktuellen Situation zusammengestellt. Ein kleines Kompendium über aktuelle Arbeitsformen zeigt die vielfältigen und teilweise problematischen Organisationsmöglichkeiten.
- Es folgt ein ausgedehnter historischer Überblick, der die langsame Entwicklung der Arbeitsarchitekturen bis zur Industrialisierung und die folgende beschleunigte Ausdifferenzierung im 20. Jahrhundert aufzeigt. Dieser erste Teil endet mit Vorstellungen und Diskussionen über die Zukunft der Arbeit.
- Unter „Prinzip Ökonomie" erklären wir die wichtigsten ökonomischen Bestimmungsfaktoren und deren Auswirkungen auf die Arbeitsarchitekturen. Es werden Strategien erklärt, wie Entwurfskonzepte aus ökonomischen Bedingungen abgeleitet werden können. Eine Besonderheit ist, dass bewusst auch Arbeiten mit niedriger Wertschöpfung konzeptionell integriert werden.
- Der Teil „Stadt, Quartier, Haus" zeigt zuerst relevante Aspekte des Systems „Arbeit in der Stadt"; hier werden vor allem die Nutzungsverteilungsproblematik und Mobilitätsfragen behandelt. Es folgen ausgewählte Aspekte zu Gestaltung und wichtigen Themenfeldern, wie etwa Flexibilität, Nutzungsmix und Transformation.
- Abschließend wird eine Serie „Typologische Konzepte" vorgestellt. Dies halten wir für eine besondere Anregung zum konzeptionellen Entwerfen.

Im gesamten ersten Kapitel geht es einerseits um Aspekte des Entwerfens, andererseits um den „systemischen Wandel" – es zeigt auf, wie sich neben der Masse konventioneller Büro- und Verwaltungsarbeit eine relevante Menge von „anderer Arbeit", von „neuem Produktionsverständnis" oder von „innovativen Raum-Zeit-Modellen" etabliert hat und weiterentwickeln wird.

Wir versuchen, Strategien zu vermitteln – und nicht Rezepte. Es müssen Denkmodelle angeregt werden, welche es den schnell tradierenden Arbeitswelten ermöglichen, in den zwangsläufig „trägen Architekturen" zu überleben. Eine stetige Neuanpassung des Bauwerks an den vibrierenden Markt steht ja aus Gründen der Nachhaltigkeit und der Ökonomie nicht zur Diskussion. Ob Neubau oder Transformation – wir sollten intelligent langlebige Grundstrukturen realisieren, welche wir in ihrer Flexibilität mit minimalen Mitteln à jour halten.

II Arbeit und...
Das Kapitel „Arbeit und..." vermittelt Entwerfen innerhalb fundamentaler Themenbereiche. „Fundamental" benennen wir diese deshalb, weil sie bei allen Bauwerken zur Diskussion stehen und deswegen auch in allen Raumpilot-Bänden thematisiert werden. Die sieben Unterkapitel werden jeweils mit einem Superschema eingeleitet. In den Schemas zeigen wir ein mögliches sinnvolles Durcharbeiten auf. Zu architektonischen Grundthemen werden anregende Fragenkataloge aufgelistet.

III Projekte

Die gebauten Beispiele sind primär nach Größen sortiert – seitlich am Textrand finden sich Referenzhinweise, mit denen sich zu verwandten Themen in anderen Kapiteln navigieren lässt. Insofern sind die Projektbeispiele ein „Einstiegs-Portal" – sie beleben die Entwurfsthemen des zweiten Kapitels.

Die Serie von Projekten übernimmt in diesem Buch mehrere Funktionen:

- Reale Bauwerke zeigen die Bandbreite der Lösungen in der Arbeitsarchitektur: vom allgemeingültigen Klassiker über innovative Neupositionierung bis hin zu Spezialitäten.
- Mit der Projektauswahl können weitere Ebenen der „Entwurfsstrategie" kommuniziert werden: die mögliche Vielfalt, Themenstrategien, typologische Prägnanz, Corporate Identity – und vor allem: gute Architektur!
- Die Auswahl zeigt, welche Architekturen wir für interessant, qualifiziert und hochwertig halten. Für uns liegt ein Schwerpunkt bei den aktuellen Projekten, wobei wir auch einige Klassiker ins Boot genommen haben. Die Auswahl ist breit, aber doch subjektiv.

Hier regen wir zudem an, dass Studierende ihre eigene erweiterte Projektsammlung aufbauen und vielleicht sogar mit Themenreferenzen versehen.

Kompendium-Charakter

Architektur definiert sich auch über eine eigene Begrifflichkeit. Oft wird diese als selbstverständlich vorausgesetzt – sie ist es aber nicht. Das Besondere an einer Sprache zur Architektur ist, dass sie mit Bildern, Skizzen, Schemas und Plänen unterstützt werden kann, da es thematisch um Struktur, Form und Raum geht.

Auf mehreren Doppelseiten – verteilt über das ganze Buch – wollen wir eine begrenzte Anzahl von Themen und Begriffen kurz und prägnant beschreiben, damit der Haupttext von zusätzlich notwendigen Erläuterungen etwas befreit werden kann.

Analog zur Projektsammlung haben auch die kompendiumartigen Übersichten ihre Metafunktionen:

- Die Sammlungen zeigen eine weitere Ebene der Vielfalt – und auch der zu berücksichtigenden Kriterien.
- Einzelne Begriffe oder Begriffsgruppen selbst können zu wichtigen Themen eines Bauwerks werden.
- Sie zeigen auf, wie zu einem Thema Sammlungen über Subthemen aufgebaut werden können.

Zusammenfassung

Dieses Lehrbuch versucht zu vermitteln, dass beim Entwerfen mehrere Handlungsebenen aktiviert werden müssen:

- Erstens benötigen wir für ein Entwurfsthema (hier die Arbeitsarchitekturen) Basiswissen zu Geschichte, Theorie und zu den interdisziplinären Zusammenhängen (Soziologie, Ökonomie, Nachhaltigkeit…).
- Zweitens stehen wir beim Entwerfen immer im Dialog mit dem Vorhandenen, welches wir qualitativ allgemein aber auch spezifisch für unsere Aufgabe werten. Wir sollten das „Reservoir", die Vorbilder kennen, um einen weiteren Beitrag in diesem Dialog entwerfen und bauen zu können.
- Drittens benötigen wir einen klaren Kopf für die Struktur und die Strategie des Entwurfsprozesses. Wir haben dazu ein Schema entwickelt, welches einen möglichen Entwurfsprozess darstellt (siehe folgende Seiten). Das „Schlaufenmodell" macht den komplexen Entwurfsprozess gut zugänglich, weil die Komplexität eines Teilbereichs immer wieder verlassen werden kann, um auf den Entwurfs-Hauptstrang zu gelangen.

Letztlich ist das „Händchen" und das „Näschen" gefragt – die Kunst des Entwerfens will geübt sein!

Entwerfen

Anleitung zum Entwerfen

Das Darstellen von Entwerfen

Die finale Komplexität des Entwerfens ist als allgemeingültiger Prozess schwer darstellbar. Schematisch lassen sich die wichtigsten Entwurfsprozesse abbilden – aber jede spezifische Entwurfsaufgabe entwickelt darüber hinaus eine komplexe Eigendynamik. Die Vielfalt möglicher Antworten, Erfindungen und Innovationen, die Vielfalt der Strategien, Prozesse und Gewichtungen widersetzen sich dem Abstraktionsversuch. Etwas einfacher ist das nachträgliche Erklären eines abgeschlossenen Entwurfs: Dazu lassen sich selektiv die wichtigsten Entscheide und Entwurfsmomente aufarbeiten. Alle Entwerfenden wissen aber auch, dass solche Erklärungen meist weit weg vom tatsächlich Prozess liegen, der stattgefunden hat.

Entwerfen lernen

Zwei Eckpfeiler des Entwerfens sind: Zum ersten benötigen wir Kenntnisse über alle am Bauwerk relevanten Faktoren und wir müssen fähig sein, diese als System zu steuern. Ohne große Datenkapazität und ohne radikales Systematisierungsvermögen können Entwerfende keine komplexen Bauwerke entwickeln. Zum zweiten benötigen wir langjährige Erfahrung und Inspiration dafür, wie sich ein Entwurf zu einem beachteten Werk entfalten lässt oder ließe – denn es gibt mehrere Möglichkeiten. Diese beiden Komponenten, das Systemische und das Kreative, sind in den Schemas unten dargestellt: Aus einer großen Menge von Daten, welche in zahlreichen Bewegungen durchzuarbeiten sind, destillieren wir diejenigen Komponenten heraus, welche die (sich entwickelnde) Entwurfsidee unterstützen. Finden wir zu wenig Unterstützung, haben wir nach neuen Ideen zu suchen. Erfahrung heißt, dass dieser Prozess mit wenig Irrläufern zum Werk führt.

In den folgenden Schemas zeigen wir spezielle und interessante Entwurfssysteme:
- wenn einzelne Themen stark bewertet werden und damit zu Hauptthemen des Entwurfs werden,
- wenn das entstehende Projekt selbst klare Signale aussendet, welches seine Eigenlogik ist (wie „es sein will"),
- wenn ein Architekturbüro mit einer „Idée fixe" arbeitet und alle anderen Kriterien sich dem unterzuordnen haben.

Entwurfsablauf durch mehrere Themenphasen, die einzelnen Themen sind in hoher Gleichwertigkeit dargestellt. In den Kapiteln haben wir uns für eine Reihenfolge entschieden; beginnend mit Verortung, nach passenden Typologien suchend et cetera.

Beim Entwerfen werden wir aber immer gewichten: Das zeigt eine Entwurfsstrategie, welche ausgewählte Themen sehr intensiv berücksichtigt und das Projekt (bewusst) stark beeinflusst. Dennoch müssen alle Ebenen einbezogen werden.

Dieses Schema zeigt nochmals ein anderes System von Gewichtung: Es sind nicht nur einzelne Themen, die priorisiert werden, es ist nun das entstehende Projekt selbst, welches starke Signale in die Rückkopplung der Prozessschlaufen abgibt. Das Projekt „macht sich stark"!

Zuoberst steht das imaginäre Projekt. Ziel ist es, ein Werk zu entwickeln, welches die gesamte Problematik und Komplexität vergessen lässt – in seiner Klarheit und Schlüssigkeit, in seiner eleganten Präzision oder seiner archaischen Ruppigkeit, in seiner wegweisenden Innovation oder seiner Modernität im Dauerhaften... Die somit angedeutete Vielfalt möglicher Kriterien zeigt, dass wir beim Entwerfen immer Positionen beziehen müssen. Wir haben zu entscheiden, wohin das Projekt gehen soll.

Hier für die Raumpilot-Reihe haben wir möglichst allgemeingültige Kapitel gewählt. Es sind dies die wichtigsten Grundlagenthemen. Selbstverständlich könnten weitere Themen eingeflochten werden.

Entscheidend ist der Überblick beim Entwerfen. Sehr schnell verlieren wir uns in der Komplexität einer einzelnen Schlaufe. Man braucht ein gutes Gespür dafür, wann die Arbeit in einer Schlaufe vorläufig ausgesetzt werden soll, um wieder in den Gesamtüberblick zurückzukehren. Entwerfen ist somit ein ständiges Pendeln von Thema zu Thema, von Maßstab zu Maßstab und von Sackgasse zu Durchbruch.

Zudem werden von uns, zu den erwähnten zwei Eckpfeilern des Entwurfs – das Systemische und das Kreative – weitere Fähigkeiten verlangt, beispielsweise die sogenannten „Soft Skills": Team- und Kommunikationsfähigkeit, Verlässlichkeit, Verhandlungsfähigkeit...

Entwerfen

Was leistet dieses System – und wo sind seine Grenzen?
Grundsätzlich ist auch die Entwurfsmethode Gegenstand des Entwurfs. Wenn wir hier eine Methode vorschlagen, dann tun wir dies, um didaktische Ordnung herzustellen. Wir sind auch sicher, dass dies hier ein allgemeingültiges und potentes Modell ist. Tatsächlich müssten wir uns aber für jedes Projekt überlegen, wie wir unsere „gewohnte Methode" dem Problem sinnvoll anpassen – oder, falls notwendig, eine erfolgsträchtigere Methode entwickeln.

Identität, Kreation und Strategie
Wichtig ist es beim Entwerfen, dass wir uns mit Systemen, Prozessen und Strategien auseinandersetzen: Es ist doch eher suspekt, den Entwurf als die „Eingebung vom Entwurfsengel" zu sehen. Natürlich gibt es Momente der Kreation, über die man selber überrascht ist – und gerade von diesen Momenten der Kreation hängt viel ab. Diese haben wir sehr sorgfältig zu pflegen. Dazu müssen wir uns selbst gut kennen – ohne eigene Identität können wir nicht entwerfen.

Aber ohne harte Systematik sind Entwürfe anderen Beteiligten nicht zu vermitteln. Teamarbeit und Kommunikation mit den Auftraggebern verlangen ausgehandelte Arbeitsweisen und Vereinbarungen über den Entwurfsprozess.

Bei Beginn eines Projekts sind meistens einige Faktoren schon „da" oder wurden vor dem architektonischen Entwurf festgelegt: Oft das Grundstück und damit eine Umgebung mit Geschichte, oft ein Programm oder eine erste Programmvorstellung. Es kann aber alles offen sein.

Zentral unter dem Projekt liegt die eigentliche Projektmatrix, welche letztlich den Entwurf integral beschreibt (Pläne, Erläuterungstext, Verträge, Modelle, etc.). Seitlich liegen thematische Teilraster. In den Kapiteln arbeiten wir mit diesen Themenrastern, weil sie Übersicht erlauben. Jedes Thema hat seine eigenen Entwurfsgesetzmäßigkeiten.

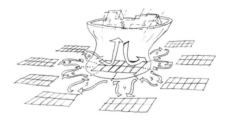

Üblicher Prozess ist es, dass sich Projekte nach und nach konkretisieren. Wir haben die folgenden Kapitel in eine sinnvolle Reihenfolge gesetzt: Entwurf beginnt bei der Verankerung vor Ort, geht oft weiter über die Suche nach entsprechenden Typologien, dann hat man dessen Baustruktur zu definieren... Bei den folgenden Kapiteln ist eine Reihenfolge weniger zwingend – tatsächlich sind immer alle Ebenen gleichzeitig wirksam und wir haben sie in Rückkopplungsschleifen aufeinander abzustimmen.

Die Projektvision hat Eigendynamik, dessen Form steuert alle Ebenen mit. Der Entwurf steht über allen Teilabklärungen, er wird deshalb nicht als Teilmatrix ausgewiesen.

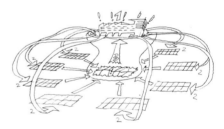

Unüblich und unklug ist es, mit einer „Idée fixe", also mit einer „gemachten Vorstellung" ans Projektieren zu gehen. Wir zwängen dann sämtliche Teilebenen in diese formale Vorgabe. Man ist doch immer wieder erstaunt, mit welcher formalen Fixiertheit Projekte entwickelt werden, obwohl es an Ecken und Kanten knirscht!

Aber: Grundsätzlich muss es möglich sein, dass sich eine Teilebene der Formvision unterordnen muss. Es können nicht alle Projekte in allen Ebenen gleichwertig perfekt in Abstimmung gebracht werden. Es darf eine Entwurfsstrategie sein, selektiv bestimmte Ebenen stärker zu gewichten, damit eine Vision umsetzbar wird.

Komplexität erfassen

Der gesamte Entwurfsprozess ist jedoch noch komplexer: Tatsächlich entwerfen wir ja nicht nur mit den aktuell bei einem Projekt relevanten Daten, sondern mit einer großen Menge an allgemeinem Wissen und mit Erfahrungen aus anderen Projekten. Das hier gezeigte Schema zeigt unter dem „aktuellen Entwurfsprozess" einen Sockel von allgemeinem Wissen über die Aufgabe. Dies entspricht inhaltlich dem ersten Kapitel „Arbeit verstehen" – es ist das Wissen über die Geschichte der Verwaltungsarbeit, über die Ökonomie, über urbane Mechanismen, Nutzungen, Flexibilität, et cetera. Ohne das breite Verständnis von Beruf und Aufgabe, ohne Vorstellung über eine mögliche Zukunft können wir nicht sinnvoll entwerfen. Der „Saturnring" mit unzähligen Projekten stellt ein weiteres Referenzsystem dar; es ist dies die gebaute Welt mit abertausenden von Architekturen, Räumen, Strukturen – auch mit ungebauten „wegweisenden" Projekten. Die Kenntnisse über deren Eigenheiten, Qualitäten oder Unzulänglichkeiten bringen uns beim Entwerfen schnell und entscheidend weiter. Es setzt voraus, dass wir diese Architekturen verstanden haben, also nicht nur deren Abbilder verwalten.

So stellen wir einen Teil des komplexen Entwurfsgefüges dar: Die Projektvision, welche schlaufenartig in Themen entwickelt wird, das allgemeine Wissen als Sockel und ein umfassender Ring mit Referenzprojekten.

Arbeit verstehen

Arbeit heute

Zahlen, Daten, Facts, Statistiken – eine Welt, in die wir uns etwas einleben müssen. Ohne Kenntnisse über gesamtwirtschaftliche Rahmenbedingungen sind wir als Entwerfende lahmgelegt: Erstens, weil wir dann höchstwahrscheinlich nicht für die relevanten Zustände entwerfen und zweitens weil wir gegenüber unseren Auftraggebern nicht glaubwürdig argumentieren können.

Ein Projekt ist immer über die regionalen Verhältnisse und über globale Systeme beeinflusst. Unternehmer und Investoren sind über die Tendenzen informiert; sie werden ihre Projekte abgestimmt mit der generellen Situation aktivieren oder sistieren. Auf gleicher Ebene haben die Entwerfenden über die Rahmenbedingungen Bescheid zu wissen. Deshalb interessieren uns allgemeine statistische Informationen: zur Beschäftigung, zur Flächenbelegung, zum Mobilitätsverhalten, zur Wertschöpfung bestimmter Arbeiten, et cetera – diese im regionalen, nationalen und internationalen Vergleich.

Für die konkrete Entwurfsarbeit wollen wir die Kenndaten des Bürobaus erfassen. Dies insbesondere über die jeweils minimalen, maximalen und die durchschnittlichen Kennwerte, weil wir so eine Vorstellung über die „Manövrierfähigkeit" eines Projekts erhalten:

- Flächenverbrauch von Teilnutzungen
- Größenordnung von Realisierungskosten
- Kenndaten für Gebäudebewirtschaftung, Betrieb und Unterhalt.

Den kurzen Überblick zu „Arbeit heute" stellen wir hier auf den drei Maßstabsebenen Deutschland, EU und global dar. Daten sind schnell veraltet – man wird diese jeweils neu im Internet abrufen müssen.

Zum Vergleich: Die Siedlungs- und Verkehrsflächen in Deutschland sind so groß wie Niedersachsen, der Büroflächenbestand so groß wie Bremen

Die Zahl der Erwerbstätigen in Deutschland im Verhältnis zur Gesamteinwohnerzahl

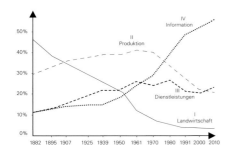

Das „Vier-Sektoren-Modell" nach Dostal

Bodenflächen nach Nutzarten in der BRD

Bei 82,2 Mio. Einwohnern und einer Fläche von 357 104 km² nehmen die Siedlungs- und Verkehrsflächen mit insgesamt 46 438 km² circa 12,8% der Bodenfläche der Bundesrepublik Deutschland ein. Somit belegen diese nach Landwirschafts- und Waldfläche den drittgrößten Flächenanteil. Mehr als die Hälfte davon wird direkt Gebäuden und angrenzenden Freiflächen zugeordnet.[1] Wenn wir uns die Entwicklung der Bodennutzung ansehen, stellen wir fest, dass bei den Siedlungs- und Verkehrsflächen im Zeitraum zwischen 1992 und 2004 mit 13,2% die größte Zunahme zu verzeichnen ist. Hintergrund der stetigen Zunahme dieser Freiflächen ist die Ausdehnung der Städte in das Umland, teilweise bedingt durch die umstrittene funktionale, räumliche Trennung von Arbeiten, Wohnen, Erholung, Versorgung und Kultur, aber auch durch die wachsende Mobilität der Bevölkerung. Beide Entwicklungen, der Flächenverbrauch und die steigende private Mobilität, sind kritisch zu hinterfragen, da sowohl die Fläche als auch die Energie knappe Güter sind.

Sektoren der Arbeit

Das „Vier-Sektoren-Modell" der Beschäftigung nach M. Porat erweitert das Drei-Sektoren-Modell aus Landwirtschaft, Produktion und Dienstleistungen um einen neuen Bereich „Information". Laut W. Dostal liegt der Prozentsatz der informationsverarbeitenden Bürobeschäftigten im Jahr 2010 bei 55%.[2]

Bürobestand und Beschäftigte

Mit circa 400 Mio. m² Büroflächenbestand, einer Fläche, die größer ist als das Bundesland Bremen, hat der Bürobestand in Deutschland einen Wert von circa 600 Mrd. Euro.[3] Das sind etwa 10% des gesamten Immobilienvermögens der Bundesrepublik. Die Zahl der Erwerbstätigen liegt bei circa 40 Mio., wovon 4 Mio. selbstständig sind. In den Großstädten Berlin, Hamburg, Köln, München, Düsseldorf, Frankfurt am Main und Stuttgart arbeiten circa 19,4% von insgesamt 12,5 Mio. Bürobeschäftigten.[4] Der Leerstand aller Büroflächen beläuft sich auf 27 Mio. m², wovon sich 33,4% in den sieben genannten Großstädten befinden. Mit im Durchschnitt 430 €/m² im Jahr sind die Büroflächen in Frankfurt am Main am teuersten. Die Stadt weißt aber auch den größten Leerstand mit 12,9% oder 1,5 Mio. m² Fläche auf.[5]

Im ersten Quartal 2009 hatten die Büroangestellten im Durchschnitt circa 33,2 m² Fläche zur Verfügung. Die reine Büroarbeitsfläche (früher HNF) liegt bei circa 14 m². Die Büros in teureren Lagen und Einzelbüros bieten mehr Fläche pro Mitarbeiter. Handelsunternehmen und Berater haben die höchsten Büroflächenkennziffern.[6] Die Hälfte der Bürobeschäftigten und des Baubestands befinden sich in 12 000 Städten und Gemeinden, die weniger als 80 000 Einwohner haben (siehe S. 71 „Qualitäten der kleinen Orte").

Arbeit heute

Arbeiten in der EU

Die zur Europäischen Union (EU-27) zusammengeschlossenen Mitgliedstaaten mit knapp 500 Mio. Einwohnern und 220 Mio. Erwerbstätigen erwirtschafteten im Jahr 2006 insgesamt 11 583,403 Mrd. €. Die Beschäftigungsquote der Bevölkerung im Alter zwischen 15 und 64 Jahren in der EU-27 lag 2006 bei 64,4%.[7]

In Spanien hatten 2006 etwas mehr als ein Drittel (34%) der Beschäftigten Zeitverträge. Der europäische Durchschnitt liegt bei 14%, somit hat Spanien bei weitem die höchste Quote der befristet Beschäftigten aller Mitgliedstaaten der EU. Der Anteil der Teilzeitbeschäftigten lag im Jahr 2006 bei 18,1%. Die Niederlande mit 46,2% verzeichnen den größten Prozentsatz, gefolgt von Deutschland, dem Vereinigten Königreich und Schweden; relativ unüblich ist die Teilzeitbeschäftigung in Bulgarien (2%), der Slowakei (2,8%) und Ungarn (4%).[8] Das Durchschnittsalter beim Ausscheiden aus dem Arbeitsleben der EU-25 Länder belief sich im Jahr 2005 auf 60,9 Jahre. Bei Männern ist es um ein Jahr höher als bei Frauen, in Rumänien (mit 64,7 Jahren) am höchsten und in Frankreich (mit 58,5 Jahren) am niedrigsten.[9] Die Bruttowertschöpfung der drei Dienstleistungsbranchen – unternehmensbezogene und Finanzdienstleistungen, Verkehr, Handel und Nachrichtenübermittlung, und sonstige Dienstleistungen – beträgt 71,5% der gesamten Summe.[10]

Die kleinen und mittleren Unternehmen (siehe S. 55) bestreiten einen Anteil von 99,8% aller Unternehmungen in der EU. Sie stellen auch 67% der Arbeitsplätze der gesamten Privatwirtschaft in der EU zur Verfügung.[11] Im September 2007 waren 13% aller Büroflächen der EU von Banken gemietet. Sie stellen somit die größte Mietergruppe am Büroimmobilienmarkt dar.[12] Den größten Flächenumsatz hatte im Jahr 2008 Paris, gefolgt von Central-London. Dort sind die Mietpreise mit circa 1000 €/m² im Jahr am höchsten, wobei die Veränderung aufgrund der globalen Wirtschaftkrise zu 2008 circa minus 30% betrug.[13] Prozentual gesehen sind auch EU-weit die meisten freien Flächen in Frankfurt am Main zu finden, gefolgt von Thames Valley und Düsseldorf. Die durchschnittlich genutzte Bürofläche pro Beschäftigtem (früher HNF) ist im Jahr 2009 in Europa von 12,8 m² auf 12,4 m² zurückgegangen.[14] Die Bürobeschäftigten in Westeuropa belegen mit 13,7 m² wesentlich mehr Arbeitsfläche als die Mitteleuropäer, die circa 10,9 m² Fläche pro Büroarbeitsplatz belegen.

Die am meisten verbreitete Büroform ist das Kombibüro; 45% aller EU-Büroarbeitsflächen funktionieren in dieser Form. In Deutschland sind es 30%. EU-weit gibt es 11% Einzelbüros, davon circa 30% in Deutschland, der Anteil an Großraumbüros mit Desk-Sharing liegt bei 15% davon 6% in Deutschland.[15]

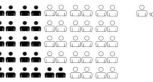

Die Zahl der Erwerbstätigen in den EU-Ländern im Vergleich zur Gesamteinwohnerzahl

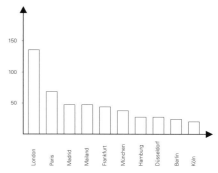

Mieten in €/m² und Monat im Vergleich der europäischen Städte (Stand 04/2008)

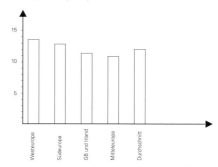

Durchschnittliche Büroarbeitsfläche in Europa in m²/Mitarbeiter

Die Megamaschine*

Wenn sich die ganze Welt an den Arbeitsrhythmus von neun Uhr morgens bis fünf Uhr nachmittags hält, dann generiert diese globale Arbeitsmaschine einen Tag-Nacht-Rhythmus, der mit dem einer Großstadt übereinstimmt.

Ein globaler Arbeitstag läuft somit wie folgt ab: „Während über drei Viertel der Weltbevölkerung schläft, arbeiten die Amerikaner bereits eifrigst und Hollywood macht seinem Namen als Traumfabrik alle Ehre. Zu dem Zeitpunkt aber, an dem sich die meisten Amerikaner zur Ruhe begeben, erwacht das Morgenland und die Arbeiter Asiens marschieren zu ihren Betriebsstätten."

Sieben Stunden später, wenn die Arbeitskräfte von Afrika und dem Abendland zur Spätschicht erscheinen, sind mehr als drei Viertel der Weltbevölkerung am Werk. Und wenn die meisten Arbeitskräfte „Eurafrikas" Feierabend machen und höchstwahrscheinlich vor dem Fernseher sitzen, trotten die Amerikaner erneut in die Nachtschicht." Bislang wirkt diesem unrunden Zyklus die enorme Produktivität Nordamerikas und Europas entgegen. Jedoch mit steigender Effizienz und Gleichschaltung von arbeitskräftereichen Ländern wie Indien und China wird dieser Tag-Nacht-Rhythmus auf Erden bald Realität.

*Der Begriff der Megamaschine wurde von Lewis Mumford in „Mythos der Maschine" geprägt: Mythos der Maschine. Kultur, Technik und Macht. Europaverlag, Wien 1974

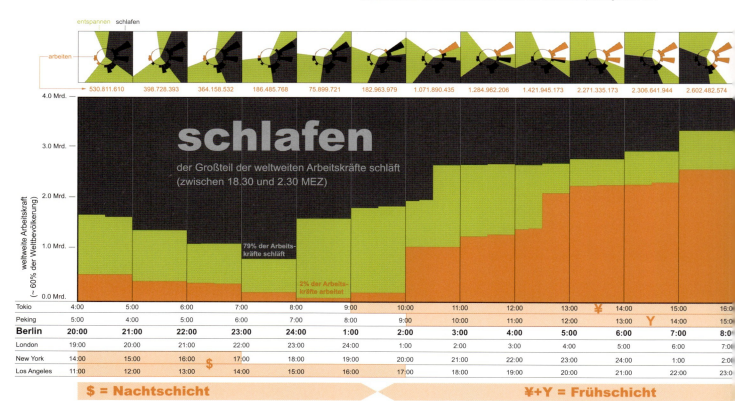

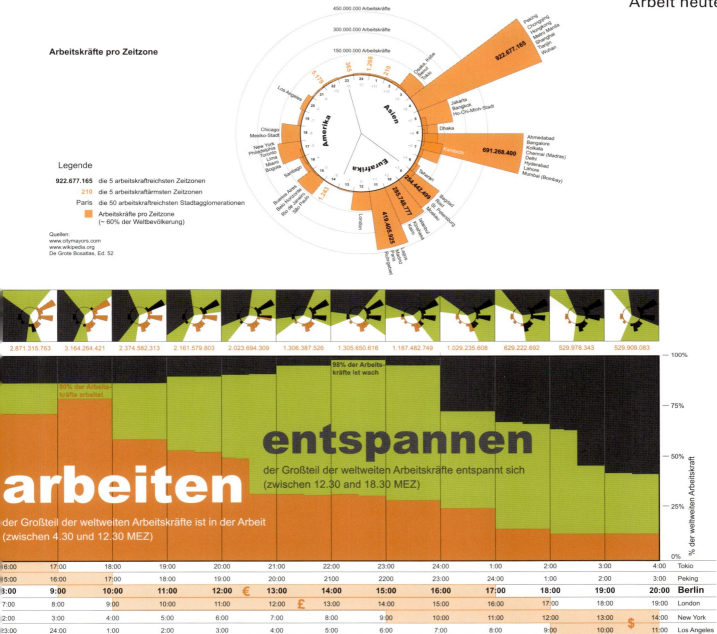

Arbeit
Überbegriff für alle Formen der Produktion, ob bezahlt, unbezahlt, freiwilllig, ehrenamtlich, für die Familie...

Verwaltung des eigenen Alltags
Alle mündigen Personen müssen sich selbst verwalten. Diese Grundleistung ist viel umfassender als oft wahrgenommen wird: Planung des Alltags, Rechnungswesen, Umgang mit Behörden, Steuererklärung... Es ist heute selbstverständlich, dass jede Person einen Computer bedienen kann.

Dienstleistungs- und Verwaltungsarbeit
In der Wirtschaftsgeschichte wird zwischen den Sektoren Primär = Urproduktion, Sekundär = industriell, Tertiär = Dienstleistungen unterschieden. Die weitergehenden Definitionen zu Quartär- und Quintärsektoren sind unscharf, weshalb wir diese hier nicht anwenden (siehe Wikipedia „Wirtschaftssektor").

Klassische Büroarbeit
Es ist die Frage, ob es solche überhaupt noch gibt. Verwaltungsorganisationen haben sich nach und nach ständig verändert, so dass heute dieser „klassische Büroarbeitsplatz = Telefon, Schreibarbeit, Aktenablage, Sitzungen" immer weniger anzutreffen ist.

Fronarbeit
Weltweit, vor allem auch in Mitteleuropa, werden gewaltige Arbeitsleistungen in Fronarbeit beigetragen – ohne welche die Gesellschaft eigentlich zusammenbrechen würde. Die Milliardenbeiträge mit Freiwilligenarbeit müssen dringendst besser geschützt werden – mit Altersvorsorge, Versicherungen etc.. Fronarbeit wird mehrheitlich von Frauen geleistet!

Kinder und Job
...immer noch ein schwieriges Thema. Sorgsame Erziehung benötigt großen Zeitaufwand, benötigt mehr Geld und hervorragende Organisation in der Familie und bei den Jobs. Oft helfen Leute in Fronarbeit mit – die Eltern, die Schwiegereltern... Es ist klar, dass Familien mit Kindern auf verschiedenen Ebenen unterstützt werden müssen.

Teilzeit
Wie unter Jobsharing erwähnt: Zahlreiche Jobs können im Bereich +/- 80% geleistet werden. Studien gehen davon aus, dass bei 80%-Jobs die höchste Zeitleistung erarbeitet wird. Der 60-bis-80%-Job erfordert hohe Organisation und Konzentration – anscheinend werden dann in 80% Arbeitszeit beinahe 100% Leistung erbracht. Wenn dem so ist: Entweder ist dies Selbstausbeutung oder man hat die 100% abzuschaffen...

Arbeitslos
Menschen definieren sich zurecht über die Arbeit – wenn auch manchmal etwas zu absolut. Die volkswirtschaftliche Rechnung ist einfach: Jedes Prozent Arbeitslosigkeit muss von der arbeitenden Gesellschaft „heraus-gearbeitet" werden – wahrlich ein Teufelskreis! Der Arbeitende verdient zwar mehr als der Arbeitslose, dessen Arbeitslosengeld muss aber dennoch erwirtschaftet werden.

Lebensarbeitszeit
Konzept, nach welchem die durchschnittliche Lebensarbeitszeit selbstverantwortlich im Leben verteilt werden kann. Problematisch, da ein Herausschieben der Leistung ins Alter nicht verantwortlich ist.

Unbezahlte Arbeit
Das sind die alltäglichen Arbeiten, die eben nicht entlohnt werden – meistens deshalb, weil sie eigentlich von allen gleichermaßen geleistet werden müssen. Hausarbeit, Kindererziehung, die pflegebedürfige Familie... Frauen leisten wiederum den großen Anteil der unbezahlten Arbeit.

Mini-Jobs
Seien es 1000- oder nur 600-Euro-Jobs... es bleibt bei solcher Entlohnung kaum etwas zum Leben. Ein historischer Notfall, der langfristig vermieden werden soll.

Arten der Arbeit

Jobsharing
Jobsharing meint, dass zwei Personen sich einen Funktionsarbeitsplatz teilen. Darin lag eine Weile eine große Hoffnung, auch weil man glaubte, dass damit die Frauenarbeit unterstützt werden könne. Das Konzept geht auch davon aus, dass ein Job immer 100% Leistung sein müsse. Heute werden zahlreiche Jobs im Bereich von 60 bis 80% angeboten, ohne dass sie „geshared" sind.

Anstellung auf Zeit
Wir verstehen darunter eine Anstellung wegen zwingender zeitlicher Limitierung, und nicht wegen der Dauer eines Projekts (dies wäre dann der Projektjob): Beispielsweise als Ersatz für eine Person, die in Elternzeit ist, oder wegen der zyklischen Struktur des Jobs, wie etwa politische Arbeit („gewählt für ein Jahr").

„Wir nennen es Arbeit"
Analog zur „prekären Arbeit", nur ganz positiv gesehen: Ich bin frei, ich arbeite, wann ich will, ich bin selbstbestimmt, ich brauche keine Knebelverträge... Tatsache ist, dass viele der „neuen Arbeiter/-innen" unter prekären Systemen und unter schwierigen Lebensbedingungen zu leiden haben. Es handelt sich eben teilweise um „schön geredete Selbstständigkeit".

Arbeits-Tauschbörse
Eine „raffinierte" Idee, dem Staat die Steuern wegzunehmen; Arbeiten werden gegenseitig geleistet und ohne (oder mit minimalem) Geld abgeglichen. Prinzipiell eine schöne Vorstellung, sich mit Arbeiten gegenseitig zu helfen – aber unverantwortlich, wenn gesellschaftlich hochorganisiert angeboten.

Praktikum
Die Praktika waren normalerweise ein von der Studienordnung definierter Ausbildungsbestandteil. In den meisten Dienstleistungsbetrieben waren denn auch immer Studierende anzutreffen. Die Praktikumsarbeit war in gewissem Sinn auch Bestandteil der Betriebsrechnung. Im Zuge der Studienzeitverkürzung sind zahlreiche obligatorische Praktikas leider abgeschafft worden.

Dauerpraktikum
Eine bedenkliche Tendenz, die Ausbildungssituation und die niedrigen Praktikumslöhne zu perpetuieren. So wird mehrere Jahre lang nach Studienabschluss zu Minimalstlöhnen gearbeitet – der normale Branchenlohn hart gedrückt. Das verlängerte Praktikum hätte im Sinne einer qualifizierten Weiterbildung durchaus seine Berechtigung; wenn dann zum kleinen Lohn tatsächliche Ausbildung angeboten würde.

Prekäre Arbeit/Prekariat
Immer mehr Arbeitende werden aus den gewohnten Sicherheiten entlassen – die Jobs werden nur noch temporär angeboten. Die eingeforderte Flexibilität hat sicher positive Seiten, dennoch muss langsam erkannt werden, dass die Unsicherheiten im Prekariat sehr oder gar zu groß sind. Prekäre Verhältnisse müssten eigentlich neu definiert werden. Zur prekären Arbeit gehören auch die Arbeiten ohne Vertrag, die Schwarzarbeit. In Mitteleuropa sind circa 10% aller Arbeitsverhältnisse prekär.[16]

„Neue Arbeit"
Seit vielen Jahren werden zum üblichen Erwerbsleben alternative Systeme der Arbeitsteilung gesucht. Fritjof Bergmann nennt seinen Vorschlag „Neue Arbeit": Die 100 % Erwerbsarbeit wird aufgeteilt in je ein Drittel „Hightech-Eigenproduktion", „Wirklich wollen" und nach wie vor „Erwerbsarbeit".[17]

Kurzarbeit
Bei schwieriger Wirtschaftslage haben Unternehmen die Möglichkeit, reduzierte Regelarbeitszeit als Ausnahmezustand einzuführen, wobei ein Teil des Verdienstausfalls vom Staat getragen wird, wenn mit der Kurzarbeit Kündigungen vermieden werden können.

Telearbeit
Arbeit, welche mit Hilfe von Telekommunikation an einem anderen Ort als im Büro gemacht werden kann. In diesem Sinn Arbeit zu Hause, auf Reise – überall. Telearbeit wird zum einen begrüßt, weil sie eine flexiblere Tagesorganisation ermöglicht, zum anderen kritisiert, weil sie eben gerade eine problematische Dauerpräsenz der Arbeitsatmosphäre auch im Alltag zulässt. In Deutschland ist das Misstrauen gegenüber dem Missbrauch (Angestellte könnten zuviele Stunden aufschreiben) groß. Dies könnte dazu führen, dass Telearbeit nur als Pauschalvertag vergeben wird.

7 x 24 h
Betrieb und Dienstleistungen, welche rund um die Uhr Service bieten. Beispiele: Amerikanische Delis, die als Familienbetriebe auch die ganze Nacht take-away verkaufen; Callcenter und Hotlines, die Auskünfte anbieten.

„Ohne Stechuhr" - System Rowe
Im System Rowe werden die Selbstverantwortlichkeiten und die Wunschbedingungen der Arbeitnehmer sehr hoch gehalten; man kann viele Bedingungen wählen – demgegenüber hat aber auch der Arbeitgeber hohe Forderungsrechte. Das System geht davon aus, dass sich die Wünsche und Anforderungen gegenseitig eher optimieren. Dieser Effekt ist noch nicht gesichert.

Schichtbetrieb
Ursprünglich in Fabriken verbreitet – nämlich um die teuren Maschinen und Fließbänder Tag und Nacht in Betrieb halten zu können (Früh-, Spät- und Nachtschicht), hat man diese familienfeindliche Arbeitsorganisation langsam aufgegeben. Heute wird aber wieder im einen und anderen Büro in Doppelschicht gearbeitet. Zudem ist eine 7 x 24-Stunden-Dienstleistungsszene entstanden, die per weltweiten Beratungszentren rund um die Uhr Dienste anbieten kann.

Mobil und hochflexibel
In bestimmten Berufen ist diese Form von „Wanderarbeit" natürlich möglich: Beispielsweise könnte ich als Journalist meine Recherchen jeweils frei auf dem Markt anbieten. Letztlich geht aber doch nichts ohne die persönlichen Beziehungen, eine Form der Bekanntheit. Eine andere Sache sind Jobs, bei welchen Mobilität gefordert ist – neue Formen des Produktvertreters, des Handelsreisenden. Für diese Berufe hat sich mit den neuen Technologien einiges geändert.

Ich-AG
Die Autoren des Hartz-Konzepts prägten den Begriff für ein Einzelunternehmen, das von einem Arbeitslosen gegründet worden ist, der für diese Existenzgründung einen Existenzgründungszuschuss erhält.

Optimierung der Verwaltung
Alle Länder Mitteleuropas leiden unter dem aufgeblasenen Apparat der Bürokratie. Die Optimierung der Verwaltung ist ein zentrales Thema in den Diskussionen um eine „zukunftsfähige" Gesellschaftsorganisation. Was kaum mehr zu verantworten ist, ist die Selbst-Beauftragung der Verwaltung und damit ein stetiges Wachstum der Bürokratie.

Projektjobs
Die projektbezogene Anstellung hat sich bei vielen Unternehmen, vor allem bei den kleineren, sehr stark durchgesetzt. Es ist vorbei mit der wohlbehüteten Firmenstelle – leider, denn diese hat auch zur positiven Folge, dass die Arbeitenden sich in hohem Maße mit der Unternehmung solidarisieren. Mit dem Projektjob minimieren die Firmen eine langfristige Verantwortung für ihre Angestellten. Meist wird mit einem „Sockel von Festangestellten" und einem flexiblen Band von projektbezogenen Angestellten gearbeitet, was innerhalb eines Teams zu Friktionen führen kann.

Freelancer – freie Mitarbeit
Freie Mitarbeiter sind gewöhnlich hochqualifizierte und spezialisierte freie Angestellte, welche sich ihre Arbeitsweisen und -zeiten persönlich frei einteilen wollen und können. Sie führen dabei für Unternehmungen Aufträge frei aus, ohne im Betrieb eingegliedert zu sein.

Arten der Arbeit

Leiharbeit
Echte Leiharbeit liegt vor, wenn ein Arbeitnehmer, der seinen Arbeitsplatz im Betrieb des Arbeitgebers hat, vorübergehend in einen anderen Betrieb abgeordnet wird (zum Beispiel um dort eine neue Datenverwaltung einzuführen). In diesem Fall ändert sich an den Arbeitsbedingungen im Übrigen nichts, das heißt Lohn, Urlaub et cetera bleiben wie gehabt. (Quelle: Internetratgeber-Recht)

Schwarzarbeit
Schwarzarbeit ist ungemeldete Arbeit, die bewusst und oft unter prekären Bedingungen (weil es anders nicht geht) geleistet wird; sie verstößt gegen das Steuer- und Sozialversicherungsrecht. Schwarzarbeit muss bei den Auftraggebern bekämpft werden. Der Anteil beträgt 5 bis 20% in den europäischen Staaten.

Zweimal-x-Tage-Woche
Schon von Napoleon erdachtes System, Leute in zwei Schichten arbeiten zu lassen: Entweder die halbe Woche oder den halben Tag. Interessante Modelle gehen von der Zweimal-x-Tage-Woche aus. Jedenfalls ließen sich so die Arbeitsplätze doppelt belegen und wären dabei rentabler, und zudem hätte man nach ein paar Tagen Arbeit ebenso viele Tage frei – ein verlockender Gedanke!

Zukunft ohne Arbeit
Eine Zukunft ohne Arbeit wurde schon 1960 proklamiert; Computer, intelligente Maschinen, Roboter... würden die gesamte Arbeit für den Menschen übernehmen. Mit der heute fortgeschrittenen Automatisierung könnte Zukunft sein, dass nur noch hochqualifizierte Dienstleistungs-, Forschungs- und Kommunikationsarbeiten unersetzlich sind. In diesem Zusammenhang wird ein staatlicher Mindestlohn auch für Nicht-Arbeitende vorgeschlagen.

Selbstverwaltung
Selbstverwaltung meint, dass eine Gruppe oder eine Organisation bestimmte Entscheide selbst fällen kann. Dies kann sehr unterschiedlich (mit Satzungen) definiert sein; das wesentliche Element ist aber, dass die gesamte Gruppe über Entscheide diskutieren und abstimmen kann. Siehe beispielsweise „Hochschulselbstverwaltung" oder „Arbeiterselbstverwaltung".

Studentenjob
Wer auf den einschlägigen Internetseiten nachsieht, erkennt sofort, dass Studentenjobs teilweise für qualifizierte Dienstleistungen angeboten werden. Im Gegensatz zum (mehr oder weniger) definierten Praktikum sind diese Jobs offen von einmaligem Kurzeinsatz bis zur studienbegleitenden Ausbildung.

„Freiwilligen-Job"/Sozialarbeit
Freiwillige, zeitlich begrenzte Arbeit von wenigen Stunden pro Woche als gesellschaftlicher Beitrag für Mitmenschen und Umwelt. Sie soll bezahlte Arbeit unterstützen, ihr aber keine Konkurrenz machen. Beispielsweise kann dies sein: Ehrenamtliche Verwaltung, Schulbegleitung, Organsiationshilfen, Hilfe bei Umgang mit einfachen rechtlichen Fragen... Ehrenamtliche Arbeit („Freiwilligen-Job") wird in der Schweiz offiziell vom Roten Kreuz unterstützt.

Workfare
Workfare meint Sozialfürsorge, die mit einer Pflicht zu gemeinnütziger Arbeit verbunden ist, und zwar verbindlicher als im Hartz-Konzept vorgegeben. Sie ist eher im Bereich niedrig bezahlter Arbeiten vorgesehen, und eine Frage ist, ob ein arbeitsloser hochqualifizierter Dienstleister der Idee enstprechend qualifizierte Workfare-Arbeiten leisten könnte (zum Beispiel Verwaltungsunterstützung für eine Senioren-Organisation).

Cashworker
Cashworker sind in der Regel Tagelöhner, meist auch ungelernte Kräfte, die Arbeiten erledigen, welche keine besonderen Kenntnisse oder eine Konzession erfordern (Transport, Entsorgung, Garten...). Sie werden bar auf die Hand bezahlt. Bei Dienstleistern gibt es kaum Cashworker

Historische Entwicklung

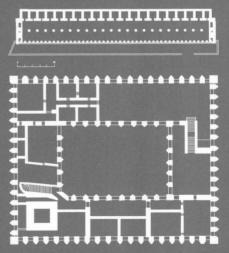

Arbeit verstehen

Einleitung	31
-8000 bis -1000	32
+600 bis +300	34
+400 bis +1100	36
+1200 bis +1400	38
+1400 bis +1650	40
+1700 bis +1900	42
+1900 bis +1940	44
+1945 bis +1990	46
+2000 und Ausblick	48

Historische Entwicklung

Einleitung

Die folgenden Seiten zeigen eine kompakte Übersicht zur Entwicklungsgeschichte der Verwaltungsarbeit. Es wird jeweils die historische Innovation aufgezeigt – und nicht der Zustand der größten Verbreitung einer Arbeitskultur. Man muss sich dessen bewusst sein, dass die Mehrheit der Menschen ihr Lebensumfeld unter einfacheren oder prekären Verhältnissen zu organisieren hatte beziehungsweise hat. Die Übersicht nimmt starke Vereinfachungen in Kauf, denn sie ist nur exemplarisch aufgebaut: In allen Phasen der geschichtlichen Entwicklung sind die regional ausdifferenzierten Mechanismen und die vielschichtigen Prozesse in der entsprechenden Fachliteratur nachzuvollziehen.

Sämtliche Verwaltung vor der Neuzeit ist exklusiv, elitär und staatstragend. Besonders interessant ist, dass große Reiche (Rom, Alexander der Große, Byzanz, die Mauren) mit bescheidenen Heeren riesige Gebiete einnehmen und diese durch Verwaltung stabilisieren. So erscheint Verwaltung einerseits als Herrschaftsinstrument (was sie auch heute noch sein kann) und auch als Kommunikationsprinzip; durch ihre rationale Technik macht sie sich zur interkulturellen Sprache und zieht gleich mit den Prinzipien des Handels. Verwaltung und Handel verbreiten seit Urzeiten einen Geschmack von Globalisierung – vermutlich mit vergleichbaren Vor- und Nachteilen wie sie heute diskutiert werden.

Die Geschichte zeigt, dass der monofunktionale Bürobau erst in jüngster Zeit mit der Verwaltungs- und Dienstleistungsgesellschaft große Verbreitung gefunden hat, nunmehr aber schon wieder zu komplexeren Nutzungsverbänden weitertradiert wird. Beinahe alle historischen Beispiele zeigen einen Nutzungsverband mit öffentlicher Verflechtung und ergänzende Funktionen.

Die meisten historischen Beispiele sind keine reinen Verwaltungstypologien, sondern nutzungsneutrale und/oder multifunktionale Gebäude. Bürokratie war wohl nie eine berauschende Sache und ist oft mit attraktiveren Nutzungen angereichert worden. Deshalb sind die historischen Bilder auch heute sehr aktuell. Mit dem offenen Blick stellen wir fest, dass mit großen Entwicklungssprüngen wesentliche Anordnungen schon sehr früh entwickelt worden sind:

- Was anderes als ein Kombibüro ist eine griechische Stoa oder eine römische Verwaltungs-Basilika? Es finden sich eine Säulenhalle, welche als Skelettbau wie ein Großraumbüro zu nutzen war, und daran angelagert einzelne Zellen.

- Was anderes als ein funktionaler Typenplan ist eine Klosteranlage wie diejenige von St. Gallen? Wir finden dort unterschiedliche Gebäude für die Funktionen Arbeit, Wohnen, Bildung und Kult.

- Und was anderes als ein multifunktionaler Komplex ist ein großes mittelalterliches Rathaus mit integrierten städtischen Funktionen wie Verwaltung, Handel, Verpflegung?

Mit dieser Sicht sind die Entwicklungen neuer Büroorganisationen im 20. Jahrhundert etwas weniger bedeutend, als sie normalerweise dargestellt werden. Entscheidend sind im 20. Jahrhundert vor allem die Masse der Verwaltungsarchitekturen – wobei man hier auf die Menge an Monotonie auch nicht besonders stolz sein kann – und der enorme technische Wandel: Licht, Lüftung, Ergonometrie einerseits und Digitalisierung mit Miniaturisierung andererseits ermöglichen zeit- und ortsunabhängiges Arbeiten.

Die alten Pole Arbeitsplatzqualität versus Arbeitsplatzeffizienz (viel Raum = gut, wenig Platz = schlecht) müssen heute aufgrund neuer Anforderungen hin zu besserer Nachhaltigkeit neu verstanden werden. Eine kompakte Organisation ist effizient und nachhaltig, solange sie elementare Bedürfnisse wir Konzentration und partiellen Rückzug erlaubt. Denn der Mensch mit seinen physisch-räumlichen und sozialen Bedürfnissen bleibt ein Maßstab. Wir wissen, dass Wohlbefinden zu mehr Leistung führt.

Zeit	-8000	-6000	-4000
Epoche	Jungsteinzeit		Kupferzeit
		Siedlung mit urbanen Aspekten	Erste Städte & städtische Zivilisation	Frühe Hochkulturen
Technik Wissen	Haus und Behälter, Domestizierung Schafe, Werkzeuge und Waffen	Schriftähnliche Zeichen, einfachste Infrastrukturen, Befestigungen	Boote, Rad, Wagen, Wege bei der Siedlung
Funktionen Berufe	Übergang zu Siedlung und Sesshaftigkeit, Spezialisierungen	Kollektives Wissen wird abgelöst von Wissensspezialisten. Einfache Funktionen der Stadtverwaltung	
Ökonomie Märkte	Tauschhandel Naturalgeld Mobilität = Karawane	Mit Wagen wird Transportleistung erhöht, neue Intensität von Handel.	
Typologie Morphologie	 Hütten und größere Hütte für Versammlung, für die Wichtigeren = „Verwaltung"	 Nachbau Steinzeit-Langhaus. Einfachste Variationsmöglichkeiten im gebauten Raum definieren alltägliche und spezielle Funktionen.	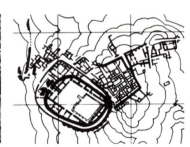 Beispiel Hafaga: Verwaltung in den Räumen des Palastes. Funktionalitäten sind in der Raumtypologie erkennbar oder erahnbar.
Essenzen	Interpretation: Planung und Verwaltung funktioniert im archaischen Sinn. Es gilt das Wort – die Abmachung und eine Vorstufe des mündlichen Vertrags. Man wüsste gerne, ob es schon so etwas wie Verbindlichkeit gab?	Die Herstellung eines Gegenstands basiert auf Erfahrung (sich an Geschichte erinnern können) und verlangt Planung (für die Zukunft) – dies bedeutet: Es gibt eine Vorstellung über ein Ziel. Verwalten ist dazu ein formalisierter Prozess.	Die damaligen Situationen sind ohne schriftliche Quellen kaum nachvollziehbar, wir haben aber eine Vorstellung, wie es gewesen sein könnte: Verwaltet wird in und bei den Räumen der Macht.

Historische Entwicklung

| -2000 | -1000 | -/+0 |

Bronzezeit	Eisenzeit	Ägypter	Epoche
Frühe Hochkulturen		Ende der Reiche Mesopotamien und Altägypten	
			Technik
Schrift, Zahlen, Einheiten, Buchhaltung auf Tonplatten, größere Infrastrukturen wie Straßen, Kanäle, Zisternen, Lager	Schriftliche Gesetze, Erstes Alphabet (Syrien)	Erstes Landstraßensystem in Assyrien	Wissen
Schreiber	Schreiber, Buchhalter, Archivare sind höchstgestellte Persönlichkeiten, beraten die Herrschenden		Funktionen
Verwalter			Berufe
Händler		Aufbau der internationalen Handelsstrukturen zwischen den frühen Hochkulturen an Euphrat/Tigris und im Niltal	
Wachsende Wirtschaft erfordert Buchhaltung, Schrift und Münzgeld	Staatsverwaltung und Staatswirtschaft = Bürokratie		Ökonomie Märkte

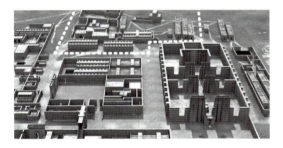
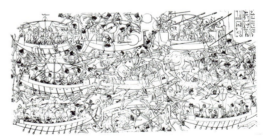

1400 v. Chr.: Tel Al-Amarna unter Echnaton, mit Archiven und Räumen für Schreiber (Schraffur-Rahmen im Bild).

Ägypten 950 v. Chr.: Schlacht zwischen Seevölkern und der Flotte des Ramses III. Die militärische Aktion als größter Gegensatz zwischen perfekter Planung und absoluter Überraschung.

Typologie
Morphologie

Bürger sind Analphabeten. Wenige Gelehrte beherrschen die Schrift. Schrift ist Materialisierung von Denken, von Strukturen, von Mengen.	Es gibt eine Bürokratie – wo diese stattgefunden hat, ist nicht gesichert. Wir kennen nur die wenigen Archive.	Mit den wenigen erhaltenen Quellen entsteht ein puzzleartiges Bild über die Verwaltung der ersten Hochkulturen. Immer noch müssen wir Aspekte analytisch rekonstruieren – die historische Realität bleibt unscharf.	Essenzen

Zeit	−600	−400	−200	+/−0

Epoche Griechen/Phönizier/Etrusker   Weltreich Persien   Griechische und Römische Antike   Mitteleuropa: Kelten und Germanen
Demokratie in der Polis

Technik Wissen

Wachstum neuer Verkehrsgemeinschaften von regional bis international

Landvermessung und Kolonisierung durch Römer, Grundbücher

Große Infrastrukturen, Verwaltung einer Millionenstadt

Cato 154 v. Chr.: „Zur Einrichtung eines Ölguts mit 240 Morgen Land benötigst du: 1 Verwalter, 1 Wirtschafterin, 5 Arbeiter, 3 Ochsenknechte, 1 Eseltreiber, 1 Schweinehirten, 1 Schafhirten, im ganzen 13 Leute (...)"

Funktionen Berufe

Gewaltentrennung:
Politiker, Volksvertreter, Richter …

… und Gutsverwalter, Geschäftsführer, Wirtschafter

Die Organisation der Steuer war einer der aufwändigsten Verwaltungsakte, da ja das Steuer-Einziehen den Besteuerten als Gegenkontrolle hat; internationaler Handel, Bauindustrie

Ökonomie Märkte

Die neuen demokratischen Funktionen werden teilweise mit eigenen Gebäudetypen repräsentiert – so zum Beispiel das Bouleuterium (Ratsversammlung), Prytaneion (Regierungssitz), Strategion (Militärverwaltung) – weniger aber das eigentliche Verwalten des Staats.

Das römische Reich bietet keine konstante Wirtschaftspolitik und Gesetzgebung – aber Handelssicherheit, gute Infrastrukturen (Straßen, Kanäle, Häfen) und das Recht, Sklaven arbeiten zu lassen – „freundliche" Bedingungen für Privatwirtschaft.

Privatwirtschaft; Land- und Immobilienbesitz, Händler, Makler, Kaufleutegruppen

Typologie Morphologie

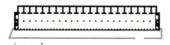

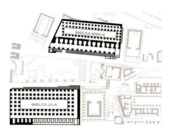

Athen 2. Jh. v. Chr.: Stoa des Attalos (Rekonstruktion): Die multifunktionalen Säulenhallen sind Versammlungsort an der Agora, dienen teilweise auch der Verwaltung (zum Beispiel des Markts). Die Agora als Marktplatz und Ort der Volksversammlung ist das Zentrum der Bürgerverwaltung.

Rom 2. Jh. v. Chr.: Basilica Aemilia (1), Basilica Julia (2) und Basilica Ulpia (3) waren als Multifunktionsbasiliken wichtige Verwaltungshallen. Der Apparat: Eine kleine Kernverwaltung von circa 200 Beamten organisierte das Weltreich – jedem diente ein Stab von mehreren Hunderten, welche „irgendwo" verteilt in der Stadt arbeiteten.

Essenzen

Die demokratischen Funktionen werden in eigenen Typologien zelebriert – weniger das eigentliche Verwalten des Staats. „Arbeit" hat einen niedrigen Stellenwert – man lässt Arbeiten.

Demokratie bedeutet für die Stadtbürger wöchentlich mehrmals aktives Mit-Entscheiden, Mit-Verwalten, Mit-Richten – ein sehr großer Aufwand.

Nach Persern und Griechen betreiben auch Römer Globalisierung. Obwohl die Verwaltungen dafür groß sind, werden sie in der Stadt nicht in gebauten Verwaltungsvierteln lesbar. Provinzen sind dem Senat unterstellt und steuerpflichtig, funktionieren aber als autonome Verwaltungseinheiten.

Historische Entwicklung

+100   +300   -/+0

Epoche

Das Römische Reich   Nördliches Mitteleuropa: Goten und Alemannen   Ost- und Westrom

Gründung Neupersisches Reich

Technik / Wissen

Die internationale Logistik des römischen Reichs: 100 000 km Reichsstraßen, Flotten, Komunikation (Post), unabhängige Militärverwaltung

Millionenstädte der Antike: Rom und Konstantinopel (im 8. Jh. auch Bagdad)

Byzanz: Machtpol von 300 bis 1400 n. Chr.

Funktionen / Berufe

Logistiker ohne moderne Komunikationsmittel. Läden, Angebote, Dienstleistungen, Freizeit und Vergnügen: Bäder, Bars, Restaurants...

Handwerker produzieren in eher kleinen, dezentralen Betrieben. Sie sind ständisch oder sogar „gewerkschaftlich" organisiert, beschäftigen aber auch Sklaven.

Grenzen des städtischen Wachstums: Geringe Lebensqualität, Sicherheitsprobleme, kurzsichtige, schnellwechselnde und korrupte Machteliten; langsamer Zerfall der Strukturen; Stadtflucht

Ökonomie / Märkte

Aspekte von Industriestädten, Freizeit und Vergnügen. Abhängigkeit und Konkurrenz von Produkten aus Kolonien. Das römische Reich als Freihandelszone

Horrende Renditen auf Land und Geldverleih sowie unermessliche Bereicherungen im privaten Handel. Die staatliche Wirtschaft und Organisation wird von Privaten konkurrenziert und ausgehöhlt.

Typologie / Morphologie

   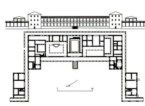

Horrea Galbana, Rom: In den multifunktionalen Markthallen am Tiber werden auch Marktverwaltung und Dienstleistungen angeboten.

Visualisierung Hafen Karthago: Antike Häfen und ihre Verwaltung – Ostia, Alexandria, Delos, Ravenna, Karthago ...

Villa dei Sette Bassi 2. Jh.

Villa Nennig (Saar) 3. Jh.

„Staaten im Staat" – die oberen Klassen ließen ihre privaten „Güternetze" verwalten: Eigentümer von Latifundien, Villen mit hunderten von Hektaren, Handelsunternehmungen, Bergwerke, Ziegeleien, Marmorbrüche, Wohnungen in den Städten...

Essenzen

Labile Stabilität zwischen Frieden und Disziplinierung sowie Handel und Ausbeutung. In der Größe ist das Reich zunehmend schwer kontrollierbar.

In der gesamten Antike manifestiert sich Verwaltung nicht in spezifischen Bautypen, sie findet einfach Raum in multifunktionalen Gebäuden. Sie erscheint also – wie heute auch – als Verwaltungsanteil in allen Funktionen.

Mit dem Wachstum beginnt auch die Dezentralisierung in Verwaltung und Wirtschaft. Umfassende Reformen der Machtstruktur und des Verwaltungsapparats im 3. Jh.: Aus 50 wurden 100 Provinzen, die in 12 Diözesen und nur mehr 4 Präfekturen organisiert waren.

Zeit	+400	+600	+800

Epoche

Spätantike (bis ca. 500 n.Chr.)

Frühmittelalter

4. und 5. Jh.: Zerfall des Römischen Reichs

Zeit der Reiche: Franken, Ost- und Westgoten, Alemannen, Thüringer, Wandalen, Oströmisches Reich...

Herrschaft der Franken/Karolinger

Technik Wissen

Klostergründungen ab 4. Jh.

Ausbreitung des Islam...

... in 100 Jahren zum Weltreich von Indien bis Spanien: Islamischer Glaube und islamische Konzeption von Wissenschaft, Verwaltung und urbaner Organisation

Mission der Christen

Funktionen Berufe

Es entstehen keine neuen Berufe, aber ein neues Berufsverständnis, da selbstständige Arbeit vermehrt möglich ist. Der Rechtsstatus vieler Arbeitenden ändert sich.

Roms Verwaltung und Wirtschaftsinfrastruktur kann nicht gehalten werden. Handel für spezifische Güter (Produkte, welche nicht selbst hergestellt werden können) findet reduziert statt. Starke Tendenz zu „geschlossener Wirtschaft" (Eigenwirtschaft = alles wird vor Ort hergestellt). Der Lebensstandard sinkt unter denjenigen der römischen Zeiten.

Iroschottische und angelsächsische Mission, Klostergründungen, Verwaltungseinheiten

Vor 720: Bau der ersten Moscheen in spanischen Städten Zaragoza, Elvira

Ökonomie Märkte

Regional kleinere Einheiten werden autonomer.

Die neuen Herrschaftsstrukturen basieren auf der germanischen Tradition der Personenverbände: Es bilden sich Adelsschicht und Grundherrschaft.

Nach und neben den christlichen Lebensvorbildern der Nächstenliebe, der Genügsamkeit und des Teilens – stellvertretend dazu Missionare, Mönche und Eremiten – etabliert sich langsam die christliche Hierarchie: Äbte, Bischöfe, Kardinäle, Päpste. Damit beginnt der innerkirchliche Disput, ob die Kirche reich sein darf.

Typologie Morphologie

529: Monte Cassino gegründet von Benedikt von Nursia, Benediktinerregel

6. Jh.: Burg von Hornberg: Neue kleinere teilautonome Einheiten – Motten (Befestigter Hügel), Burgen und Höfe (Corte, Cour, Manor), die oft verwaltet wurden.

612: Gründung Kloster St. Gallen, Klosterplan von 823. Klösterliche Zitadelle als interdisziplinäre Mini-Stadt. Außer familiäres Leben findet in ihr alles statt: Schule, Forschung (zum Beispiel Pflanz- und Viehzucht), Archiv, Bibliothek, Medizin im Hospital, Entwicklung Material/Handwerk. Verwandte Typologie: Baptisterien, Stifte, Abteien...

Essenzen

Christen – die verbotene Sekte – bisher als „geheime Netzwerker" tätig, werden durch Kaiser Galerius und Konstantin legalisiert. Damit etabliert sich auch eine andere, vorerst dezentralere Verwaltungskultur und ein ethisch-religiöses Wirtschaften.

5.- 6. Jh.: Teilweise Übertragung von Verwaltung an Bischöfe, grundsätzlich bleibt Territorialverwaltung aber unabhängig. Sie löst sich vom alten römischen System und generiert in Variationen neue Konzeptionen.

Das frühe Mittelalter kann heute zum einen als Regenerations- und Aufbauphase verstanden werden, in welcher für zahlreiche Lebensaspekte ein neues Verständnis reifen konnte, zum anderen widersetzte sich die Kirche einem offenen, wissensbasierten Diskurs und entwickelt damit zu wenig Dynamik.

Historische Entwicklung

+1000   +1100

	Epoche

Beginn Hochmittelalter

Herrschaft der Ottonen
Herzogtümer und Grafschaften   Morgenländisches Schisma (Rom - Byzanz)

Technik / Wissen

7. bis 10. Jh.: Araber, Sarazenen, Normannen und Ungarn erobern   Weitere Verbreitung des Islamischen Gebiets von 600 bis 1500 in
Randprovinzen oder brechen teilweise in Mitteleuropa ein.   die Sahara und die (heutigen) südrussischen Gebiete.

Funktionen / Berufe

Zunehmende „Verschanzung" in Europa: Bestehende Siedlungen   Wie jedes eroberte Gebiet wird auch Andalusien von wenigen Vertretern
werden mit Wällen geschützt, Neugründungen immer öfters   der „Eindringenden" regiert, und es ist einmal mehr entscheidend, dass
mit Wehrmauern. Die zunehmende fortifikatorische Sicherung   diese auch eine vorteilbringende Verwaltung anbieten können. Die Kalifen
der Strukturen wird als ein Faktor für den wirtschaftlichen   gehen einen Sonderweg und leiten die Region über Jahrhunderte. Die
Aufschwung im 10. und 11. Jh.n.Chr gesehen. Weitere Faktoren   damalige sehr hierarchische Gesellschaft wird durch einen technischen
sind Verbesserung im Ackerbau (Dreifelderwirtschaft) und ein   und sozialen Islam umfassend reformiert und insbesondere durchlässiger;
langsames Wiederaufblühen des Handels (Mercatores = Händler,   untere Schichten erhalten neue Rechte, vor allem Juden, aber auch
Kaufmannszüge von einer Messe zur nächsten Burg).   Christen werden mit ihrer Religion toleriert.

Ökonomie / Märkte

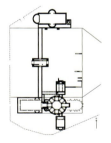  

Typologie / Morphologie

8. Jh.: Pfalz in Aachen und Hofkanzlei,   5. bis 10. Jh.: Der Große Palast auf dem Goldenen   9. bis 15. Jh.: Die Alhambra in Granada, Palast der
unter Karl dem Großen. Die Pfalzen waren   Horn, Konstantinopel. das Macht- und Verwaltungs-   maurischen Kalifen, ist seit 1984 ein UNESCO-
Stützpunkte für Könige (oder Herzöge,   zentrum des Oströmischen Reichs. Ein riesiger Kom-   Weltkulturerbe. Die einzelne Anlagen (Alcazaba,
Bischöfe), welche das Reich „vor Ort" zu   plex über 10 ha mit Plätzen, Kirchen, Wohnbauten,   Nasridenpaläste, Generalife-Gärten) stammen aus
regieren und verwalten hatten.   Kasernen, Palästen und Gärten.   verschiedenen Epochen.

Königliche Verwaltung und Rechtspre-   Byzanz kann bis ins 11. Jh. seine   Ein weiterer Schwerpunkt liegt in (Süd-)Spanien unter der Herr-
chung prägt die frühmittelalterliche   volle Macht entfalten und fällt erst   schaft der islamischen Kalifen: Die Zeit der Mauren vom 8. bis 15.
Organisation: Oberste Verwaltung war   Ende des 12. Jh. Die strategische   Jh. Die Epoche zeichnet sich durch zahlreiche Kulturleistungen aus:
die Hofkanzlei (Erzkaplan), ausführende   „eurasische Position" ist entschei-   Durch die heute weltbekannte Maurische Architektur, die gegen-
regionale Verwalter waren die Grafen.   dend: Istanbul ist eine der wenigen   seitige Toleranz und Akzeptanz von Muslimen, Juden und Christen
Es gibt demnach auch im Frühmittel-   Millionenstädte (mit Bagdad) – ein   – und durch rational-wissenschaftliche Bildungseliten, welche in
alter keine expliziten Verwaltungsty-   Knotenpunkt für Handel und   gewissem Sinn die europäische Renaissance vorwegnehmen.
pologien.   Kulturtausch.

Essenzen

Zeit	+1100	+1200	+1250
Epoche	Hochmittelalter	Frühgotik	
	9. bis 13. Jh.: Islamische Renaissance/Wissenschaft		Kreuzzüge
Technik Wissen	Mercatores (unter Gefahr Reisende) tätigen Handel zwischen Norditalien und Nordeuropa.	Arabische Werke über Rechentechnik, Algebra und Trigonometrie spielen beim Aufbau der europäischen Wissenschaften des Mittelalters eine bedeutende Rolle. Die „islamische Renaissance" vom 9. bis 13. Jh. ist Vorbereiter der abendländischen Renaissance.	12. bis 15. Jh.: Übergang von Kloster- und Kathedralschulen zu Universitätsgründungen, welche eigene Verwaltungs- und Gerichtsbarkeit bezüglich Forschung und Lehre erhielten.
Funktionen Berufe	Größere Ausdifferenzierung und Spezialisierung der Berufe und Funktionen ermöglichen einerseits große multifunktionale Baukomplexe oder eine baulich-typologische Vielfalt:	Rathäuser, Gerichtsstuben, Schöffengericht, Gerichtskotter, Gefängnis und Folter, Kanzleien, Notariate, Schreibstuben, Übersetzer, Archive und Bibliotheken, Platzmeister, Königsstube, Kämmereien, Rats-, Empfangs-, Festsäle, Gastgemächer, Markt- und Tuchhallen, Kauf- und Waaghaus, Fleischsaal (Metzgerei), Weinkeller und Weinstube, Brot- und Suppenbank, Esswirtschaft, Handwerk und Gewerbe, Krambuden, Trödler, Korn- & Salzhäuser, Magazine, Lager, Rüstkammern, Arsenale, Tanz- und Hochzeitshäuser...	
Ökonomie Märkte	9. bis 14. Jh.: Das Bevölkerungswachstum in Europa von circa 20 auf 50 Millionen erfordert Ausdehnung des Landwirtschaftslands (Rodungen), unterstützt die Stadtgründungen und setzt Migrationen in Richtung dünnbesiedelte Gebiete in Gang.	Faktoren für die bauliche Institutionalisierung sind: Mit dem Wachstum ein gesteigerter Bedarf an Administration, das Entlasten der Bürgerversammlung durch autorisierte Gremien, die zunehmende Komplexität der Stadtagenden und die ständische Ausdifferenzierung der Gesellschaft.	

Typologie Morphologie

Die drei Fotos zeigen nicht den baulichen Zustand der jeweiligen Gründung.

Köln 1130 — Münster 1170 — Ypern 12. bis 16. Jh.: Tuchhalle — Thorn 13.Jh.

Mit den Stadtgründungen des Hochmittelalters werden wesentliche Merkmale der großen und multifunktionalen Zentrumsbauwerke vorgelegt: Repräsentation der säkulären Verwaltung, Nutzungsprogramm von Kleinraumserien und großen Räumen (Kabinette, Säle, Hallen) und öffentlichem Erdgeschoss mit Läden und Handwerk.

Das Angebot öffentlicher Funktionen wird erweitert: Apotheken, Stadtwaagen, Schulen, Festhäuser, Infrastrukturbauten.

Essenzen

Vom 11. bis zum 15. Jh. werden 3000 Städte in Europa gegründet. Zu 95% waren dies Kleinstädte – nur wenige hatten mehr als 10 000 Einwohner. Die Stärke der Städte lag in ihrer Verwaltung und den netzwerkartigen Bündnissen, welche ihnen zu wirtschaftlicher Stärke, politischem Einfluss und zu Freiheiten verhalf. Man geht davon aus, dass die neu entwickelten Verwaltungsstrategien der Städte zum Vorbild für die eigentliche Territorialverwaltung der Länder wurden.

Die kleinen Rathäuser im 11. Jh. sind noch wahrlich Bürgerstuben, also Gemeinschaftshäuser – und die ersten Großbauten waren oft Markt- und Tuchhallen. Die Rathäuser des 12. Jh. integrieren den gesamten Bedarf an öffentlichen Funktionen, wie sie oben aufgelistet sind. In der weiteren Entwicklung sondern sich zahlreiche Funktionen ab und werden als eigene Typologien gebaut – womit das Rathaus im engeren Sinn zum Beamtenhaus mit der Kernfunktion „Stadt-Verwaltung" wird.

Historische Entwicklung

+1300   +1350   +1400

			Epoche

Gotik   Spätmittelalter
Ablösung Byzanz durch Osmanisches Reich   Große Pest   Abendländisches Schisma (Rom - Avignon)

Technik / Wissen

14. bis 16. Jh.: Verdopplung der europäischen Bevölkerung von circa 75 auf 150 Mio.

Aufstieg der Seemächte Italiens im 12. bis 14. Jh.: Pisa, Venedig, Genua – parallel dazu die Gründung der gesamtdeutschen Hanse.

Geschichte der großen Handelsfamilien: Beginn 14. Jh. – in Italien die Medici, Bardi und Peruzzi, ab Mitte 14. Jh. in Deutschland die Fugger und Welser

Funktionen / Berufe

Wirtschaftsrevolution im 13. Jh.: Aufstieg der Kaufleute und Handelsgesellschaften mit Niederlassungen, welche selbst nicht reisen, sondern Handel verwalten.

Beruf des schreibkundigen Fernkaufmanns im 13. und 14. Jh.

Mit der städtischen Gesellschaft und Wirtschaft des Mittelalters erfahren Handwerker und vor allem Kaufleute höhere gesellschaftliche Wertschätzung.

Ökonomie / Märkte

Mit dem Aufstieg der Kaufleute entstehen neue Handels- und Verwaltungstypologien. Funktionen, welche vorerst in Rathäusern integriert waren, werden vermehrt in Eigeninitiative erstellt: Kaufhäuser, Tuchhallen, Manufakturen. Insbesondere wird es den Gewerbebetrieben möglich, eigene Stadthäuser mit integrierter Produktion zu gründen.

1330 bis 1350 legt ein Zusammenbruch der großen Handelshäuser Europa lahm, es folgt die große Pest, an welcher ein Drittel der Bevölkerung zu Grunde geht. Progrome an der jüdischen Bevölkerung.

Typologie / Morphologie

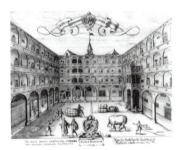

Fondaco dei Tedeschi, Venedig 1228/1508

Ab 1300: Große italienische Gesellschaften mit über 100 Angestellten, Private und Staaten betreiben Handelsniederlassungen im Ausland.

Compagnia dei Bardi (120 Angestellte)

Norditalien: Das Rathaus zeigt kastellartiges und repräsentatives Palast-Wohnen (signoraler Aspekt, Wohnen fehlt in Nordeuropa), Funktionen beschränken sich auf Gerichts- und Regierungsbehörde. Es fehlt also die Öffentlichkeit der Erdgeschosshallen.

Palazzo Vecchio, Florenz 1299

Kaufhaus, Mainz, Rekonstr. von Moller, 1316

Essenzen

Ein besonderer Aspekt ist, dass trotz Stadtverwaltung teilweise wieder Herrschaft entstanden ist. Besonders in Italien betreiben Oligarchen die Refeudalisierung; mit extremer ökonomischer Potenz und unkontrollierten Privattruppen setzen diese ihre Ansprüche gegen den Staat durch.

Obwohl die hier gezeigten Gebäude und ihre Funktionen nicht explizit als Verwaltungsfunktionen zu bezeichnen sind, zeigen sie die Vorläufer zu sehr wichtigen Verwaltungszweigen: zum Beispiel die Organisation und Kontrolle der Logistik und des Gesundheitswesens – heute absolute Großverwaltungen.

Zeit	**+1400**	**+1450**	**+1500**

Epoche Osmanisches Reich und Mitteleuropa im Ringen um den Balkan   Humanismus   Reconquista: Rückeroberung Spaniens und des nasridischen Granada   Renaissance = Beginn der Neuzeit
Columbus in Amerika / Komplettierung der Weltkarte innerhalb weniger Jahrzehnte

Technik Wissen Ein Jahrhundert Stillstand im Städtewachstum   Gutenberg – und die Ausbreitung des Buchdrucks über das Verlagswesen   Doppelte Buchführung

Erste öffentliche Bank in Spanien   Erster bebilderter Buchdruck   Druckereien werden Verlagshäuser
Französische Post befördert private Briefe

Funktionen Berufe Die Ausdehnung und Verlagerung der großen Messen im 14. bis 16. Jh. belegt die handelswirtschaftliche Ausdehnung auch in neue Räume: Frankfurt am Main, Brügge, Antwerpen, Hamburg, Emden, Leipzig, Linz, Genf, Lyon ...   Im 15. Jh. wird ein wesentlicher Teil der neuen Strukturen Europas geschaffen: Eine komplizierte organisatorische Ordnung, der Wille, die Konkurrenzen und Differenzen nicht mit Krieg, sondern mit Verträgen zu lösen.

Ökonomie Märkte Über den Hansebund in Mittel- und Nordeuropa sowie über die italienischen Seemächte im Mittelmeerraum werden Europas Handelsnetze bis weit an seine Ränder zunehmend stabilisiert.   Bergbau und internationaler Handel werden treibende Wirtschaft des ausgedehnten Mittelalters. Aus diesen Gewinnen werden Europas Städte und Architekturen zu einem großen Teil ausgebaut.   Mit Beginn der islamischen Bewegung, aber vor allem vom 9. bis ins 16. Jh. finden Stadtgründungen und Stadtzentrenbildung statt. Stellvertretend dazu der Plan von Aleppo mit Moscheen (Religionsschulen), Karawansereien (Herbergen) und Lagerhöfen.

Typologie Morphologie

   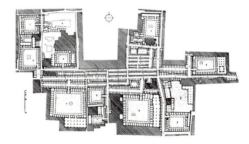

Stadtwaage Bremen 1330   Ratsapotheke Lüneburg 1330   Fuggers Buchhalter Matthäus Schwarz   Aleppo im 16. Jh.

Essenzen Neben den Rathäusern entsteht ab dem Hochmittelalter vom 13. bis zum 15. Jh. eine große Anzahl neuer Bautypen für neue Funktionen.   Mit den Wachstumsschüben der europäischen Wirtschaft werden neue buchhalterische Methoden entwickelt. Buchhaltung garantiert nicht nur Rechenschaft, sondern erlaubt auch Planung.   Aufgrund starker Trennung von Privatraum und öffentlichen Funktionen werden islamische Zentren als durchgehend polyfunktionale Verwaltungs- und Handelskonglomerate mit Universitäten (Medressen), Großmärkten und Regierungspalästen gebildet.

Historische Entwicklung

+1550　　　　　　　　　**+1600**　　　　　　　　　**+1650**

			Epoche
Reformation... ... und Gegenreformation	Zeitalter der Glaubensspaltung	Beginn des Barock	Beginn des Absolutismus in Frankreich
		Holland wird Kolonial-Weltmacht	Dreißigjähriger Krieg

Technik / Wissen

Eroberung der Kolonien　　　1550: Rechenbuch „Practica"　　Stenographie　　Entwicklung des Völkerrechts (Grotius)
1522: Erste Weltumsegelung　　von Adam Riese
　　　　　　　　　　　　　　　　　　　　　　Francis Bacon beschreibt in „Nova Atlantis" die　　Royal Society
　　　　　　　　　　　　　　　　　　　　　　Utopie eines vollkommen organisierten Staats

Funktionen / Berufe

Neben dem wirtschaftlichen Netz der Städte (auch der kleinen zu den großen) scheint auch das Hinterland über die landwirtschaftliche Produktion hinaus langsam an der „urban geprägten Produktion" und den typischen „Gütern der Stadt" teilzuhaben.

Die Fürsten des Reichs festigen ihre Landesherrschaften mit dem Ausbau von Polizeiordnungen und neuen Verwaltungsbehörden.

Ausübung von Handwerkerberufen wird durch Zünfte bestimmt, Frauen sind ausgeschlossen. Hingegen können Frauen in Landwirtschaft, Handel und Verlagswesen eigenständige Positionen einnehmen – was aber seltene Ausnahme ist.
Neue Berufe entstehen: Volkswirtschaftler, Staatsrechtler

Ökonomie / Märkte

Die Konzeption des italienischen Rathauses als Wohn-, Regierungs- und Gerichtspalast sowie die Verwaltungsvorbilder der Handelsgesellschaften machen diese Entwicklung überfällig.

Ökonomische Änderungen im 16. Jh.: Wachsender Zustrom von Edelmetallen aus den amerikanischen Kolonien, Geldentwertung, sinkende Kaufkraft sowie eine Krise in der Agrarproduktion

Gründungen von Aktien-Handelskompanien:
1554 Moskovy Company
1581 Levante Company
1599 Britische East-India Company
1602 Niederländische East-India Company

Merkantilismus, Nationalwirtschaft, Monopole, Schutzzölle, Festpreise, Subventionen...

1531: Erstes Börsengebäude in Antwerpen　　　1571: Eröffnung der Londoner Börse

Typologie / Morphologie

Uffizien, Florenz 1559
Von den Medicis als Verwaltungs-Erweiterungsbau neben dem Palazzo Vecchio erstellt.
Dies ist der erste reine Verwaltungsbau.

Ostersches (Hansekontor-)Haus, Antwerpen 1568
Der Zusammenschluss norddeutscher Kaufleute im Hansebund (12. bis 17. Jh.) manifestiert sich in großartigen Verwaltungs- und Lagerhäusern.

Rathaus Augsburg, E. Holl 1618

Essenzen

Mehrere Faktoren führen zur spezifischen Situation der Renaissance. Die Stärke des osmanischen Reichs (Handelskontrolle gegen Asien) sowie die rückeroberten Gebiete Iberiens unterstützen Expansionsversuche nach Ostafrika und „Westindien". Wissenschaft, Kartographie, Buchdruck – das sind nur drei Beispiele, welche unter anderem Verwaltungsreformen auslösen.

Hauptmotor für eine rationellere Verwaltung sind zum einen die enormen Handelsmengen mit den neu eroberten Kolonien, aber auch die Kontrolle der teilweise äußerst wertvollen Güter (Edelmetalle, Gewürze).

Obwohl es zahlreiche Vorläufer von AG-artigen Beteiligungsgesellschaften gibt, wird die moderne Aktiengesellschaft erst zu Beginn des 17. Jh. mit der „Niederländischen Ostindien Company" gegründet. Eine Gründung ist in der Folge nur mit einer staatlichen Konzession möglich. Die Gesellschaften sind über das Aktienrecht reguliert.

	+1700	+1750	+1800
Zeit			
Epoche	Barock　　Aufklärung　　Rokoko　　Zeitalter der Vernunft　　　　　　　　Ende des Absolutismus: 1789 Franz. Revolution		
	Merkantilismus　　Frühindustrialisierung: Zunahme von Erfindungen　　Verfassung der U.S.A.　　Zeit der großen Revolutionen		
Technik Wissen	Erste Dampfmaschinen (mit kontinuierlicher Weiterentwicklung bis heute)	Büro-Kleinteile: Füllfederhalter, Radiergummi	Papiergeld in Frankreich
		Explosives Bevölkerungswachstum aufgrund Erkenntnisfortschritten in Medizin, Hygiene, Landwirtschaftsproduktion.	Argand-Lampe (verstellbarer Docht unter Glas)
			Vollmechanisierter Webstuhl
Funktionen Berufe	Der expandierende Beamtenstaat des 17. und des 18. Jh. schafft eine Reihe von neuen Berufen und Tätigkeiten: Räte, Sekretäre, Fürsorge, Inspektionen, Kontrollen, Statistiken, Gesetzgebungen, Ordnungen, Rechtsinstanzen... Aufgrund des eintretenden Wachstums wandelt sich der Verwaltungsapparat fortlaufend.	Mit der Frühindustrialisierung beginnt die größte Wachstumsphase der Menschheit. Die Entwicklungen in den Bereichen Technik, Mechanik, Energie, Maschine, Material basieren auf den Erfolgen des wissenschaftlichen Forschens und Entwickelns und führen zum wirtschaftlichen Fortschritt. Es handelt sich demnach nicht nur um neue Material- und Energiewelten, sondern ganz wesentlich um neue Theorie-Strukturen.	
Ökonomie Märkte	Mit den gewaltigen gesellschaftlichen und ökonomischen Entwicklungen des 18. Jh. geht bisweilen das Augenmerk auf die Bedeutung der Verwaltung in dieser Zeit abhanden: Die Verdopplung des Handelsvolumens, die Steigerung der Produktion und das Bevölkerungswachstum verursachen den Bau zahlreicher Verwaltungsgebäude.	In diesem Zusammenhang sind folgende Diskurse zu verstehen: Politische Ökonomie, Nationalökonomie, Wohlstand der Nationen, Arbeitsteilung und Spezialisierung, der Freie Markt, Wettbewerb, Monopol-frei, Liberalismus...	
		Mit der beginnenden Industrialisierung muss eine differenzierte Verwaltung – und wenn man so will – eine neue Personalführung entwickelt und aufgebaut werden.	
Typologie Morphologie			
	Dikasterium (Verwaltungsbau), Koblenz, B. Neumann 1739 (siehe z. B. auch „Königshof" Offenburg, Verwaltungsgebäude 1714-1717)	Palais du Gouvernement, Nancy, E. Héré 1755 Der Verwaltungsbau mit außerordentlicher Inszenierung: Das „Hémicycle" umfasst den öffentlichen Raum.	Bank of England, London, Sir J. Soane 1788 (siehe auch 1780: Bank of New York)
Essenzen	Mit dem Merkantilismus des 17. Jh. werden für die moderne Verwaltung und die gelenkte Nationalwirtschaft bestehende Errungenschaften der privaten Verwaltungs- und Handelsgesellschaften (wie etwa die Buchhaltung) mit ausdifferenzierten Methoden angereichert: Die Volkswirtschaftslehre, Statistik als Planungsbasis, Haushaltsplanung, Bilanzen...	Der aufgeklärte Absolutismus entschärft die Spannungen zwischen den Klassen – einerseits dem Adel und andererseits den Bürgern und Bauern. Alle Stände haben dem Staat zu dienen, was mit dem absolutistischen Wohlfahrts- und Obrigkeitsstaat mit moderner Bürokratie und geordnetem Rechtswesen erreicht werden soll.	Die Französische Revolution ändert viel, aber nicht alles: Es werden die Menschenrechte eingeführt, das freie Individuum, die Mitwirkung der Bürger in Rechten und Pflichten (damit auch die Eigenverwaltung), alte Feudalprivilegien werden abgeschafft – ökonomischen Ungleichheiten bleiben aber unangetastet.

Historische Entwicklung

+1850   +1900

1815 Wiener Kongress Biedermeier Sozialismus, Kommunismus Imperialismus Relativismus, Materialismus Arts and Crafts		**Epoche**
Kommunistisches Manifest Darwins Evolutionslehre Erste Weltwirtschaftskrise Taylor: Arbeitsrationalisierung Freud: Psychoanalyse		
Elektrischer Telegraph Telegraphenbüro Atlantikkabel Suezkanal Telefon Fahrstuhl Schreibmaschine Farbfotografie Gas- & elektr. Beleuchtung		**Technik**
Schneller Buchdruck Erster Dampfzug Elektromotor Glühbirne Gasmotor Automobil Eisenbeton Tram in Berlin Film & Projektor Bildempfänger		**Wissen**

Die konkurrierenden europäischen Staaten bewältigen die Zeit nach den Revolutionen unterschiedlich: Großbritannien versucht, seine Kolonialmacht neu als Weltmacht zu festigen. Deutschland regeneriert sich mit zahlreichen Verwaltungsreformen. Napoleon gestaltet mit seinem auch militärisch erzwungenen „Empire" große Teile Europas um, scheitert aber letztlich an Großbritannien, Russland und weiteren sich befreienden Staaten. Die neue, offene Situation mündet in den Wiener Kongress und die Neuordnung Europas.

Der unerschütterliche Glaube an den Fortschritt wird mit den Forderungen der sozialen Bewegung konfrontiert; Fortschritt beruhe zwar auf Genialität in Forschung und Unternehmertum und könne so allen dienen, aber er setze sich auch mit bedenklichen Methoden durch:
• Arbeiterausbeutung, Sklavenarbeit
• Plünderung der Ressourcen in Kolonien
• Zerstörung der natürlichen Umwelt.
Systemkritiker erkennen, dass echter Fortschritt an breiteren Kriterien gemessen werden muss als an Kapitalzuwachs.

Mit den Gründungen der Nationalstaaten werden zahlreiche Organisationen ausgebaut oder neu geschaffen, die einen Verwaltungsanteil aufweisen (Gesundheitswesen, Schulwesen, Bauverwaltung, etc.) Für Rechtssicherheit und als Rechenschaft gibt es Berichte und Protokolle.

Bei den frühen Bürobauten des 19. Jh. werden nur wenige Standardgrundrisse angewendet; dies sind vor allem Zweibünder mit unterschiedlich großen Einzelbüros (Ausdruck der Hierarchiestufe) und Bürosäle unterschiedlicher Größe (basierend auf Skelettkonstruktion).

Funktionen Berufe

Ökonomie Märkte

Typologie Morphologie

Finanzministerium, Karlsruhe H. Hübsch 1826 – Verwaltungsgebäude, sachlicher, materialgerechter Stil

Harpers Verlagshaus, New York, J. Bogardus 1854

Leiter Bldg., Chicago, LeBaron Jenney 1879

Reliance Bldg., Chicago Burnham & Root 1895

Kontorhaus Dovenhof, Hamburg M. Haller 1886

In wenigen Beispielen der US-Architektur wird Technologie direkt thematisiert – die meisten Gebäude bleiben dem historisierenden Stil verhaftet (siehe nächste Seite). Aufgrund der Baugesetze fehlen Hochhäuser vorerst in Europa.

Mit dem Wachstum der Städte werden die Stadtbefestigungen geschleift – mobile Heere verteidigen als Organisations- und Improvisationseinheiten den Raum vor der Stadt. Militärische Organisation nimmt komplexe Verwaltung und Logistik der Neuzeit vorweg.

Die Konfrontation von Kapitalismus und Sozialismus führt zu potentierten Organisationsanforderungen: Produktivität, Akkord, niedrige Preise – aber auch Anrecht auf fairen Lohn. Jede Gelegenheit zur Produktionsoptimierungen und Leistungssteigerung muss wahrgenommen werden.

Die Verfügbarkeit von Material und Energie setzt neue Maßstäbe in der Güterproduktion: So entstehen die neuen Bürobauten vor allem für Unternehmungsverwaltungen und wenige Dienstleister (Banken und Versicherungen).

Ende des 19. Jh kommt der Mehrwert bei der Mittelschicht an. Einfache Haustechnik, Urlaub, Freizeit, die konsumierende Kleinfamilie – dies bereitet die Dienstleistungsgesellschaft des 20. Jh. vor. Die Psychologie widmet sich der Seele des Individuums und wird Konkurrentin der Religion, die für Gemeinsinn steht.

Essenzen

Zeit	+1900	+1910	+1920
Epoche	Imperialismus (19. Jh bis 1914)	Erster Weltkrieg (1914-1917)	Friedensvertrag Versailles · Moderne (ca. 1910-1930)
	Jugendstil (1895-1906) · Deutscher Werkbund 1907	Funktionalismus · De Stijl (1917-1931)	Bauhaus (1919-1933) · Art Déco (ca. 1920-1940)
Technik	Motorflug Gebr. Wright · Panamakanal	Lichtpause · Per Luftschiff über den Atlantik	Atlantiküberflug von Lindbergh
Wissen	Drahtlose Telegrahie · Massenproduktion Rechenmaschinen	Einsteins Relativitätstheorie · Husserl: Phänomenologie	Rundfunksender · Erster Tonfilm · Übersee-Funk · Max Weber: Wirtschaft und Gesellschaft

Funktionen Berufe

Ökonomie Märkte

Typologie Morphologie

Larkin Building, New York, F. L. Wright 1904

Woolworth Bldg., New York, C. Gilbert 1913

Bürosäle um Lichthof. Das Larkin-Gebäude gehört zu den wichtigsten Beiträgen

Neue Hochhausdimension – neogotisch verpackt

Europäische, nicht realisierte Hochhausprojekte:
b) La Ville Contemporaine, Le Corbusier 1922
d) WB-Entwurf Chicago Tribunes, A. Loos 1922
a) Hochhaus Breslau, M. Berg 1920
c) Entwurf Hochhaus, M. v. d. Rohe 1922
e) WSNCh in Moskau, W. Lawrow 1925

Europa Themenvielfalt

Börse Amsterdam, 1903 H.P. Berlage · Looshaus, Wien A. Loos 1911 · Büro-/Fabrikgebäude, Werkbund Köln, W. Gropius 1914 · Verwaltung Stumm, Düsseldorf, P. Bonatz 1924 · Chile-Haus Hamburg, F. Höger 1924 · Geschäftshaus Dierig, Berlin, Salvisberg 1928

Essenzen

Die erste Hälfte des 20. Jh. ist durch den extremen Wechsel von innovativ-konstruktiven und lähmend-destruktiven Phasen gekennzeichnet: Neu aufgebaute materielle Felder werden zerstört – neu eroberte intellektuelle Freiheiten per Diktatur gelöscht.

Vorstellungen und Rahmenbedingungen für Verwaltungsarbeit sind in Europa und Amerika (und weiteren Regionen) recht unterschiedlich. Diese Differenz ist im Übrigen bis heute relevant. In Europa: Beamtenstaatlich und gewerkschaftlich reguliert, nationale und epochale Differenzierung, vorwiegend Zellenbüros. In Nordamerika: tayloristische Grundstimmung, hohe Präsenz, wenig Urlaub, große Gebäudetiefe, Bürosäle und Einzelbüros nach Hierarchie, vorwiegend Stahlskelettbau.

Aufgrund der historisch gewachsenen Stadt wird in Europa die Hochhausthematik nur bei den Architekten der Moderne verfolgt – allerdings oft als unrealisierte Projekte (Loos, Mies, LC, Hilbersheimer). Beinahe die gesamte Garde emigriert wegen der Naziherrschaft der 1930er Jahren aus Europa. In Realisierungen wird Skelettbau bevorzugt – die Fassade öffnet sich in Bändern und Vollverglasung.

Historische Entwicklung

+1930　　　　　　　　　　　　　**+1940**

		Epoche
Weltwirtschaftskrise	Zweiter Weltkrieg　　Atombombe	
Sozialistische Planwirtschaft　　Dachau: Erstes Konzentrationslager	Kernspaltung　　Atomreaktor	
Experiment Farbfernseher　　Autobahn　UKW-Sender　Künstliche Radioaktivität	DDT　Düsenflugzeug　　Unbemannte Rakete	Technik
Ortega y Gasset:　　　　　　Nylon- und Perlonfaser	Picasso: „Guernica"　Farbfilm　　Programmierbare Rechenanlage	Wissen
„Der Aufstand der Massen"		

Funktionen / Berufe

Verwaltungsdiktatur, Tyrannei der Parteibeamten, Blockwart, Funktionäre, Denunzianten, Geheimdienste...
Die Organisatoren der Kriegswirtschaft

Ökonomie / Märkte

Die Deutsche Wirtschaft erholt sich vorerst von der Weltwirtschaftskrise, wird aber ab Mitte des Jahrzehnts entgegen den Vorstellungen der alten Wirtschaftseliten und entgegen wirtschaftlicher Notwendigkeiten als national abgeschottete Planwirtschaft betrieben.

Chrysler Bldg., New York, W. van Alen 1930　　Empire State Bldg., New York, Shreve, Lamb Harmon 1931　　Philadelphia Saving Found, New York, Howe & Lescaze 1932　　Rockefeller Center, Hochhaus-Viertel New York, R. Hood 1939

Typologie / Morphologie

Ende der 1930er Jahre wird in Deutschland umfänglich und bei den Nachbarn partiell „Revision der Moderne" betrieben.

In der Auseinandersetzung zwischen Classicismo und Razionalismo kann sich die italienischen Moderne mit dem problematischen Motiv einer „angeblichen Mediterraneität" zumindest teilweise behaupten.

Der Verwaltungsbau der Regime (Hitler und Stalin) zeichnet sich vorerst durch Monumentalität, Kitsch und stereotype Details aus – in den strukturellen Konzeptionen wird wenig erfunden, es wird zunehmend mit kalter Effizienz geplant.

Palast der Presse, Baku, S. Pen 1931　　Z-Haus, Zürich, Hubacher Steiger 1932　　Casa del fascio, Como, G. Terragni 1936　　Reichsluftfahrtministerium Berlin, O. Hagemann 1936　　Volkskommissariat für Verteidigung Arbatplatz Moskau, L. Rudnev 1938

Europa

In der Moderne werden zahlreiche Grundlagen für ein neues Verständnis der Gesellschaft und speziell des Verwaltungsbaus entwickelt, die in Europa jedoch erst nach dem Zweiten Weltkrieg Ausbreitung finden: Funktionalismus, International Style, Vorfabrikation, Technologie im Bauwerk („Das Haus als Maschine") sind hier nur einige Stichworte zum potenziellen Einfluss der damaligen Architektur auf neue Gesellschaftskonzeptionen – zum Beispiel hin zu einer Dienstleistungsgesellschaft.

Die bestehenden Reichsverwaltungen werden durch das Naziregime kontinuierlich entmachtet. Die Verwaltung der nationalsozialistischen Diktatur beruht ab 1934 auf der Machtfülle der SS und zahlreichen Sonderbehörden und auf einer Schwächung der bestehenden Verwaltungen durch inszenierte Konkurrenzen. Alleine die Deutsche Arbeitsfront (DAF) hatte 1939 25 Mio. (Zwangs-)Mitglieder und 45 000 Funktionäre.

Essenzen

Während der Kriegsjahre mutieren sämtliche Verwaltungen zu Notstandsbetrieben unter kriegswirtschaftlichen Rahmenbedingungen. Es ist falsch, aus den Erfahrungen dieser speziellen Notverwaltungen Erkenntnisse ableiten zu wollen.

Zeit	+1945	+1950		+1960

Epoche Enttrümmerung/Wiederaufbau   Wirtschaftswunder   Der Kalte Krieg   The Fifties   Sexuelle Revolution   1968-Unruhen
Gründung UNO   Marshall-Plan   Währungsreform   Brutalismus   Unbemannte Raumfahrt   Bau der Mauer   Mondlandung

Technik Röhrenrechner ENIAC   Bauen im historischen Kontext   Atomkraftwerk   Subzentren-Agglo   Elektronische Rechenmaschinen
Wissen   Überschallflug   Farbfernsehen   Nachrichtensatellit   Die Pille   IBM Kugelkopf

Funktionen Europa ist unterschiedlich vom Krieg betroffen. Deutschland liegt in Trümmern, Produktion und Nahrungsversorgung genügen knapp für das Existenzminimum. Industrie und Verwaltung Deutschlands funktionieren rudimentär.   Marshallplan 1947-1952: Die USA unterstützen die Entwicklung Westeuropas. Erstens als Hilfe gegen die desolaten Nachkriegszustände, zweitens als Stärkung des europäischen Westens gegen den Ostblock.   Das Thyssenhochhaus ist ein Meilenstein: Es „meldet Deutschland zurück" (siehe auch „Pirellihochhaus", Mailand, 1956-58, G. Ponti)   In Anlehnung an den amerikanischen Bürosaal werden in Europa das Großraumbüro und Bürolandschaften proklamiert, allerdings nach vielfältigen Kriterien konzipiert (Teamwork, Arbeitsabläufe, etc). In seiner optimierten Anwendung bleibt das Großraumbüro unbeliebt.
Berufe

Ökonomie
Märkte

Typologie
Morphologie

The Pentagon, Washington, G. E. Bergstrom 1941-43   „Glaspalast" UNO, NY, nach Skizzen von LC 1950   Lever House, NY, SOM 1952   Seagram Bldg, NY, M.v.d. Rohe 1958   Expansion vor die Stadt, Hamburg City-Nord 1960 (siehe auch Frankfurt-Niederrad)

Europa
Themen

„Nissen-Hütten", Notunterkünfte, Aufräumen während der ersten Nachkriegsjahre…   Geschäftshaus Frankfurt am Main, G. Scotti 1949   Erste große Neubauten: Fernmeldezentrum Frankfurt am Main, 1950   Thyssenhochhaus, Düsseldorf, HPP 1960   Großraumbüro

Essenzen Mit der Aufteilung in Besatzungszonen werden drei unterschiedliche Verwaltungskulturen überlagert: Die alte des Reichs und der Weimarer Republik (die es kaum mehr gibt), die nationalsozialistische und je nach Besatzungszone die angelsächsische, die russische oder die französische.   Der Wiederaufbau der notwendigsten Substanz bindet alle Kräfte. Erst in den 1950er Jahren wird es möglich, neue Verwaltungsgebäude zu realisieren. Neubauten aus dieser Epoche sind funktional und zurückhaltend. Auch aufgrund der zerstörten historischen Stadt wird „Bauen in die Höhe" nun zum Thema.   Ab den 1960er Jahren werden verschiedene Büroorganisationen untersucht, geplant und realisiert. Ein Teil der ausgeprägten Modelle, zum Beispiel das Großraumbüro, zeigt langfristig zu wenig Akzeptanz und deshalb auch mangelnde Nachhaltigkeit.   Die Industrienationen vollziehen den Wandel zur Dienstleistungsgesellschaft. Der Anteil der darin Beschäftigten steigt von 30% (1960) kontinuierlich auf circa 65% (2007). Darin liegt der Grund für das enorme Neubauvolumen im Verwaltungsbau der Nachkriegszeit.

Historische Entwicklung

+1970   **+1980**   **+1990**

Technologische Architektur   Energiekrise   Postmoderne Architektur   Analoge Architektur   Dekonstruktivismus   Gründung Europäische Union   **Epoche**

Vollständige Automatisierung   Punk   „No future!"   Atomreaktorunfall Tschernobyl   Fall der Mauer   Krieg in Jugoslawien

Telefonischer Inlandverkehr   Speicherchip   Analoge Mobiltelefone   Generation X   Digitale Mobiltelefone   EZB   **Technik**

Erste bemannte Raumstation   Apple II = erster PC   Glasfaserkabel   Notebook   Kommerzielle Digitalkameras   Supraleitung   **Wissen**

Fax aktuelle Generation   Nadeldrucker   Laserdrucker

Funktionen
Berufe

Klassischer Büro-
Dampfer, Chandigarh
Le Corbusier

Ökonomie
Märkte

Das Objekt – hier der Seestern,
Brüssel Berlaymont, L. de Vattel

Typologie
Morphologie

Strukturalismus
Apeldoorn
H. Hertzberger

Europa
Themenvielfalt

Technologische Linie
Ipswich
N. Foster

Essenzen

Bedeutende Veränderungen in der gesellschaftlichen Wahrnehmung, aber auch vertiefte interdisziplinäre Erkenntnisse über vernetzte Systeme werden zu neuen Grundlagen für die gesamte Architektur und so zu relevanten Faktoren für den Bürobau. Es sind dies insbesondere: die Mahnungen des Club of Rome, die Zeit 1968, die Kritik an der „Unwirtlichkeit der Städte" (Mitscherlich) und die Energiekrise 1973.

Der Paradigmenwechsel zeichnet sich auch in der Parallelität unterschiedlicher Architekturkonzeptionen, -stilen, -schulen und -theorien ab. Ab 1970 kann keine allgemeingültige Richtung aufgezeigt werden – dies ist auch bei den Bürobaukonzeptionen der Fall; zahlreiche verschiedene Modelle werden erfunden und realisiert. Man könnte auch sagen: Europa hat sein Potenzial für Themenvielfalt wieder zurückerorbert.

Themen des auslaufenden Jahrhunderts sind: Globalisierung, Dominanz der Konzerne über die Politik, Auslagerung von Dienstleistung in kostengünstige Regionen, unberechenbare Märkte (Asienkrise 1987, Weltwirtschaftskrise 2008), Ressourcenproblematik, Fundamentalismen, Arbeitslosigkeit...

Zeit +2000 und die Themen der Zukunft...

Wahrnehmung von Arbeit in der Gesellschaft
Arbeit wird in jeder Epoche wieder anders definiert. Sie wird auch individuell unterschiedlich wahrgenommen. Arbeits-Prototypen sind: Malocher (jiddisch „Schwere Arbeit"), Stachanov (Held der Arbeit), Maniac (Wahnsinniger), Workaholic (Arbeitssüchtiger), CEO (Boni-Sucht?). Neue Vorbilder werden sich nicht mehr auf Arbeit alleine abstützen können, sondern auf ein komplexes Gefüge zwischen Arbeit + Familie + Freizeit + X.

Ressourcenproblematik
Aufgrund der internationalen Vereinbarungen zum Klimaschutz müssen heute baurechtlich verbindlich hohe Nachhaltigkeitsstandards eingehalten werden. Dies betrifft nicht nur die Energie- und Haustechnik eines Gebäudes, sondern richtigerweise seine gesamte Systembilanz – inklusive der verursachten Mobilität, aller Materialenergiewerte et cetera. Dies hat erhebliche Konsequenzen auf den Entwurf.

Arbeitsplatzqualität unter „erschwerten Bedingungen"
Nach Jahrzehnten wachstumsorientierter Entwicklung und der komfortablen „Beinahe-Vollbeschäftigung", scheint nun die Situation einzutreten, dass überall der Gürtel enger geschnallt werden muss. Deshalb muss es ein besonderes Ziel von Planern und Investoren sein, unter diesen „erschwerten Bedingungen" immer noch gute oder zumindest akzeptable Arbeitssituationen zu schaffen

Zukunft Kommunikationstechnologie
In Kenntnis der bisherigen Entwicklung ist mit weiteren Quantensprüngen zu rechnen. Ob sich der Mensch weiter auf die Fusion von Körper und Technologie einlässt, wird sich zeigen (Neuroimplantate, Gentechnologie, Biorobotik). Mit einer Lebensdauer von 40 bis 80 Jahren wird jedes neu erstellte Bürogebäude diesem allfälligen Wandel ausgesetzt sein. Die Technologie ändert sich, während soziale und räumliche und physiologische Bedürfnisse eher konstant bleiben.

Lebenslanges Lernen
Die notwendige Qualifizierung der Gesellschaft ist abhängig von mehreren Faktoren; beispielsweise die Bevölkerungsentwicklung, die Zunahme qualifizierter Einwanderer, die Integration bildungsferner Schichten oder die Erhöhung der Quote der Studierenden. Lebenslange Qualifizierung müsste auch zu hoher Verantwortlichkeit und Beteiligung am Unternehmenserfolg führen. Diese Entwicklung wird Einfluss auf neue Arbeitsarchitekturen haben.

Wettbewerbsorientiertes und nachhaltiges Wachstum
Die EU konzentriert sich auf die Lösung der wichtigsten sozio-ökonomischen Probleme Europas: „Europa muss sich für wettbewerbsfähige und nachhaltige Entwicklung einsetzen, wenn es gleichzeitig Wohlstand und Beschäftigung schaffen, den Lebensstandard seiner Bürger verbessern und Umwelt und natürliche Ressourcen schützen will." Das nachhaltige Wachstum ist zu einem Standard geworden und muss in jeder Architektur umgesetzt werden.

Wettbewerb – Effizienz – Arbeitslosigkeit
Die Grundmechanik des Wettbewerbs gibt vor, schneller und effizienter als die Konkurrenz zu sein. Dies führt zu mehr Output – oder bei mangelnder Arbeit zu weniger Arbeitsplätzen. Man hat sich in Mitteleuropa auf eine Arbeitslosigkeit von 10 bis 20% eingestellt. Wir haben ein Problem, wenn es auf Mangel an Arbeit keine gesellschaftlichen Antworten gibt. Deshalb werden heute neue Modelle wie „Gesicherter Grundlohn" oder „Neue Arbeit" diskutiert.

Selbstmanagement
Mit der steigenden Eigenverantwortung haben wir uns stärker zu exponieren. Die Anforderungen an die „Selbststeuerung" steigen schnell: Emotionsmanagement, Umgang mit eigenen Kräften, zeitliche Limitierung von Belastungszuständen – dies sind Kompetenzen, welche zunehmend als Qualifikation erkannt werden.

Bezahlte und unbezahlte Dienstleistung
Bezahlte Arbeit ist nicht unbeschränkt verfügbar – sie ist längst zu einem umkämpften Gut geworden. Arbeit gäbe es genug, entscheidend ist nur, ob und wie sie bezahlt wird. Die Gesellschaft könnte hier die Prioritäten anders legen, was zur Zeit sehr schwierig ist, da sie zuerst exzessive Bürokratie abbauen müsste, bevor sie neue, sinnvolle Leistungen entlohnen kann.

Organisatorische Revolution
Der kleine und genau definierte Verantwortungsbereich eines Büroangestellten des 20. Jh. wird abgelöst durch das mitverantwortliche Teamwork. Die ausdifferenzierte, kundennahe und schnell-zyklische Produktion und Dienstleistung machen dies erforderlich. Problematisch kann dabei sein, dass aus höheren Verantwortlichkeiten Zielvorgaben an selbstverantwortliche Teams in Unkenntnis ihrer Basisproduktion gemacht werden. Mitverantwortung, Teamarbeit, Hierarchie – die Inhalte und der Stellenwert von Arbeitsorganisationen wandeln sich und haben somit einen konkreten Einfluss auf den Entwurf neuer Büroorganisationen.

Gleichheit und Privileg
In der sozialen Marktwirtschaft ist Chancengleichheit ein wichtiges Kriterium für Stabilität (sozialer Frieden). Eine verträgliche Balance von Möglichkeiten und Verteilungen ist dabei entscheidend. Dies gilt nicht nur für den klassischen Arbeiter, sondern auch für die neuen Dienstleister. Menschen dürfen nicht an ihrer Entfaltung gehindert werden, noch dürfen sie Privilegien für sich beanspruchen. Mechanismen, welche die Balance gefährden, breiten sich aus: Kontinuierliches Lohngefälle, Korruption, Clans, welche Geldflüsse nur gegen innen steuern. Architektur kann für solche Balancen einen bescheidenen Beitrag leisten – zum Beispiel in einer mitarbeiterfreundlichen Büroorgansiation.

Ausblick

Kybernetische Bürowelten
Es scheint, dass das interdisziplinäre, vernetzte, kybernetische Denken beim Entwerfen nun zu neuen Lösungen in der gegenseitigen und gesamthaften Wirksamkeit des Zusammenspiels von Material, Konstruktion, Technik und Entwerfen führt – zumindest zeigen dies erste Pioniergebäude. Es werden in den nächsten Jahrzehnten zahlreiche neue Erkenntnisse auf uns zukommen, so dass wir als Architekten immer wieder mit neuen Systemen und Konstellationen konfrontiert sein werden. Die Kritik an einer totalitären Kybernetik (Tiqqun) wird erkannt – sie betrifft aber die Architektur weniger (siehe S. 133).

Konversion, Transformation
Beide Themen gehören zusammen und haben große Bedeutung: Der verantwortliche Umgang mit historischer Substanz qualifiziert die gesamte Siedlungssubstanz und ist aus Gründen der Nachhaltigkeit erwünscht (Material-Energiebilanzen). Das Transformieren zeigt auch, dass sich Bürowelten in bestehende räumliche Systeme einfügen können; damit verliert die Vision des „optimierten Neubaus" auch an Bedeutung. Es lässt sich eben so oder so sinnvoll und effizient produzieren.

Zuviele Büroflächen
Obwohl der Anteil der im Dienstleistungssektor Tätigen noch steigen wird, stehen einem weiteren Flächenwachstum einige Argumente entgegen: Die Bevölkerungsprognosen gehen für Mitteleuropa von einer schrumpfenden Gesellschaft aus, der relativ komfortable Büroflächenkonsum scheint zu sinken. Der Stamm-Arbeitsplatz wird kleiner, und letztlich erfordert nachhaltiges Bewirtschaften den sorgsamen Umgang mit Flächen (Energieeffizienz).

Flexible Bürostrukturen
Der stetige Wandel macht klar, dass es den definitiv-optimierten Arbeitsplatz nicht gibt, sondern allenfalls Arbeitsplatzorganisationen, die Wandel aufnehmen können – je nach Vorgaben aus einer Epoche, je nach Wertschöpfung, nach Technologisierungsgrad. Dies ist mit ein Grund, weshalb heute flexible Kombibürostrukturen gegenüber starren Zellenbüros bevorzugt werden.

Flexibilität und Sicherheit („Flexicurity")
Flexibilität und Mobilität wird auf mehreren Ebenen eingefordert: Durchlässigkeit der sozialen Schichten und der Bildungssysteme erlaubt soziale Mobilität, schnelle Berufswechsel und dichte Verkehrssysteme erfordern, respektive ermöglichen räumliche Flexibilität. Die Problematik des flexiblen Menschen (R. Sennett) besteht auch darin, dass die andauernden Flexibilitätsforderungen verlässliche Werte erodieren und damit destabilisierend wirken. Zu einer positiven Flexibilität gehören deshalb auch verbindliche Sicherheiten – die beiden Pole bedingen sich.

Mobilitätseinbindung der Arbeitsplätze
Aufgrund der anstehenden Umorganisation der Mobilität (von MIV zu ÖPNV, von schweren und schnellen Fahrzeugen hin zu leichten, mittelschnellen Automobilen) wird die gelenkte Positionierung von Arbeitsflächen im Gefüge der Stadt immer entscheidender. Arbeitsplätze müssen an ÖPNV-Verkehrslinien und -Knotenpunkten angelagert werden.

Mehrere Arbeitsplätze – Dauerpräsenz der Arbeit
Der zweite und dritte Arbeitsplatz – nämlich zu Hause und unterwegs – wird beinahe zum Standard. Der große Vorteil, dass ohne Reiseverlust hier oder da gearbeitet werden kann, birgt auch einen eklatanten Nachteil: dass nämlich potenziell jeder Ort mit Arbeitsatmosphäre belastet wird.

Automatisierung von Dienstleistungen
Der Zwang zur Effizienz, aber auch das technisch-organisative Interesse des Menschen führen uns in diese Richtung. Seit Beginn der Industrialisierung wird vom Traum der umfassenden Bedienung des Menschen durch Maschinen nachgeträumt.

Piraterie, Plagiate, Kopien, Spionage
Es betrifft vor allem Forschung und Entwicklung sowie die Güterproduktion. Aber auch das Dienstleistungs-Know-how wird mit harten Bandagen umkämpft. Angriffe auf schlecht gesicherte Netze und Datensätze geben Strategien, Angebote, Firmenschwächen etc. preis.

Datenmengen, Datenspeicherung, Datensicherheit
Wir stehen vor mehreren Problemen: Die Datenmengen an und für sich, die Relevanz der Daten respektive hohe Verunreinigung mit Banalitäten und Halbwahrheiten (was die Welt der Dienstleistung etwas weniger betrifft), die Datensicherung und letztlich die gesicherte Lesbarkeit über lange Zeit (aufgrund neuer Programmversionen). Es ist mit einer Auftrennung der Datennetze zu rechnen – in „Trash" und in „Security".

Leistungsdruck und Psychopharmaka
Mit dem zunehmenden Druck auf schulische und berufliche Leistungen nimmt der Missbrauch von Medikamenten und Drogen massiv zu. Ein zunehmender Teil der Bevölkerung schafft seinen Alltag nicht mehr ohne Chemie. Die Gesellschaft muss sich eingestehen, dass Leistung alleine kein Lebensziel sein kann, sondern vielfältige und breitere Werte geschaffen und lebbar gemacht werden müssen.

Arbeitsorgansiation

Bio-Gen-Digital-Revolution?
Zweite digitale Revolution: Forschungsgesellschaften
Erste digitale Revolution: Wissensgesellschaften
Dienstleistungsgesellschaft
Zweite Industrierevolution: Automatisierung
Erste industrielle Revolution: Mechanisierung
Durchbruch erneuerbarer Energien?
Frühindustrialisierung
Nanobiologie/Biorobotik
Urproduktion: Agrar/Handwerk/Handel
Mikro- & Nanobereich, Gentechnologie
Nanowerkzeuge, Mechatronic, GPS-Mobilität
Material- und Werkstoffrevolution/Recycling

Technik / Material

Miniaturisierung, Präzision, Geschwindigkeit, Atom, Solar
Roboter, Produktionsstraßen, Automaten, Fernsteuerung, Massenmobilität
Maschine & Mechanik: Dampf, Kohle, Öl, Gas und Elektrik, Mobilität
Verbesserung der Werkzeuge, Schwer- und Feinmechanik
Gleichzeitigkeit aller Information?
Werkzeuge und einfache Mechanik
Open-mind/Closed-mind
Speicher-Revolution, Notebook, W-Lan, Web 2.0, kulturelle Differenz
PC, Internet, Handy, private Peripherie, digitale Fotografie
Satelliten, Video, Kassette, CD-Rom, Mini-Disc

Kommunikation

Telefonie, Telefax, Funk, Film, TV, Vorläufer des Computers
Neue Arbeit?
Telegrafie, Fotografie, Vervielfältigung
Minimal-Arbeit für alle?
Buch und Bilderdruck
Internationale Wanderungen zur Arbeit
Polarisierte Gesellschaften, Arm – Reich
Bote mit Brief
Sprache Schrift
Globalisierung, Liberalisierung,
Konkurrenz, Billiglohn, Ich-AG
Internationalisierung, Urlaub, Alter,
sexuelle Revolution, Nord-Süd-Gefälle

Soziale und politische Strukturen

Reduktion Arbeitszeit, Freizeit,
Selbstbestimmung, Frauen im Job
Moderne Demokratie, Weltkriege,
Arbeiterbewegung, Arbeiterrechte
Erste weltweite Gesellschaften
Arbeits- und Handelsbündnisse (Zünfte, Hanse)
Güter- und Wissenstausch
Art, Gruppe, Stamm

Ökonomie

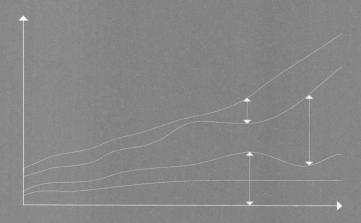

Ökonomie 53
Wertschöpfung und Standard 56
Elastizität 60
Funktionsvielfalt 62
Der gute Arbeitsplatz 64

Ökonomie

Eine „ökonomische Situation" wird von unterschiedlichsten Bestimmungsfaktoren beeinflusst oder bestimmt:
- den allgemeinen Wirtschaftsdaten und den speziellen Kenndaten im Immobiliensektor;
- statistischen Daten zum Wirtschaftssektor, zur Beschäftigung, zum Ländervergleich, zum Flächenverbrauch et cetera;
- Kosten im Zusammenhang mit dem Bauwerk: Mengenpreisen für Quadratmeter, für Stückzahlen, für Elemente et cetera;
- spezifischen Daten aus dem Bürobau wie etwa prozentualen Flächenanteilen von Nutzungen, Erfahrungswerten zu bestimmten Organisationen et cetera;
- den ökonomischen Verhältnissen beim Auftraggeber, möglichen Standards et cetera.

Für ein konkretes Projekt können und müssen wir nicht sämtliche dieser Daten abrufen – wir haben uns auf einige wichtige Eckdaten zu konzentrieren. Es sind dies mit Sicherheit die Investitionsobergrenze (das „Kostendach") und eine vereinbarte Strategie der Verteilungsprioritäten. So ist das Verständnis der ökonomischen Prinzipien für das Entwerfen von Bürobauten von zentraler Bedeutung. Es gibt – im Gegensatz zu Wohnungsbauten – eine größere Anzahl von möglichen Teilfunktionen und bezüglich der peripheren Dienste eine komplexere Vernetzung mit dem Umfeld.

Die Konsequenzen einer „kritischen Konzeption" (zu hoher Standard, zu große Arbeitsplätze, zu viele spezifische Nebenräume) sind verheerend; sie führen im schlimmsten Fall zum Konkurs eines Unternehmens und zur Vernichtung der Arbeitsplätze. Demgegenüber steht der Anspruch auf „den guten Arbeitsplatz", gerade weil wir so viel Lebenszeit am Arbeitsplatz verbringen.

Wir versuchen mit Modellen aufzuzeigen, welche Konsequenzen sich für die Entwurfsstrategie abzeichnen können:

- Die Wertschöpfung spielt zuerst eine zentrale Rolle; sie ermöglicht hohe oder beschränkt auf tiefe Standards.
- Die Sortierung in unveränderbare Notwendigkeiten und veränderbare Systeme muss erkannt werden. Das Verhältnis darin kann eine Entwurfsstrategie sein.
- Grundsätzlich sind Standards zu hinterfragen. Es gibt dabei gesetzlich Geregeltes, aber auch zahlreiche Konventionen, die man innovativ uminterpretieren kann.
- Projektökonomie und Entwurf sind eine Einheit, die zusammen mit der Bauträgerschaft strategisch und transparent diskutiert werden soll.

Ökonomische Verhältnisse sind auf lange Zeit nur bedingt stabil. Man kann behaupten, dass jedes Bauwerk innerhalb seiner Lebenszeit eine mittelschwere Wirtschaftskrise durchmachen wird. Dazu kann es eine Gedankenübung sein, sich seinen Entwurf in einem wesentlich anderen wirtschaftlichen Umfeld vorzustellen; zum Beispiel in einer lang andauernden Krise. Man wird sich dabei etwas mehr Gefühl für Fragen nach Dauerhaftigkeit, Kosten-Nutzen, Betriebskosten und allgemein zur Systemstabilität zulegen.

Solche Kriterien führen direkt zum Thema der Autarkie, der Lebensdauerbilanz und letztlich zur Nachhaltigkeit. Hier interessiert uns die Frage nach Unabhängigkeit von Teilsystemen (zum Beispiel Autarkie im Energiehaushalt) oder die Frage der „notwendigen Größe autarker Systeme" (wahrscheinlich die Größe einer Region); und hier wiederum interessieren besonders die Konsequenzen auf das Entwerfen.

Für das technische Wissen um die Fragen der Gebäudebewirtschaftung und diejenigen der Gesamtbilanzen von Bauwerken muss man sich zwangsläufig mit weiterer Fachliteratur auseinandersetzen.

40 Jahre für...

Mit circa 40 Jahren Arbeit haben wir unser „ganzes Leben" zu bezahlen: das unserer eigenen Kindheit (respektive dasjenige unserer Kinder), das unserer Ausbildung, die gesamten Wohn- und Arbeitsflächen (das sind durchschnittlich über 40 m² pro Person für Wohnen und 30 m² für Arbeiten), letztlich dann unseren Ruhestand.[1] Diese Optik macht klar, dass jeglicher Aufwand am Arbeitsplatz nicht nur als Qualitätsverbesserung der Arbeitsbedingung gesehen werden kann, sondern auch als Systembelastung (im Übrigen auch im Sinne der Nachhaltigkeit). Dabei stellt sich auch immer die Frage, an wen die Einsparungen eines minimierten Arbeitsplatzes gehen; an den Unternehmer oder an die Arbeitenden?

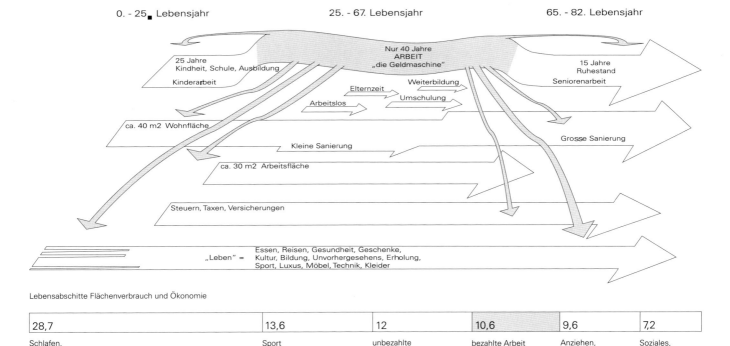

Lebensabschitte Flächenverbrauch und Ökonomie

28,7	13,6	12	10,6	9,6	7,2
Schlafen, Erholen	Sport Hobby Spielen	unbezahlte Arbeit	bezahlte Arbeit	Anziehen, Essen Körperpflege	Soziales, Kultur, Bildung

Durchschnittliche Lebenszeitverwendung in Jahren.[2]

Ökonomie

KMU & Konzerne
Kleinstunternehmen, Kleinunternehmen und mittlere Unternehmen werden im Begriff KMU zusammengefasst. Unter kleinen und mittleren Unternehmen versteht die EU nach der offiziellen Definition Betriebe mit weniger als 250 Mitarbeitern, die von größeren Unternehmen unabhängig sind. Ihr Jahresumsatz darf außerdem nicht mehr als 50 Mio. Euro betragen, ihre Jahresbilanzsumme nicht mehr als 43 Mio. Euro.[3] In Deutschland wurde der Begriff „kleine und mittelständische Unternehmen" vom Institut für Mittelstandsforschung in Bonn geprägt, das ihm eine etwas andere Bedeutung gibt. Diese definiert Unternehmen mit bis zu neun Beschäftigten respektive weniger als 1 Mio. Euro Jahresumsatz als kleine und solche mit zehn bis 499 Beschäftigten beziehungsweise einem Jahresumsatz von 1 Mio. Euro bis unter 50 Mio. Euro als mittlere Unternehmen.[4]

Zwei Drittel aller Mitarbeiter/-innen arbeiten in KMUs, nur ein Drittel in den Konzernen. Dieses Lehrbuch hat seinen Schwerpunkt deshalb auch beim Entwurf der KMU-Architektur – behandelt die Konzernarchitektur aber selbstverständlich auch als besondere Aufgabe.

Unternehmensgröße und andere Kriterien
Die Unternehmensgröße wird nach der KMU-Definition der EU folgendermaßen definiert:
Kleinstunternehmen:
  0 bis 9 Personen

Kleinunternehmen:
  10 bis 46 Personen

mittlere Unternehmen:
  50 bis 250 Personen

große Unternehmen
= Konzerne: über 250 Personen

Demnach sind von den 20,5 Mio. Unternehmen mit über 122 Mio. Beschäftigten im Europäischen Wirtschaftsraum (EWR) und in der Schweiz 93% Kleinst-, 6% kleine, weniger als 1% mittlere und nur 0,2% große Unternehmen.[5]

Die Unternehmensgröße ist allerdings nur ein Kriterium für die „Charts" – entscheidend sind vor allem Umsatz und Gewinn, zudem auch Internationalität, Spezialisierung, die Position als Marktführer und letztlich die Verflechtungen in die Politik.

Unterschiedliche Verhältnisse
Die ökonomische Belastung einer Arbeitsstelle durch Architektur ist in Deutschland und der Schweiz unterschiedlich groß. In Deutschland werden durchschnittlich 30 m² pro Mitarbeiter belegt, die durchschnittlichen Baukosten liegen bei 1 900 Euro. Es ergibt sich eine durchschnittliche Belastung des Arbeitsplatzes von circa 15 %. Unter anderem liegt diese tiefe Zahl auch daran, dass in Deutschland die Lohnnebenkosten hoch sind.

In der Schweiz sehen die Verhältnisse etwas anders aus: Es werden durchschnittlich beinahe 40 m² pro Person belegt, die durchschnittlichen Baukosten liegen mit circa 2 200 Euro etwas höher, dafür die Lohnebenkosten um einiges tiefer. Dies führt insgesamt zur Situation, dass ein Arbeitsplatz durchschnittlich mit 20 bis 30 % belastet ist. Das Sparpotenzial bei den Büroflächen ist demnach wesentlich höher.

In Schwellenländern ist die Situation anders: Die Einkommen sind gegenüber den Baukosten niedrig – die Belastung des Arbeitsplatzes durch Baukosten dementsprechend hoch. Oft sind allerdings Verwaltungen aufgeblasen und ineffizient, was zu überproportionaler Staatsbelastung führt...

Wertschöpfung der Arbeit

Neben einem durchschnittlichen Lohnband, welches mit Verwaltungsarbeit erreicht werden kann (Annahme: 1 000 bis 4 000 Euro), gibt es im unteren und im obersten Bereich Wertschöpfungssituationen, die erhebliche Konsequenzen für den Entwurf eines Bürohauses oder von Arbeitsplätzen haben. Die Reduktion auf eine minimalste Büroorganisation kann nur von Selbstständigen verantwortet werden – für Angestellte gilt zurecht ein minimaler Qualitätsstandard, welcher durch die AP-Verordnung geregelt ist. Ob dieser zu hoch oder zu niedrig ist, müssen Sozialpartner, Politik und Unternehmer aushandeln.

Im untersten Bereich finden wir einfachste Dienstleistungen, welche unter hartem Konkurrenzdruck stehen und auch wenig Wertschöpfung haben – Musterbeispiel ist das „Support- und Call-Center", ausgelagert nach Indien. Auf engstem Raum arbeiten Niedriglöhner rund um die Uhr.

Vom „Küchentisch-Büro"..

Interessante und problematische Beispiele finden wir auch in der Start-up-Bewegung, bei selbstständig Erwerbenden, welche oft unter prekären Arbeits- und Lohnbedingungen ihre Leistung anbieten. Sie sind angewiesen auf günstigste Räume: peripher gelegen, am eigenen Küchentisch, niedrigster Baustandard, Altbau...

...zur „Anwaltsklasse"

Und natürlich in den obersten Einkommensklassen, für welche eine Entwurfsarbeit dann auch einmalige Spezialarbeit sein darf. Ob internationale Beratungsfirmen oder Anwaltskanzleien; in einem kleinen Segment werden Wertschöpfungen erreicht, bei welchen Flächen, Ausstattung, technischer Standard, Materialeinsatz und Styling nicht an der Geldmenge gemessen werden, sondern an exklusiver Einmaligkeit – bisweilen auch an kitschiger Repräsentation. Über dieses oberste Segment wird in diesem Lehrbuch wenig vermittelt, weil dies eine Sonderklasse ist und weil wir der Meinung sind, dass die „Alltagsaufgaben" Priorität haben.

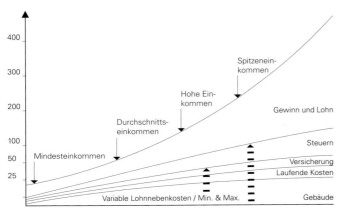

Prinzip Belastungsverteilung

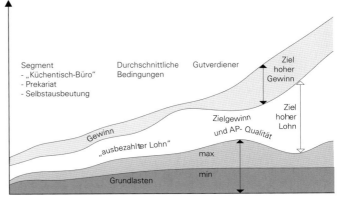

Wertschöpfungsklassen

Wertschöpfung und Standard

Belegung und Standard

Lage und Standard eines Verwaltungsgebäudes sowie seine Belegungsdichte sind die Hauptkennwerte, welche zur „Raumbelastung" führen. Die Spielmasse im unteren Lohnbereich bei wenig wertschöpfender Arbeit ist klein: Man hat mit einfachsten Mitteln zu arbeiten und ist auf dichte Belegung angewiesen. Die Faktoren sind ziemlich groß: Von kleinstem Büroflächenanspruch bei wenigen Quadratmetern bis zu großen Chefbüros (circa mal fünf), und vom niedrigsten Altbaustandard zu aufwändigstem Neubau (mal drei) entsteht eine Differenz von Faktor 15 – und dies ohne die Verzinsung der Kosten des Landanteils. Die Baukosten pro Quadratmeter Hauptnutzfläche liegen bei üblichen Büroklassen minimal bei 1 000 Euro und maximal bei 3 000 Euro.[6] Teurer geht es immer – aber dies sind seltene und exklusive Spezialfälle.

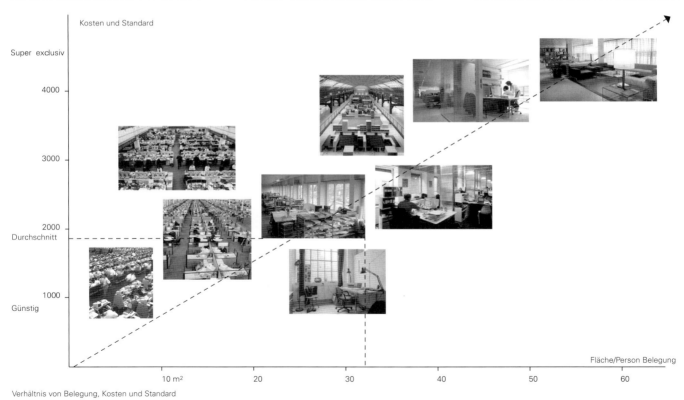

Verhältnis von Belegung, Kosten und Standard

Wertschöpfung bestimmt Maximalstandard

Was ein Unternehmen über Aufträge einnehmen kann (und zwar in „schlechten Zeiten"), bestimmt letztlich die Maximalgröße und den Maximalstandard der Räume, welche es mieten oder besitzen kann. Der Standard kann bescheidener sein, aber nicht größer, weil das Unternehmen sonst Konkurs anmelden muss. In der Grafik wird dargestellt, wie sich die Faktoren Flächen-Menge und Flächen-Standard zu den Raumkosten addieren.

Projektstrategie Ökonomie

Für ein Projekt lässt sich demnach eine Strategie der Positionierung fahren: Auf welche Art wird Effizienz, Kostengünstigkeit oder Aufwand (im Sinne von Standard, Komfort oder Repräsentation) erreicht und betrieben, welches sind die möglichen architektonischen Umsetzungen dazu? Im folgenden Schema sind typische Arbeitsplatzstandards dargestellt – vom „Küchentisch-Büro" bis zum Büro für den Konzernchef.

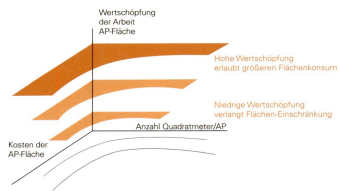

In diesem Sinne sind Architekt/-innen in hohem Maße verantwortlich für das Abstimmen der Kostenfaktoren eines Bauwerks (Raumprogramm, Gebäudestandard...). Es ist sinnvoll, mit den Auftraggebern zu Beginn der Planungen die möglichen Positionierungen zu diskutieren und die ökonomischen Randbedingungen als strikte Vorgaben zu verstehen. Dies wird von professionellen Investoren sowieso verlangt – bei privaten und „kleineren" Aufträgen muss das Architekturbüro kontinuierlich zur Klärung beitragen. Der bewusste Umgang mit Standards ist aber nicht nur eine Frage der Firmensicherung, sondern eine der allgemeinen Lebensqualität: Wollen wir sehr qualifizierte Arbeitsplätze – oder höhere Gewinne respektive höhere Löhne?

Für ein KMU sind solche Entscheidungen meist schwierig, weil diese Auseinandersetzung „Neuland" ist – zumindest was den Zusammenhang von Gestaltungsfragen und Ökonomie betrifft.

Ein Projekt wird auch durch „nicht-architektonische" Kosten wie Grundstücks- oder Erschließungspreise bestimmt. Zudem muss sich ein Projekt im laufenden Betrieb rechnen, was Abwägungen zwischen Investitions- und Betriebskosten verlangt. Konkrete Handlungsanleitungen machen an dieser Stelle wenig Sinn. Es geht vielmehr darum, die ökonomischen Prinzipien grundsätzlich zu verstehen und zur Basis für ein sicher positioniertes Projekt zu machen.

Wertschöpfung und Standard

Differenzierte Raumstandards

Was als ökonomische Gesamtbedingung für ein Projekt gilt, kann nun für die einzelnen Räume ausdifferenziert werden; die einen Räume könnten absolut minimal konzipiert werden, damit in anderen Räumen ein höherer Standard realisiert werden kann. Mit dieser gezielten Verteilstrategie können prägnante und spezielle Konzepte entworfen werden:

Hohe Anforderungen – andauernde Optimierung

Die wirtschaftlichen Bedingungen für den Arbeitsplatz verschärfen sich. Die Lohnnebenkosten steigen, konkurrenzierende Niedriglohnländer setzen manchen Dienstleister unter Druck, aktuell lähmt uns eine Weltwirtschaftskrise. Anderseits versuchen wir, den Bürobau auf sinnvollen Ebenen – zum Beispiel im Bereich Nachhaltigkeit und Gebäudetechnologie – zu qualifizieren. Das System steht unter Druck:

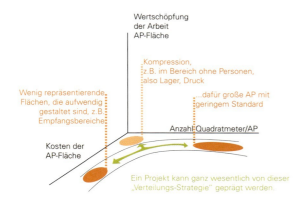

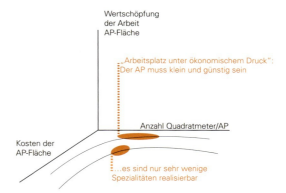

Im Bürobau zur Miete (Investitionsprojekte) besteht dazu wenig Spielraum, weil sich Planer zur Risikovermeidung an gegebene Standards halten. Eine „Prägungstaktik" ist denn auch mehr geeignet für ein KMU, in dem die Geschäftsführung mit den Mitarbeitenden eine spezielle Positionierung suchen kann. Die beiden folgenden Beispiele verdeutlichen, was gemeint ist:
- Eine Firma nimmt in Kauf, dass die individuellen Arbeitsplätze auf ein Minimum optimiert werden (auch kompakte AP können gut sein), sie will dafür einen spannenden Teamwork-, Sitzungs- und Entwicklungsbereich und einen trendigen Empfang...
- Eine andere Firma minimiert die repräsentativen und kollektiven Flächen und will mehr Fläche beim individuellen AP anbieten.

Dies ist auch bei den Baustandards zu beobachten: Konstruktionen sind komplexer geworden (Mehrschichtigkeit), der Technologieanteil ist gestiegen, die Standards im Sanitärbereich sind höher – trotzdem sind die Baupreise für den Quadratmeter Bürofläche nicht gestiegen. Das bedeutet, dass die Bauindustrie rationalisiert wurde. Es ist nicht klar, wie weit sich diese Optimierung weiter betreiben lässt. Letztlich verfügt ganz Mitteleuropa über zu viel Büroflächen. Es werden demnach in den nächsten Jahren nur sehr wenige Neubauten realisiert werden und wenn, dann nur in hervorragenden oder zwingend vorgegebenen Lagen. Die Transformationsaufgaben werden vorrangig sein. Planende müssen sich im Klaren sein, dass sie auf der Ebene der Standardstrategien sehr innovativ vorzugehen haben.

Unregelmäßiger Arbeitseingang

Viele Unternehmen müssen mit einem unregelmäßigen Auftragseingang und Auftragsvolumen umgehen können. Der optimale Zustand regelmäßiger 100%-Auslastung ist gerade bei den KMU nicht voraussetzbar. Größere Schwankungen führen entweder zu Verlust oder Gewinn – und bei den Mitarbeitern zu Unterlastung oder Überarbeitungsstress. Die Anzahl Mitarbeitende hängt so relativ direkt vom Auftragseingang ab.

Auslastung/AP-Größe/Anzahl Angestellte
Auslastung und Einstellung

130 % = konstante Überlast..
= Wachstum = Anstellungen
Definitiv feste Neuanstellungen
120 % = temporäre Überlast
Temporäre Anstellungen
100 % = Optimale Auslastung
Festangestellte durchschn. 100%
80 % = Minimale Auslastung
Festangestellte mit Flexibilität zu Teilzeitarbeit (z.B. 70 - 80%)
70 % = temporäres Auftragsloch = Verlust
> 70 % = Auftragsschwund = Schrumpfung = Entlassungen
Entlassungen wegen Auftragsmangel

Eine Firma versucht deshalb, eine gleichmäßige Auslastung zu erreichen – damit ihre Angestellten geregelt produzieren können. Gehen die Aufträge doch unregelmäßig ein, werden verschiedene Szenarien wirksam: Von Teilzeit- über Kurzzeitarbeit, von Entlassungen über temporäre Anstellungen und definitive Neuanstellungen – die entsprechenden Maßnahmen hängen davon ab, ob Abweichungen als kurzfristig oder als eher langfristig erkannt werden.

Dies ist die einfache Mechanik, welche vorerst zu einer Neubelegung (dichter oder weniger dicht) der Büroflächen führt und letztlich zu einem definitiv veränderten Flächenbedarf (siehe Seite 86).

Elastische Belegung

Räumlich kann ein Unternehmen (auf der eigenen Fläche) mit „innerer Verdichtung" oder mit „Entdichtung" reagieren, aber nicht beliebig. So ist von allen KMU immer wieder zu hören, dass sie „etwas mehr Platz" gebrauchen könnten, oder dass sie ein bis zwei Plätze untervermieten wollen. 91,5% aller Unternehmen im EWR sind Mikro- und Kleinunternehmungen, welche unter 10 Personen beschäftigen.[7] Die meisten Bürobauten beherbergen deshalb mehrere Firmen. Dass eine Firma ihr eigenes „Haus" baut, ist eher die Ausnahme.

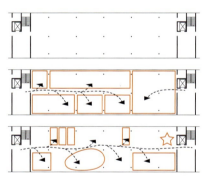

Radikal einfacher, hoch-flexibler Bürotyp

Unabhängige Büros in Kleineinheiten, nebeneinander und separat erschlossen

Ebenfalls von mehreren Büros belegt - aber als „open-space", mit geschlossenen Boxen.

Der gezeigte „hochflexible Bürobau" erlaubt unterschiedliche Ausbauten. Der gegenseitige Tausch von Räumen hängt von komplementären Bedürfnissen der benachbarten Mieter ab – und diese Konstellation ist wohl eher selten. Denn oft wachsen oder schrumpfen die Firmen gleichzeitig – weil die Region boomt oder stagniert. Deswegen ist eine der wichtigsten Flexibilitätseigenschaften eines Bürobaus, dass er eine sozusagen stufenlose innere Ver- und Entdichtung sowie die Erschließung über mehrere Flächenkombinationen zulässt. Es ist leider so, dass der millionenfach gebaute Achsenarbeitsplatz (zum Beispiel 2,5 m x 3,85 m) sich dafür nicht optimal eignet (siehe S. 88 „Strukturelle Vorbereitung von Flexibilität").

Elastizität

Flexibilitätsgrad

Wir können uns als Extrempositionen vorstellen, dass wir nur das eine oder nur das andere entwickeln: Eine komplett auf spezielle Funktionen und Bilder ausgestaltete Architektur, welche dann (vermutlich) nur minimal flexibel sein wird – oder eine hochflexible Maschine, die nur noch in funktionsirrelevanten Ebenen speziell ausgestaltet werden kann und deren Bild eben das der „Flexibilität" sein muss. Um solche Fragen zu entscheiden, haben wir uns mit der Spezifizierung einer Architektur für Arbeit und mit der Lebensdauer von Funktionen zu beschäftigen.

Die generelle Frage ist: Habe ich es mit einem allgemeingültigen oder einem speziellen Programm – oder mit einem Mix davon – zu tun? Und die spezifischen Fragen sind:
- Ist zu erwarten, dass Räume für Arbeitsprozesse entworfen werden müssen, welche funktional konstant sein werden, oder um solche, welche sich schnell verändern werden?
- Handelt es sich um allgemeingültige, konventionelle Arbeitsplatzorganisationen – oder handelt es sich um Arbeitsweisen von hohem Spezialisierungsgrad mit spezifischen Anforderungen?

Innerhalb dieser Fragestellungen sind alle Kombinationen möglich: Das Spezifische kann lang- oder kurzfristig angelegt sein, das Allgemeine kann dauerhaft oder temporär sein. Ein konventionelles Programm lässt sich selbstverständlich sehr speziell interpretieren und umsetzen. Auch auf dieser Ebene führt die Strategie zum „Brand" einer Firma. Grundsätzlich unterscheiden sich hier auch Bürogebäude zur Miete und spezifische Firmenarchitekturen. Wobei für alle das Kriterium Flexibilität eine große Priorität hat.

Das Thema Flexibilität wird vertiefend auf den Seiten 86 ff. behandelt.

Flexibilität in unterschiedlichen Maßstäben

Gesucht sind auf unterschiedlichen Maßstabsebenen diejenigen Räume, Systeme und Strukturen, welche zum einen räumliche Qualität und Flexibilität ermöglichen.

1. Großmaßstäbliche Ebene – Gesamtsystem
Solche Systeme sind im Kapitel Nutzungsmischungen sowohl für die Stadt- und Quartiersstruktur wie auch für das einzelne Gebäude schematisch dargelegt. (siehe Seite 80 ff.)

2. Auf der Gebäudeebene
Die Frage, ob der eine oder andere Gebäudetyp flexibler oder weniger flexibel ist, kann nur generell beantwortet werden: Bestimmte Erschließungsanordnungen (zum Beispiel dichtere innere Erschließung als minimal notwendig), Gebäudedimensionen (zum Beispiel keine extrem schlanken) und Gebäudestrukturen (Skelette geeigneter als Schotten) haben tatsächlich eine bessere Eignung für eine flexible Nutzung. Nur sind hier auch andere Faktoren (Ort, Grundstückszuschnitt, Programm) gleichwertig zu berücksichtigen. Wir wollen nicht den „höchstflexiblen Bürotyp" vorschlagen, damit dieser als Normlösung ohne Entwurfsauseinandersetzung reproduziert wird. Deshalb zeigen wir auf den nächsten Seiten nur die Prinzipien der Flexibilität. Dazu gehören auch Überlegungen, wie ein Unternehmen in einem Gebäude expandieren oder schrumpfen kann.

3. Innere Struktur und Arbeitsplatz
Auf der Ebene des Arbeitsplatzes haben wir das Problem erwähnt, dass der Standardarbeitsplatz (zum Beispiel 2,5 m x 3,85 m) zwar für sich optimiert ist, dafür aber weniger unterschiedliche Gruppenzusammenstellungen, insbesondere eine innere Ver- oder Entdichtung, zulässt. Deswegen macht es Sinn, in Teilbereichen einer Bürostruktur auch unterschiedlich belegbare Zonen anzubieten. Diese Balance zwischen fest strukturierten und dafür optimierten und offenen Zonen gilt es beim Entwurf zu finden.

Kleine und große Firmen

Je höher die Wertschöpfung einer Arbeit und je größer die Firma, desto mehr spezifische Nutzungen kann ein Unternehmen an seinem Firmensitz anbieten. So finden sich schon bei mittelgroßen Betrieben eigene Cafés und Sitzungszimmer; bei großen Unternehmen sind eine eigene Reprografie, ein Versammlungsraum, eine Kantine, teilweise sogar Fitnessräume Standard.

Schließlich trägt die Qualität des Arbeitsumfelds zu einer „positiven Leistungsatmosphäre" bei. Solche Nutzungsangebote sind sicher begrüßenswert – aber sie gehören nicht zum notwendigen Standard. Andere Werte wie Arbeitsplatzsicherheit und Versorgungssicherheit bei Krankheit und Alter gehen dem vor. Auch hier ist vom Architekten verantwortlich abzuklären, wieviel „Spezialprogramme" er einplanen kann.

Für kleine Firmen lassen sich solch mannigfaltige Angebote nicht finanzieren, sie haben aber die Chance, sich im (urbanen) Umfeld in Netzwerken zu organisieren. Im schlechten Fall fehlt es an passenden Angeboten und im günstigen Fall bietet das Umfeld qualifiziertere und vielfältigere Leistungsangebote als ein firmeninternes Angebot. (siehe Seite 77)

Mini-Format
Beim Mini-Format teilen sich die wenigen Angestellten alle Funktionen. Möglich ist auch, dass Kleinstfirmen sich in Clustern zusammenschließen und gewisse Dienste gemeinsam betreiben.

Midi-Format
Mittelgroße Betriebe können sich einige Funktionen leisten: eine gewisse Größe beim Empfang, ein Sitzungszimmer und allenfalls eine kleine Mittagsküche.

Maxi-Format
Hier sind die Unterschiede sehr groß, da per Definition ab 250 Angestellten von Großbetrieben die Rede ist. Die Konzerne beschäftigen bis zu mehrere tausend Angestellte an einem Ort.

Netzwerke
Kleinstunternehmungen und urbane Netzwerke funktionieren in Symbiose; sie stützen sich gegenseitig

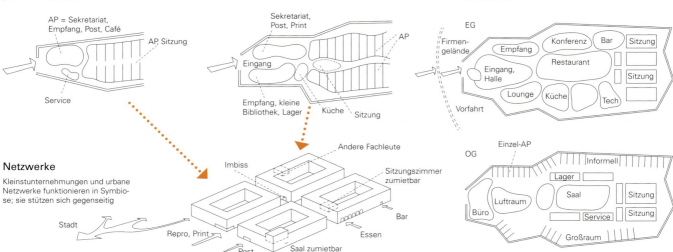

Funktionsvielfalt

Systembilder

Metron AG, Standort Brugg
Die Planungsfirma Metron besteht seit 1965 aus mehreren Betrieben, die in einer Muttergesellschaft zusammengeschlossen sind. Mit 140 Mitarbeiter/-innen und mehr als 30 unterschiedlichen Berufen ist Metron eine der interdisziplinärsten Planungsfirmen; Architekt/-innen, Landschafts-, Verkehrs- und Raumplaner/-innen, Geograf/-innen, Ingenieure, Jurist/-innen et cetera arbeiten hier Hand in Hand. Als Selbstverwaltung wurde beim eigenen Hauptsitz auf das reichhaltige Angebot an gemeinsamen Räumen und auf kostengünstige aber qualitätsvolle Arbeitsplätze geachtet. Das Gebäude erhielt 1994 den Schweizer und Europäischen Solarpreis.

kempertrautmann.haus, Hamburg
Das Kempertrautmann.haus wird im Erdgeschoss und ersten Obergeschoss durch eine Ladennutzung belegt. Die restlichen sieben Obergeschosse werden von einer Werbeagentur genutzt, die stark auf periphere Dienste im Quartier angewiesen ist. Im Gebäude gibt es keine Küchen, der Serviceanteil ist auf ein Minimum reduziert. Trotz eigener Besprechungsräume werden die Arbeitsgespräche oft in benachbarte Cafés verlegt; Freizeitaktivitäten, Essen und Versorgung können im Quartier abgerufen werden. Mehrere Druckereien und eine Reprografie sind fußläufig zu erreichen, ein Hotel und Theater runden das Serviceangebot ab.

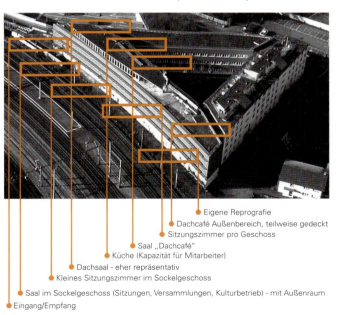

- Eigene Reprografie
- Dachcafé Außenbereich, teilweise gedeckt
- Sitzungszimmer pro Geschoss
- Saal „Dachcafé"
- Küche (Kapazität für Mitarbeiter)
- Dachsaal - eher repräsentativ
- Kleines Sitzungszimmer im Sockelgeschoss
- Saal im Sockelgeschoss (Sitzungen, Versammlungen, Kulturbetrieb) - mit Außenraum
- Eingang/Empfang

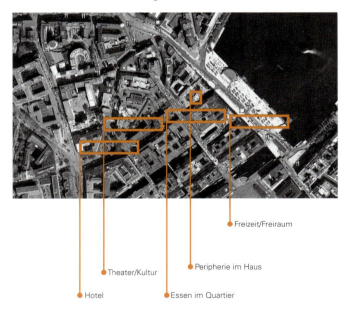

- Freizeit/Freiraum
- Peripherie im Haus
- Theater/Kultur
- Essen im Quartier
- Hotel

„Der gute Arbeitsplatz" – für wen?
Die Balance zwischen qualitätsvollem oder unangenehmem und zwischen aufwändigem oder effizientem Arbeitsplatz wird über verschiedene Faktoren definiert: Zunächst über die urbane Lage und deren Erschließung, dann über die gesamte Qualität des Hauses (Gestaltung, Raumklima), weiter über die Flächenverteilungen (zum Beispiel Fläche und Lage im Gebäude), auch über Teamorganisation und -leitung, ganz wesentlich über die Gebäudetechnologie (Lüftung, Belichtung, Schallschutz), und letztlich über eine Reihe weicher Faktoren wie Unternehmenskultur, Identifikation, Transparenz (für die Nachvollziehbarkeit der Entscheide).

Man kann in dieser Diskussion nicht ausblenden, dass es immer eine Bandbreite gibt, in welcher die Angestellten vom Unternehmen entweder großzügig mit Arbeitsplatzqualitäten versehen werden können oder eben brutal enge Situationen angeboten werden müssen. Man wünschte sich dazu jeweils Transparenz, da die geschilderten Situationen auf Gewinnoptimierung oder Notwendigkeiten des Unternehmens beruhen können. Nachvollziehbar schwierige Situationen werden normalerweise von den Mitarbeitenden auch mitgetragen. Bei mangelnder Transparenz bleibt aber die Frage, wem denn eine größere Effizienz zu Gute kommt.

Beide Kriterien – die Effizienz und einen guten Arbeitsplatz – zu erfüllen, daran wird seit Jahrzehnten geforscht. Wir wollen mit diesem Grundlagenwerk die richtigen und auch kritischen Fragen stellen, welche beim Entwerfen in die Zukunft führen werden. Wir können keine Rezepte anbieten – zum Beispiel über die richtige Größe eines Arbeitsplatzes, da es immer um Entscheide innerhalb eines Entwurfskontextes mit spezifischen Randbedingungen geht, welche sich nur bedingt systematisieren lassen. „Der gute Arbeitsplatz" ist auch über einen kulturellen, sozialen und ökonomischen Konsens definiert. Das Selbstverständnis, wieviel Raum persönlich oder öffentlich benötigt wird, ist in Kulturen recht unterschiedlich.

Kritische Fragen
Mit 36 Millionen Angestellten und über vier Millionen Selbstständigen verbraucht Deutschland eine riesige Menge an Ressourcen.[8] Immobilienerstellung, -bewirtschaftung und -sanierung, Ausstattung mit Ausbau und Peripherie (Möbel, Technik), Betriebskosten für Kommunikation und Energie, Gewährleistung von Sicherheit – die Liste macht deutlich, dass wir über einen Milliardenmarkt reden. Eine Frage ist deshalb, ob und welche Elemente wir tatsächlich für gute Arbeitsplatzqualität und für ein nachhaltiges Gebäude benötigen. Des Weiteren kann die Berechtigung individueller Ansprüche hinterfragt werden. IGM hat dazu die lesenswerte Broschüre „Gute Arbeit im Büro" veröffentlicht.[9]

Large and representative?
Small and beautiful!
So alt die Devise „small is beautyfull" nun ist, sie hat mehr denn je ihre Berechtigung. Denn über belegte durchschnittliche Büroflächen verbrauchen wir auch Material und Energie. Nach Kriterien der Nachhaltigkeit macht es Sinn, einen kleinen Arbeitsplatz zu betreiben. Dieser kleine Arbeitsplatz soll dann aber von hoher Raumqualität sein (und das hat wenig mit teuren Möbeln zu tun), da wir ja acht Stunden pro Tag hier verbingen. Arbeitsplatzqualität ist Lebensqualität.

Das Interesse an Optimierung
Die bekannte Beratungsgruppe „Quickborner Team" untersucht und plant Bürobelegungen und -organisationen seit den 1950er Jahren und hat sich unter anderem einen Namen mit Großraumorganisationen gemacht, welche nach breiten Systemkriterien entwickelt worden sind (Teamprozesse, Kommunikation, Flexibilität, Wohlbefinden).[10]

Im Jahr 2008 untersuchte der australische Forscher Vinsh Oommen international die Arbeitsbedingungen in Großraumbüros und deren Auswirkungen auf die Angestellten. Die zahlreichen negativen Wertungen und Effekte (Stress, mehr Krankheit, Unzufriedenheit etc.) sind beachtet worden.[11] Das

Der gute Arbeitsplatz

Kombibüro wird, nicht nur deswegen, dem reinen Großraumbüro vorgezogen. Die Hochschule Luzern untersucht mit diversen Partnern die Optimierung von effizienter Büroraumbelegung und Arbeitsplatzqualität. Dabei sind verlässliche Aussagen deshalb schwierig, weil zahlreiche subjektive Faktoren mitentscheidend sind.[12]

Für großzügige Büroräume benötigen wir keine Untersuchungen – sie sind selbstverständlich angenehm. Aber für Komprimierungen und Einsparungen benötigen wir wissenschaftliche Untersuchungen, wie dabei dennoch eine verträgliche Arbeitsplatzqualität zu erreichen ist. Vor dem Hintergrund der zunehmenden Belastungen der Dienstleistungsangestellten und im Wissen des hohen Pharmazeutikakonsums stehen wir vor einer großen Herausforderung.

Kriterien der Nachhaltigkeit

Organisation von Arbeitsplätzen kann heute nicht nur aus der Logik der einzelnen Unternehmen gelöst werden, es sind zahlreiche Verflechtungen zu anderen Kriterien relevant, welche ohne internationale Regulierung voraussichtlich zu Fehlentwicklungen führen würden:
- nachhaltige Arbeitsplätze
- kompakte, qualitätsvolle Arbeitsplätze
- die Mobilitätsbindung (Erreichbarkeit ÖV)
- Verteilung der Arbeit in der Stadt.

Viele solcher Kriterien sind auch ein Beitrag zum „guten Arbeitsplatz".

Entropie und Autarkie

Das Entropiegesetz gibt für das Entwerfen eine bedeutende Rahmenbedingung vor: „Jedesmal, wenn verfügbare Energie im Rahmen einer Anordnung eine Verwendung findet, wird die Unordnung in dessen Umgebung größer. Jede Technologie ist eine Insel der Ordnung, sie lebt auf Kosten größerer Unordnung in ihrer Umgebung. Alle Formationen büßen ihre Ordnung ein, sofern nicht ständig für die Wiederherstellung ihrer Ordnung Arbeit geleistet wird."[13] Wir haben uns demnach zu überlegen, mit welcher Technologiedichte wir die Bauaufgabe (partiell) autark machen können. Beim Aufbau stören wir andere Systeme – wir erzeugen Unordnung (zum Beispiel Energieverbrauch und Umweltzerstörung für Rohstoffgewinnung, Materialherstellung und Transport) – und mit autarkem Betrieb (Solarenergie etc.) verschonen wir unsere Umwelt.

Um wirklich nachhaltige Gebäude zu entwerfen, müssen wir zwangsläufig das gesamte System und seine Lebensdauer verstehen, welches durch das Bauwerk aktiviert, belastet und entlastet wird. Da diese komplexe Aufrechnung nicht mit jeder Entwurfsskizze zu erstellen ist, braucht es eine neue Tradition des nachhaltigen Entwerfens – neue Bilder, neue Leitsätze. Ein Beispiel dazu: „Versuche mit möglichst wenig Material möglichst viel Raum zu erschaffen und diesen dann intensiv zu nutzen."

Ziele und Probleme der Umsetzung

Der große Flächenüberschuss bei Büro- und Verwaltungsbauten stellt uns vor schwierige Situationen:
- Bestehende Belegungen werden aus Kostenüberlegungen optimiert, womit weitere Flächen auf den Markt kommen.
- Es wird eine Konzentration bei bestehenden Flächen und guten Lagen stattfinden.
- Ineffiziente Gebäude an schlechter Lage werden unter hohen Druck geraten.

Für eine nachhaltige Planung könnten Instrumente geschaffen werden, um von der isolierten Flächenbewirtschaftung hin zu einer (informellen) Gesamtbewirtschaftung zu gelangen. Dass bei derart großem Lehrstand noch weitere, konkurrierende Gebäude erstellt werden, widerspricht dem prioritären Ziel Nachhaltigkeit. Unter diesem Aspekt nimmt das Thema Konversion eine wichtige Bedeutung ein.

Der gute Arbeitsplatz – nach breiten Kriterien

Diese Aspekte zeigen, dass „der gute Arbeitsplatz" nicht mehr nur im Gebäude direkt um die arbeitende Person stattfindet, sondern ein System weiträumiger Verantwortlichkeit sein muss: Wir müssen uns als Arbeitende und als Unternehmer bewusst werden, dass wir mit unserem Arbeitsplatz in Systeme eingreifen – und letztlich wünschen wir uns ja ein Gesamtsystem mit hoher Lebensqualität.

Stadt, Quartier, Haus

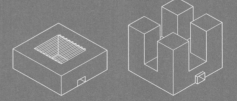

Standort	69
Kontext und Mobilität	72
Reichweiten Netzwerke	76
Nutzungsmischung	78
Hybride	84
Flexibilität	86
Qualität und lieblose Bürolandschaften...	90
Stil und Funktion	92
Transformation und Konversion	94

Standort

In der umfassenden Aufgabenstellung ist die Standortsuche und -wahl eine entscheidende Aktion. Auch wenn bei einem Architekturauftrag das Grundstück oder die Situation für die Bauaufgabe oft schon vorgegeben ist, so sind Kenntnisse über den Prozess zur Standortwahl von Vorteil. Wir verstehen dann neben der städtebaulich-architektonischen Analyse auch das Geflecht von weiteren entscheidenden Kriterien; die Lageklasse, die Erschließungsanforderungen, das vorhandene Nutzungsgeflecht – Faktoren, welche den Entwurf wesentlich beeinflussen können.

Im Kapitel „Stadt und Quartier" werden diejenigen Ebenen dargelegt, auf denen die „Architektur für Arbeit" auf Stadt reagiert (– da Stadt vorteilhafterweise alle Funktionen beherbergen sollte, reden wir nicht von „Stadt für Arbeit"). Damit finden sich hier auch Hinweise für den Städtebau. Gebäude und Quartier sind sowieso im Dialog; „wir können nicht nicht-kommunizieren". Gebäude und Quartier sind ein System, dessen unterschiedliche Ebenen, die des Raums, der Funktionen, der Atmosphären, der Erreichbarkeit, sich untersuchen und entwerfen lassen. Uns interessiert hier also die Frage, wie diese Beziehung strukturiert ist, wie sie sich im Laufe der Zeit verändern kann und natürlich welches die Konsequenzen auf den Entwurf sein können.

Zudem lässt sich das Thema „Arbeit und Stadt" unterschiedlich strukturieren, beispielsweise über
- die Position im Terrain: Arbeiten in der Region, am Stadtrand, im Zentrum;
- die Gewichtung der Adresse: 1A-Standorte in Metropolen, gute Adressen in Regionalstädten, Verwaltung in der Kleinstadt...;
- die ökonomische Kategorie des Umfelds oder des Tätigkeitsfelds: von Headquarters international tätiger Konzerne bis zu quartiergebundenen Dienstleistungen;
- Firmenkulturen: urbane Dienstleistungsangebote..., Verwaltung einer Versandkatalogfirma mit Billigstangeboten...;
- Wertschöpfung: Call- und Supportcenter, professionelle höchstwertige persönliche Beratung...;
- oder ganz einfach über die Umfeldqualität der gebauten Nachbarschaft: edles Villenviertel, reizende Altstadtecke, liebloses Büroviertel, attraktive Industriebrache in Umnutzung, Insider-Ort in problematischer Lage...

Meistens spielen mehrere solcher Ordnungen zusammen, insbesondere hier spüren wir die Vernetzung mit den anderen Kapiteln (Ökonomie, Wandel, Arbeit und...). Wir erkennen typische „Positionsbilder" – und können hierfür die Bedingungen an die Architektur formulieren.

Interessant ist für die Entwerfenden, den Spielraum zwischen ortsunabhängigen und ortsgebundenen Faktoren zu erkennen; ich muss also wissen, was ein Bürogebäude überhaupt sein kann – und was es in einer speziellen Lage werden kann.

Sicher hat man den Anspruch, dass der Dialog zwischen Gebäude und Umfeld kultiviert wird. Aber auch das muss nicht zwingend sein; ein Gebäude darf radikal nur aus inneren Faktoren entwickelt sein – solange es sein Umfeld damit nicht stört. Dies ist wohl ein schwieriger Diskurs: Wann wird das vollständig Andere und Neue zu einer Bereicherung, wann zu einer anregenden Irritation und wann zu einer offensichtlichen Störung. Für das Studium empfehlen wir hier die breite Recherche. Gerade diese Spannweite lässt sich nämlich zu Beginn in Varianten gut untersuchen und die Fragestellung ist dann: Wie entwerfe ich ein Gebäude, welches die Eigenlogik des Umfelds aufnimmt und eigenständig neu interpretiert – und auf welche Weise kann ich den Ort mit Ergänzungen, mit Oppositionsdialog bereichern. Und noch einmal: Wie sieht es aus, wenn ich nur aus inneren und programmatischen Faktoren entwerfe und dann erst in Dialog trete?

Dichte ist Bedingung

Arbeit ist auf Dichte angewiesen: wegen den Verkehrsanbindungen, wegen Kundschaftspotenzial, wegen Optimierung der Arbeitsfläche (viel Bürofläche auf wenig Grundstücksfläche). Die meisten kleinen Firmen (KMU) können im regionalen Umfeld bestehen – größere Unternehmen benötigen entsprechende Verkehrsanschlüsse; ihr Kundenkreis ist international oder überregional, die Anbindung an unterschiedliche Verkehrssysteme zwingend. Für Großkonzerne ist die Nähe zu Airport-HUBs und internationalen Bahnkreuzpunkten zwingend. Mit der Globalisierung des 20. Jahrhunderts sind die Standortqualitäten allerdings gesplittet worden: Einerseits werden für Headquarters und den Bereich Entwicklung ausgezeichnete Lagen gesucht, andererseits wurden die Bereiche Produktion und Verwaltung vermehrt an günstigere Standorte ausgelagert.

Qualität der Lage/Standortfaktoren

Viele Firmen sind durch ihre Kundenbindung standortgebunden – sie können nur innerhalb der Region ihren Sitz verschieben. Ein Standortwechsel ist meist mit großen Aufwendungen verbunden. Bei der Wahl des Standorts sind zahlreiche Faktoren relevant – einige davon werden mit einer Standortanalyse gewertet:
- Die Bedingungen des Projekts (räumliche Anforderungen, kritische ökonomische Belastungsgrenze, Lagewünsche).
- Die harten Faktoren: Größe und Kosten des Grundstücks, Infrastrukturqualitäten (zum Beispiel Verkehr, Dienstleistungsumfeld), allgemeine Strukturdaten, Wirtschaftsstruktur, Steuerbelastung, Wachstumserwartungen, Vernetzungspotenziale...).
- Weiche Faktoren: Attraktivität, gesellschaftliches Klima, sozioökonomische Situation, Vorlieben...

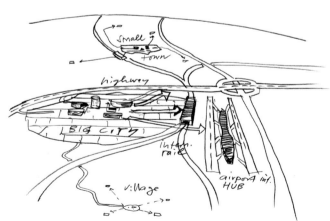

Standort

Integrale Standortqualitäten

Bei der Standortwahl spielt die integrale Standortqualität eine große Rolle. Es geht eben nicht nur um die Lagequalität des Grundstücks und von dessen Umfeld (Mikrostandort), sondern um die integrale Qualität des Einzugsbereichs (Makrostandort), weil in ihm nicht nur gewirtschaftet, sondern auch gelebt wird. Die Mitarbeitenden wünschen für sich und ihre Familien gute Lebensqualität – finden sie diese, trägt dies zur Stabilität bei. Zur integralen Standortqualität gehören auch hochwertige urbane Freiräume. Die Vernetzung von kleinen Quartiersplätzen, von Parks und von verbindenden Korridoren bilden dabei ein tagtäglich von vielen benutztes Raumsystem. Es ist eine Verpflichtung der Politik, und insbesondere der Raum- und Stadtplanung, mit integraler Standortqualität für eine nachhaltige Entwicklung zu sorgen.

Qualitäten der kleinen Orte

Die vorangehende Auflistung von Topqualitäten verdeckt aber den Blick auf die Attraktivität von kleinen Ortschaften, von Insider-Orten. Wer nicht das „Dauerbrummen" der Großstadt sucht, der findet in der Region spezifische Bedingungen für sehr hohe Umfeldqualitäten und für besondere Positionierung:

- Stammkundschaften, lange Beziehungen und Verbindlichkeiten,
- überschaubare und deshalb stabile soziale Netze,
- persönliche Wirksamkeit bei Engagement,
- weniger hektisches Umfeld, Nähe zu Natur.

Die Hälfte aller Bürobeschäftigten arbeitet in eher kleineren Städten mit unter 80 000 Einwohnern (siehe Seite 20).

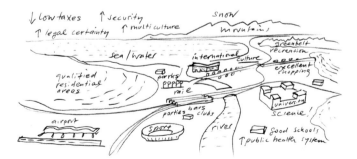

Kontext

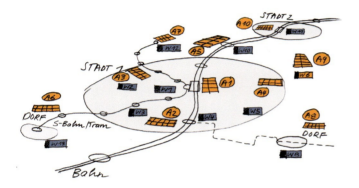

Der Arbeitsraum besteht aus einem Gemenge von Funktionsorten. Eine kontinuierliche Optimierung der Beziehungen ist nicht möglich, da es bei allen Beteiligten auch positive Verortungen gibt: „Hier habe ich mein Zuhause" – „In dieser Firma arbeite ich"!

Siedlung braucht Arbeit – Arbeit braucht Siedlungsqualität

Aus Sicht der Stadtplanung ist die räumliche Organisation von Arbeitsorten ein schwieriges Unterfangen. Auf dem öffentlichen Sektor (Verwaltung, Schule, öffentliche Dienste) kann Politik und Stadtplanung direkten Einfluss nehmen – aber sie macht sich nicht beliebt, wenn sie diesen Sektor unnötig aufbläst. Auf alle anderen, wirtschaftlichen Arbeitsplätze hat sie nur einen indirekten, unterstützenden Einfluss, der aber entscheidend sein kann.

Es sind die oben genannten Standortfaktoren Dichte, Lageklasse und integrale Standortqualitäten, welche das Umfeld eines Unternehmens definieren. Darunter einige Beispiele für harte Faktoren:
- der räumliche Standort: gute Adresse, gut erschlossene Gebiete;
- funktionierender Markt, Kaufkraft, Konsumenten, Dynamik;
- arbeitsfreundliches Umfeld (Arbeitgeber und -nehmer): geringe Lohnnebenkosten, wenig Vorschriften, unbürokratische Abläufe.

Mit der Wirtschaftskrise 2008 wird aber auch klar, dass sich Arbeit mit ganz anderen Zuständen organisieren muss: Unter schwierigen ökonomischen Bedingungen, unter prekären Verhältnissen, mit neuen Strategien.

Immer mehr macht sich die Erkenntnis breit, dass gerade auch die weichen Faktoren bei der Standortwahl mitentscheidend sind, welche direkt oder indirekt ein Resultat einer langfristig um integrale Lebensqualität bemühten Stadtplanung sind. Dazu braucht es in der Stadtplanung allerdings Visionen und Leitbilder sowie harte kontinuierliche Arbeit für deren Umsetzung über Jahrzehnte hinweg. Politik handelt sinnvoll, wenn sie neben der Wirtschaftsförderung auch eine starke Stadtplanung einrichtet und unterstützt. Das Angebot und die Qualität aller Nutzungen (Arbeiten, Wohnen, Freizeit und Kultur) bildet deshalb den Nährboden für jede einzelne Nutzung. In diesem Sinne ist es unmöglich sich vorzustellen, dass ein sehr gutes Gebäude für eine Nutzung sich selbst genügen kann. Der Kontext ermöglicht Lebens- und Arbeitsqualität – das versteht man als Stadt. Wir sind sicher, dass hier auf unterschiedlichen Ebenen viel Nachholbedarf ansteht, und dass gerade im Bereich Transformation das Zusammenspiel der Entwicklungen in Stadt-, Wohn- und Arbeitswelten weiter qualifiziert werden kann. Dazu bedarf es auch nicht einer Hochkonjunktur, sondern einer Rückbesinnung auf wesentliche Kriterien.

Mobilität

Ein ganz entscheidender Faktor ist der Aufbau eines qualifizierten und leistungsfähigen öffentlichen Personennahverkehrs – dies aus mehreren Gründen: ÖPNV bietet günstigen Transport, schafft Siedlungskonzentration, ist nachhaltig und ermöglicht während der Reise zahlreiche Nutzungen (Arbeit, Lesen, Kommunizieren). Wir verstehen deshalb den ÖPNV als eine wesentliche strukturelle Ergänzung zu den Arbeitswelten. Deshalb wollen wir hier die wichtigsten Prinzipien der Mobilitätsorganisation für Arbeitswelten kurz erklären.

Kontext und Mobilität

Mobilitätsstruktur zwischen Wohnen und Arbeiten

Aus Sicht der einzelnen Wohnung oder des einzelnen Wohnenden ist die Beziehung einfach – nämlich vor allem ein-, manchmal zweidimensional: Hier wohne ich, dort arbeite ich – und eventuell gibt es noch einen Arbeitseinsatzort. Diese immobile Verortung hat den Vorteil, dass Menschen an Orten verankert leben können und damit „Verantwortung für den Raum" übernehmen.

Der räumliche enge Bezug von Wohnort zu Arbeitsort wird bei stabilen Verhältnissen als Lebensqualität empfunden. Das System der kurzen Wege ist im übrigen auch nachhaltig.

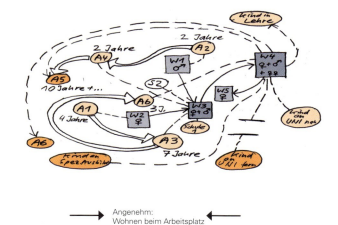

Angenehm: Wohnen beim Arbeitsplatz

Unangenehm: Auseinanderdriften von Wohnen und diversen Arbeitsplätzen

Für die meisten Dienstleistungsarbeiten gibt es neben dem Wohnort und dem Arbeitsort auch die „Einsatzorte"; dies bedeutet Fahrten zu Projekten und zu Kunden.

Einigermaßen überschaubar sind Konstellationen wie „Singles in Einzelhaushalten" in der urbanen Zone. Als Alleinstehende haben auch sie die traditionellen „Vaterrechte" – sie können sich räumlich positionieren, wie es ihnen passt. Etwas komplexer sind Paare mit zwei Wohnungen ohne Kinder. Diese haben zwei Wohnorte und zwei Arbeitsorte mit Mobilität zu organisieren.

Das Schema oben rechts zeigt Wohn-Arbeitsort-Veränderung bei einem jungen Paar, welches die Wohnung zusammenlegt, dann mit zwei Kindern in eine größere Wohnung wechseln will und deren Arbeitsorte im Laufe der Jahre sich ändern. Schon richtig schwierig zu organisieren ist eine Familie mit zwei Kindern, in welcher beide Elternteile arbeiten und erziehen wollen. Dementsprechend kann es heute für eine Patchwork-Familie zu einem ihrer Hauptprobleme werden, dass damit mehrere Wohn- und Arbeitsstandorte ein anstrengendes Mobilitätsverhalten einfordern.

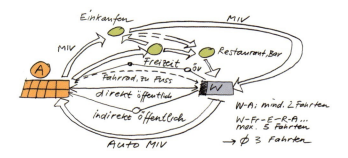

Für die traditionelle Familie traf ein überschaubares Schema zu, in welchem der Vater seinen Lebensjob hatte und damit das ganze räumliche Gefüge geprägt hat.

Aus der Sicht des Betriebs
Eine Firma dagegen ist in ein vielschichtiges Netz von Personen und Mobilitätsansprüchen eingebunden. Es sind nicht nur eine bestimmte Anzahl von Mitarbeiter/-innen, welche vernünftig zum Firmenstandort anreisen können müssen, es sind dies auch eine bestimmte Anzahl von Kunden und von Zusammenarbeitsbeziehungen sowie von sogenannten „Einsatzorten".

Diese Mobilitätsanforderungen sind je nach Arbeitsart sehr verschieden. Es gibt Arbeiten, die nur stationär-immobil geleistet werden können; zum Beispiel die Arbeit des Archivars. Demgegenüber steht das Modell „Mit der Arbeit zum Kunden", welches deshalb den mobilen Arbeitsplatz benötigt – zum Beispiel den des fahrenden Dienstleisters.

Ökonomie zwischen „kurze Wege" und „mobil-flexibel"
Der bewährte Standard – „allen Mitarbeitenden einen persönlichen Arbeitsplatz" – bietet große Qualität, muss aber für bestimmte Arbeiten hinterfragt werden. Will man beispielsweise dem Teilzeit-Homeworking eine Chance geben, kann im Büro nicht ein Dauerplatz beansprucht werden. Was früher schon mit gnadenloser Schichtarbeit optimiert wurde, steht unter anderen Prämissen wieder zur Diskussion: Teilzeitarbeit, hohe Mobilität, 24h-worldwide-working...

Es ist Aufgabe der Planenden, Organisationsmöglichkeiten und deren räumliche Konsequenzen zu erkennen, um mit innovativen Lösungen gute und effiziente Arbeitsplätze zu ermöglichen.

Absolut stationär im Archiv

Partiell mobil mit Notebook

Mit der Arbeit zu den Kunden (Bangkok Din Daeng)

Kontext und Mobilität

Unterschiedliche Anforderungen für Wohnen und Arbeiten

Die Mobilität zwischen Wohnort und Arbeitsplatz muss in den nächsten Jahrzehnten grundlegend geändert werden: Wir werden uns auf intensiveren Gebrauch von öffentlichen Verkehrsmitteln einstellen müssen. Die Standortanforderungen für Arbeiten sind bezüglich Mobilität viel höher als diejenigen für den Wohnort: Beim Wohnort ist pro Person nur eine direkte ÖPNV-Verbindung zum Arbeitsplatz notwendig, für eine Firma ist die ÖPNV-Anbindung viel essenzieller, da zahlreiche Mitarbeiter/-innen, Kunden und Einsatzorte in allen Richtungen vorhanden sein müssen. Diese Anforderung ist mit sinnvoller Stadtplanung zu unterstützen.

Arbeitsorte an die Knotenpunkte des öffentlichen Verkehrs!

Es ist allen klar, dass das Dogma der „funktionsgetrennten Stadt" nur noch für nicht-verträgliche Nutzungen (wie zum Beispiel Industrie und Wohnen) gilt. Zukunftsweisend ist eine intensive Verschränkung von möglichst vielen Nutzungen, denn dies erlaubt die „Stadt der kurzen Wege" – und damit eine Entlastung sämtlichen Verkehrs. Für Arbeitsorte gilt der Grundsatz, dass sie an Orten mit guter ÖPNV-Vernetzung in mindestens zwei Richtungen und mit hohem Takt positioniert werden sollten. Arbeitsstandorte und ÖPNV unterstützen sich gegenseitig. Ein Netz von peripheren Diensten im Umfeld dieser Knotenpunkte ist wünschenswert (siehe Seite 205, Peripherie).

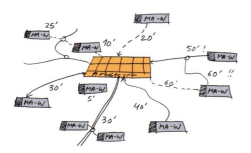

Allein die Mobilitätsbeziehungen der Mitarbeiter zum Betrieb bilden ein Netz, welches alle Richtungen und alle Verkehrsmittel beansprucht.

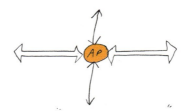

Mindestens eine ÖPNV-Anbindung in zwei Richtungen ist notwendig. Eine ÖPNV-Anbindung ist ein Standortvorteil und gewinnt zunehmend an Bedeutung.

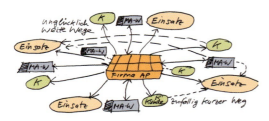

Die gesamten Verkehrsbeziehungen zu Kunden und Arbeitseinsatzorten verlangen nach einer öffentlich sehr gut erschlossenen Lage.

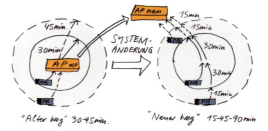

Das gewachsene Mobilitätsnetz wird durch einen Umzug der Firma empfindlich gestört.

Reichweite der Dienstleistung

Erwünscht ist eine hohe Konzentration der Kunden im näheren Umfeld. Diesbezüglich lassen sich unterschieden:
- von sehr vielen Quartierbewohnern benötigte Arbeiten (wie etwa Post und Bank) und
- hochspezialisierte Arbeiten, welche große räumliche Netze und weite Wege voraussetzen (zum Beispiel internationale Beratungstätigkeit).

Diese Reichweiten lassen sich in Schemas und Tabellen gut veranschaulichen: Das Nahumfeld soll über das Fuß- und Fahrradwegenetz sowie mit den Nahverkehrsmitteln erreicht werden können („Stadt der kurzen Wege"). Für weitere Distanzen stehen unterschiedliche Verkehrsmittel zur Verfügung.

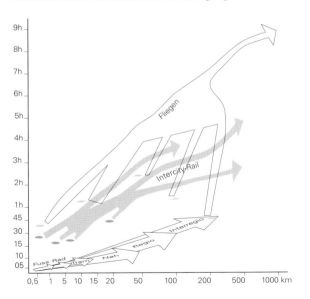

Weg-/Zeitkosten

Je größer die räumliche Verteilung der Kundschaft ist, desto aufwändiger wird deren Betreuung. Hier eine unscharfe Zusammenstellung der Fahr- inklusive Zeitkosten (Lohn während der Fahrzeit):

0,5 km	Quartier, zu Fuß, per Fahrrad 10 bis 15 Minuten = 20 bis 40 Euro
5 km	Stadtfahrt = 2 x 30 Minuten = 1 Stunde inklusive Ticket = 30 bis 50 Euro
30 bis 50 km	Region = Auto oder ÖPNV 1 bis 2 Stunden = 100 bis 200 Euro (kritisch)
über 500	Land = 1 Tag = 500 bis 1 000 Euro = absolut spezialisierter Einsatz.

Damit wird deutlich, dass
- die teure Lage am Verkehrsknotenpunkt die Zugänglichkeit zwischen Kunde und Betreuer erhöht;
- schon mittlere Distanzen nicht mehr verrechnet werden können;
- Geschäftsreisen zu weiter entfernten Kunden nur möglich sind, wenn während des Reisens gearbeitet werden kann;
- das mobile Büro (Notebook) eine Strukturänderung in der räumlichen Sortierung zwischen Anbietern und Kunden ermöglicht.

Reichweiten / Netzwerke

Kernkompetenz und Auslagerung
Jede Arbeit im Dienstleistungsbereich setzt sich aus allgemeinen und spezifischen Komponenten zusammen. Spezifische oder spezialisierte Leistungskomponenten sind diejenigen Arbeiten, welche zur Kernkompetenz eines Unternehmens gehören und nicht ausgelagert werden können. Demgegenüber stehen allgemeine Komponenten, wie zum Beispiel Rechnungswesen oder Serverbetrieb, welche ausgelagert oder „out-ge-sourct" werden können.

Bedeutung der Netzwerke
Netzwerke im Quartier optimieren und stabilisieren die Leistungsfähigkeit von Unternehmen ganz erheblich. In Quartier-Netzwerken können im nahen Umfeld einfache bis hochspezialisierte Leistungen abgerufen werden. Dies kann im „Hinterland" ein Problem sein – es kann dauern, bis ein spezialisierter Service in Aktion tritt. Dieser Versorgungsengpass wird mit dem Web 2.0 allerdings entschärft.

Personifizierte, physische und informelle Netzwerke
Wenn wir von Netzwerken sprechen, müssen wir unterschieden:
- Personifizierte Netzwerke sind – positiv ausgedrückt – persönliche Bindungen, mit Hilfe derer man eine Aufgabe effizient und qualitätsvoll lösen kann. Negative Aspekte wären die sogenannten „Seilschaften", bei denen persönliche Beziehungen zum Vorteil der Seilschaft und zum Nachteil der Sache eingesetzt werden. Extreme Formen nachteiliger Personen-Netze sind Clans und die Mafia.
- Physische Netzwerke bestehen aus Orten, Firmen, deren Angebote, Dienstleistungen, Maschinen und Materialien. Im Einzelfall können sie weit verzweigt sein, sinnvoll ist es aber, die physischen Netze als Quartierorganisationen zu verstehen. Wenn immer möglich, wählen wir nahe gelegene und qualifizierte Partner aus.
- Informelle Netzwerke sind heute absolut ortsungebunden. Ich erreiche alle Personen zu jeder Zeit überall. Mit dem Web 2.0 weiten sich diese Tätigkeiten rasant aus.

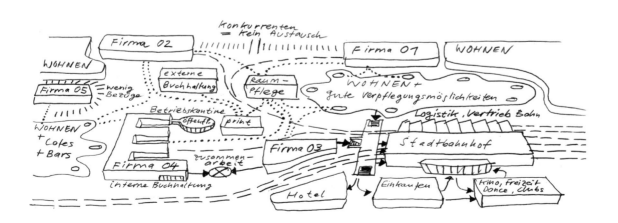

Die Nutzungsmischung in der Stadt

Das Konzept der nutzungsgetrennten Stadt aus den 1930er Jahren wurde zu Recht kritisiert. Heute gelten Nutzungsmischungen als ein Indikator für urbane Qualität – Bewohner/-innen schätzen es, dass in ihrem Umfeld unterschiedlichste Funktionen abrufbar oder belegbar sind und dass sie diese nicht über weite Wege aufsuchen müssen. Nutzungs-Monokulturen ermöglichen allerdings prägnante Identitäten, die mit extremer Nutzungsmischung so nicht erreichbar sind. Es ist also eine Frage der Konzeption, in welcher Körnigkeit Nutzungen einheitlich gehalten oder gemischt werden sollen. Quartiere mit vorhandener Vielfalt sollten auch per Flächennutzungsplan unterstützt werden (Schutz schwacher Nutzungen).

Reines Wohnviertel: Westhausen. F. Kramer, Frankfurt a. M.

Reiner Business District: Lower Manhattan, New York

Reines Einkaufs- & Vergnügungsviertel: Edmonton Hall

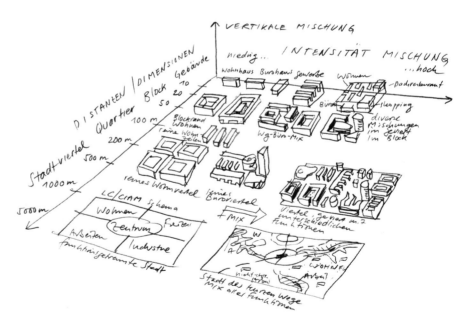

Viele bestehende monofunktionale Strukturen lassen sich zusätzlich mit neuen Funktionen anreichern. Die Beispiele links weisen allerdings eine hohe Nutzungspersistenz auf – es ist nicht einfach, andere Nutzungen zu implementieren.

Nutzungsmischung

Wandel im Funktionsverständnis
Veränderungen in der Gesellschaft und ihrem Verständnis von Arbeit und Zeitorganisation fordern von uns Architekten eine neue Sichtweise auf die Arbeitswelten – und damit eine andere Vision von Architektur der Arbeit. Folgende Veränderungen sind zu beobachten: Unterstützt durch die neuen Informations- und Kommunikationstechnologien ist in den Arbeitswelten die zeitliche wie räumliche Flexibilisierung der Arbeit zu beobachten. Wer wann wie wo und mit wem arbeitet, ist dabei zunehmend offen. Persönliche und professionelle Kommunikation vermischen sich teilweise. Der Veränderungsprozess zeigt sich in neuen Arbeitsorganisationen (Netzwerken), neuen Arbeitsorten (Café, Bahn, Flugzeug), neuen Raumkonzepten (Business-Club, Desk-Sharing, Nachbarschaftsbüro...) und in neuen Arbeitsmodellen. Die Distanzen zwischen Wohnen, Arbeiten und Freizeit werden zum Hindernis; viel angenehmer scheinen Arbeitsorte, die durch ihr urbanes Umfeld die Attraktivität des Arbeitsplatzes steigern und Erholungsaspekte integrieren. Demgegenüber steht eine zwangsläufig hohe Bereitschaft, mit „mobiler Einstellung" und mit Flexibilität den Arbeitsort nach Bedarf schnell zu wechseln. Die Problematik des „flexiblen Menschen" wurde von Richard Sennett beschrieben.[1]

Aufgrund dieses Wandels wird Nutzungsmischung in den aktuellen städtebaulichen Planungszielen und Leitbilder aufgegriffen und angeregt. Quartiere haben dabei unterschiedliche Eignungen – so können in innerstädtischen Zentren Nutzungsmischungen besser eingelagert werden als in monofunktionalen Einfamilienhaus-Außenquartieren. Auf der architektonischen Ebene interessieren deshalb neben den reinen Bürobauten immer mehr auch diejenigen Typologien, die mehrere unterschiedliche Nutzungen aufnehmen können.

Ordnungskriterien bei Nutzungsmix
- Nach räumlicher Differenzierung (siehe Schema links) auf folgenden Ebenen sinnvoll:
Funktionsmischung in Stadtteilen, Quartieren und Nutzungsmischung in Blöcken, Gebäuden, Geschossen – sogar in einzelnen Räumen.
- Nach zeitlichen Kriterien: Parallelitäten, sequenzielle Nutzungen, zyklische und frei belegbare (kurz- und langfristig/Tag-Nacht/Jahreszeiten).
- Nach ökonomischen Sortierungen: Orte für hochwertige Nutzungen mit hoher Wertschöpfung verdrängen die schwachen Nutzungen oder lassen diese gerade zu (Quersubventionierung).

Beispiele von Nutzungsmix
Aufgrund der unterschiedlichen Maßstäblichkeiten (von der Stadt bis zum Einzelhaus), den vielfältigen möglichen Gemengelagen (Arbeiten mit Wohnen, Freizeit, Kultur...) sowie aufgrund der unterschiedlichen Gewohnheiten, Vorstellungen und Verordnungen könnte die Thematik des Nutzungsmix mit sehr vielen Beispielen erläutert werden.

Wir beschränken uns auf exemplarische Beispiele und zeigen deshalb auf den folgenden Doppelseiten Beispiele für Nutzungsmischungen, welche das Prinzip deutlich machen:
- Arbeiten und Produktion
- Arbeiten und Freizeit
- Arbeiten und Wohnen.

Eine Serie von Schemas soll die Verteilung der unterschiedlichen Nutzungen und deren Erschließung im Gebäude verdeutlichen. Daran anschließend folgt eine Doppelseite zu typologischen Fragen sowie Anmerkungen zum Phänomen der Hybride.

Arbeiten und Produktion
Nicht alle produzierenden Gewerbe eignen sich zur Nutzungsmischung. Nur solche, die einen erheblichen Anteil an Büro- und Lagerflächen aufweisen und emissionsarm arbeiten, sind dazu geeignet. Hierbei handelt es sich vornehmlich um technologiegeprägte Nutzungen (Labore), handelsgeprägte Nutzungen und Räume des Handwerks (Werkstätten).

Beispiele:
- Grüne Wiese, Gewerbegebiete, Gewerbekisten, alle Nutzungen unter einem Dach.
- In den Höfen des 19. Jahrhunderts: Vorderhaus (Arbeiten) und Hinterhaus (Produzieren)
- Durchgestecktes Erdgeschoss mit darüberliegenden Büros für die Verwaltung

Arbeiten und Wohnen
Nicht mehr zwangsläufig muss der Wohnort zum Arbeiten verlassen werden. Immer häufiger ist es möglich, in der Nähe oder am Wohnort zu arbeiten. Ausgehend von einer Nutzungsmischung sind folgende Ausprägungen denkbar:

- Wohnen und Arbeiten im gleichen Quartier (Stadt der kurzen Wege, Fahrrad)
- Wohnen und Arbeiten im gleichen Gebäude in unterschiedlichen Raumeinheiten (Business- oder Arbeitshotel, Erdgeschosszone = Arbeiten, Obergeschoss = Wohnen)
- In einer Raumeinheit in getrennten Räumen (Wohnzimmer + Arbeitszimmer) und Arbeiten mitten drin (kombinierter Wohn-/Arbeitsbereich).

Arbeiten und Freizeit
Durch die Tendenz, die Büroarbeit überall und immer länger zu verrichten, muss das Arbeitsumfeld ein breiteres Angebot an Nutzungen bieten. Hierbei spielt die Attraktivitätssteigerung (Fitness, Essen, soziale Kontakte, Habitus „Arbeitsnomade") eine Rolle wie auch die Integration von Funktionen, die zur Erleichterung des Alltags dienen (Supermarkt, Kindergarten...). Kritisch ist die neue Verfügbarkeit der Mitarbeiter in ihrer Freizeit und selbst im Urlaub.

Kritik
Neben der hohen Attraktivität dieser flexiblen Zeitorganisation ist nicht zu übersehen, dass das andauernde Vermengen aller Nutzungen zu eine Deprofilierung der Zeit führt.

BMW-Werk Leipzig

Arbeiten und Wohnen

Arbeiten im Café

Nutzungsmischung

Arbeit als Verdichtungs-Chance
Mit Arbeitsnutzung (Verkauf, nicht-störendem Gewerbe, Dienstleistung, Verwaltung) im Erdgeschoss und den ersten Obergeschossen kann die Stadt wesentlich verdichtet werden. Wohnen in den obersten drei bis fünf Geschossen behält seine Qualität. Das Gemenge ist unterschiedlich organisierbar – von der Belegung eines Stadthauses mit ein bis zwei Geschossen mit eigener Erschließung über ein komplexes Nutzungsgemenge,

Arbeiten und Wohnen im gleichen Haus: Problem der Adresse
Bei Häusern, in welchen das erste oder die ersten beiden Geschosse mit Arbeiten belegt sind, haben wir das Problem der Adresse zu lösen. Die Adresse (und damit das Treppenhaus) einer hochkarätigen Beratungsfirma kann nicht gleichzeitig von Familienwohnen belegt werden. Dies bedeutet, dass bei einer funktionalen Doppelbelegung mit Wohnen und mit Arbeiten eventuell zwei Erschließungssysteme geplant werden müssen. Das ist aufwändig.

EG = Arbeiten, OG = Wohnen plus Häuser mit 100 % Arbeit
Ein interessantes und effizientes Nutzungsgemisch ist:
Erdgeschosse werden, wenn möglich, immer mit der Nutzung „Arbeiten" belegt (Dienstleistung, Verkauf, stilles Gewerbe); Obergeschosse werden entweder mit „Wohnen" oder mit „Arbeiten" belegt. Damit erreichen wir eine sinnvolle Nutzungsdurchmischung in der Stadt und auch eine sinnvolle Erschließungsstruktur im einzelnen Stadthaus.

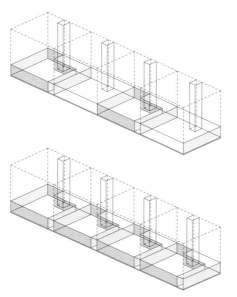

Mögliche Erdgeschoss-Nutzungsvarianz

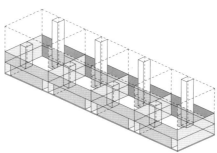

Adressbildung und Erschließungssysteme

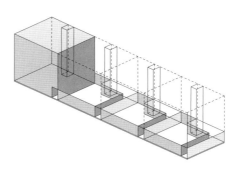

Mischung zwischen Wohnen und Arbeiten

Nutzungsmix hat Geschichte

Leider haben viele Investoren ein klares Nutzungsziel, seien es Firmen, die für sich die eigenen Arbeitsräume bauen wollen, seien es Wohnungsbaugesellschaften, welche ausschließlich in Wohnungen investieren wollen... – es fehlt an Immobilienträgern, die die Vorteile der Nutzungsmischungen erkennen und realisieren.

Selbstverständlich gibt es bei den Mischungen einige Hindernisse; zum Beispiel die Frage der Erschließung und der Adressen (eine Geschäftsadresse hat andere Anforderungen als eine Wohnadresse), die Frage der Verträglichkeit der Nutzungen (Image, Lärm, Sicherheit) und allenfalls auch technisch unterschiedliche Anforderungen. Die Vorteile des Nutzungsmix überwiegen aber sehr klar: Entscheidend ist, dass sich höhere Dichten realisieren lassen, was auf urbane Qualitäten positiven Einfluss hat. Die Versorgungslage wird besser, das ÖPNV-Angebot wird dichter, die Nutzungsvielfalt steigt – es entsteht erst richtig Urbanität.

Haus „Zur Trülle", Bahnhofstraße, Zürich

Zwei Projekte – 100 Jahre Differenz, aber die selben Strategien: unten Arbeiten – oben Wohnen

„Puls 5" in Zürich-West, mit integrierter Produktionshalle

Nutzungsmischung

Mix als typologische Thema
Neben den reinen prototypischen Verwaltungsgebäuden kennen wir eine ganze Anzahl von Sondertypen, welche spezifische Anforderungen erfüllen.

Als Beispiel haben wir die Konstellation ausgewählt, bei welcher im Sockelbereich über dem Erdgeschoss oder über zwei Geschosse (EG und 1. OG) eine große Tiefe gefordert ist (beispielsweise für Verkauf oder für eine größere Halle) und in den Obergeschossen „normale" Wohn- oder Bürogebäudetiefen konzipiert werden.

Mit den drei gebauten Beispielen zeigen wir, wie sich solch rationale und bewährte Grundkonstellationen über ein Jahrhundert immer wieder neu ausformulieren können. Die Anforderung lässt sich auch verallgemeinern: Ein Gebäude mit einigen wenigen größeren Räumen mit Zugang vom Erdgeschoss hat perfekte Eignung für den Nutzungsmix.

Weitere bekannte Typen für Nutzungsmischung sind (siehe Schemas):
- Flanke mit Normalgeschosshöhe für Wohnen, Flanke hohe Geschosse für Arbeiten
- Zentrale Halle (Kino, Saal, Markt) mit Kranz von anderen Nutzungen
- Erdgeschoss-Grundplatte (Verkauf, Ausstellung) plus Obergeschoss-Einzelvolumen (Wohnen oder Arbeiten)

Tiefer Sockel + x Normalgeschosse (zu den Fotos)

Flanken mit unterschiedlichen Geschosshöhen

Große Halle mit Kranz

Sockelplatte mit Krone

Wohn- und Geschäftshaus am Paradeplatz...

...an der Badenerstraße...

...und an der Limmatstraße – alle drei Beispiele in Zürich

Alles ist möglich...

Unter gewissen Voraussetzungen kann ein Gebäude sehr unterschiedliche Funktionen aufnehmen: Die Nutzungen haben minimalkompatibel zu sein, der Flächennutzungsplan (Zonenplan) muss den Mix zulassen und das Gebäude sollte die entsprechenden technischen Voraussetzungen erfüllen.
Dabei ist Wohnen eine empfindliche Nutzung – es benötigt eine emissionsarme Umgebung, eben etwas Ruhe und vor allem genügend Licht. Gewisse Arbeiten weisen ähnliche Empfindlichkeiten auf; eine Rechtsanwaltskanzlei lässt sich wohl kaum über einer Karaoke-Bar führen...

Historischer Nutzungsmix

Gebäude mit reichhaltigem Nutzungsmix finden wir in jeder Stadt: die Insulae des antiken Roms, die mittelalterlichen Rathäuser, die Wohn- und Verwaltungspaläste des Barock. Ein großer Unterschied ist jeweils, ob die verschiedenen Nutzungen von derselben Gruppe betrieben werden (zum Beispiel von der Stadtverwaltung), oder ob unterschiedliche Eigentümer wenig kompatible Nutzungen in einem Gebäude betreiben – dann erst brechen die Nutzungskonflikte auf; Eigentümer, die eher Ruhe wollen, streiten sich mit Eigentümern, die ihre Liegenschaft hart bewirtschaften.

Asia multiuse

In Asiens Städten sind Hybride eine Selbstverständlichkeit. Mehrere Gründe haben wohl zu diesem üblichen Prototypen geführt: Der Mangel an gebautem Raum, das diskrete Betreiben der Nutzungen und die starken sozialen Regelungen und Bindungen, welche eine dichtere Belegung als im individualistischen Europa zulassen. Gebäude dieser Art sind jedenfalls weltberühmt: das Chungking House in Hongkong – mit Geschäften, Verwaltungen, Arztpraxen, mehreren Guesthouses... – ist im Film „Chungking Express" um die Welt gegangen.

Glasgow – oder ein anderer europäischer Bahnhof. Das Nutzungspaket: Bahnhof, Hotel, Bars, Shopping, Verwaltung, Kapelle, Restaurants, Apotheke, Ärzte, Reisebüros, Frisör, Bahnhofseelsorge, Take-away, Clubs...

City of Darkness: alle erdenklichen Nutzungen

Chungking House, Hongkong

Hybride

New Hybride
Mit dem weiteren Aufbruch in Asiens Metropolen entsteht ein moderner Bautyp, der den Nutzungsmix auf allen Ebenen thematisiert: Als nutzungsneutrale Trägerarchitektur, als Crossover-Image (Ist es Wohnen? Ist es ein Konzern? Ist es ein Krankenhaus?), als Megamaschine und Zentrumsbau. Strukturbesonderheiten dürften sein: eine sehr neutrale und offene Baustruktur (vorwiegend Skelettbau), speziell ausdifferenzierte und leistungsfähige Erschließungen und Fassaden, welche entweder alle Funktionen bedienen können oder für spezifische Funktionen entwickelt werden.

Funktionslage flexibel oder definiert?
Es ist ein grundsätzlicher Unterschied, ob die spezifischen Funktionen eine definierte oder eine flexible Position im Gebäude haben. Bei definierter Position kann das Gebäude auf die Funktion hin gestaltet werden: Balkonloggien für Wohnen, Skylobby für Büros, Cafeteria eines Guesthouses.

Einheitstätigkeit und neue Vielfalt?
Das Hybrid-Konzept wird begünstigt, weil die meisten Tätigkeiten sich angeglichen haben; digitalisiert, minimalisiert, emissionsfrei – ein Problem wird am Computer gelöst, eine Maschine bearbeitet allfälliges Material, ohne dass wir uns die Finger schmutzig machen. Dies ist die letzte Konsequenz der Tertialisierung. Die Gegentendenzen dazu sind formuliert: Richard Sennett publiziert die Schrift „Handwerk", in welcher das Arbeiten am Material mit neuer Bedeutung und Werten besetzt wird. Fritjof Bergmann schlägt die „Neue Arbeit" vor, bei der das „wirklich, wirklich, wirklich Wollen" mit hohem Stellenwert für die persönliche Erfüllung steht.

Bei dieser Diskussion bleibt die Frage, welche Nutzungsvielfalt ein Hybrid tatsächlich ertragen kann: stilles Gewerbe, Manufakturen, Schulen...?

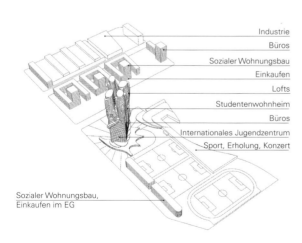

Projektschema Tour de la Chapelle, Paris. Ábalos + Sentkiewicz

Modell Tour de la Chapelle (Projekt)

Museum Plaza, Louisville. REX (Projekt)

Viele Situationen benötigen Flexibilität
Zahlreiche Situationen in Belegung und Nutzung erfordern flexible Strukturen oder sogar bauliche Anpassungen:
- Aufgabe/Verlagerung von Standorten,
- Flächenbedarf sinkt/steigt aufgrund veränderter Mitarbeiterzahl oder Arbeitsplatzbedürfnissen,
- Umgestaltung interner Arbeitsorganisation (zum Beispiel Gruppengrößen, Konstellationen),
- Zeitbelegung (Teilzeit, Desk-Sharing),
- technologische Entwicklung (Flachbildschirm = 30 cm kleinere Büroachse!),
- Sicherheitsbedingungen (Fluchtwege),
- bei Miete können unter Umständen Teilflächen nicht weiterhin gemietet oder zu- und vermietet werden (zum Beispiel wegen Eigengebrauch des Eigentümers).

Umfang und Intensität der Veränderung
Je nach Umfang und Intensität der Veränderung muss unterschiedlich reagiert werden:
- Wegen geringer Änderungsansprüche wird man auf Baumaßnahmen verzichten. Mit vertretbarer innerer Verdichtung kann kleines Wachstum abgefangen werden.
- Eine starke Flächenzu- oder -abnahme bedeutet: Das Problem muss mit Zukauf/Verkauf, Zumiete/Vermietung oder mit Anbau, Aufstockung etc. gelöst werden!
- Bei essenziellen Veränderungen (zum Beispiel Schrumpfung wegen Outsourcing oder Wachstum wegen Fusion) müssen tiefgreifende Maßnahmen evaluiert und realisiert werden: Verkauf, neuer Standort, Abriss und Neubau (zum Beispiel ein neun- statt fünfgeschossiges Haus).
(Siehe auch Kapitel 1 Ökonomie/Flexibilität).

Lebensdauer von Gebäudekomponenten
Verständnis von Primär-, Sekundär- und Tertiärsystemen und deren unterschiedlichen Flexibilitätsgraden und Eignungen für unterschiedliche Nutzungszyklen:

Primärsystem: kaum veränderbar
Lange Lebensdauer (50 bis 100 Jahre)
Erschließung, Tragstruktur, (Hülle)

Sekundärsystem: anpassbar
Mittlere Lebensdauer (15 bis 50 Jahre)
Innenwände, Decken, Böden, (Hülle), feste Installationen, (Ausbau)

Tertiärsystem: auswechselbar
Kurze Lebensdauer (5 bis 15 Jahre)
Apparate, Einrichtungen, Mobiliar

Erweiterung/Schrumpfung und Expansion/Rückbau (externe Flexibilität)

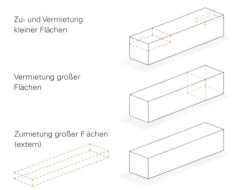

Zu- und Vermietung kleiner Flächen

Vermietung großer Flächen

Zumietung großer Fächen (extern)

Aufstockung (aufwändig)

Anbau (eventuell schon mitgedacht als 2. Bauabschnitt), vorgesehene Komposition, Strukturierung

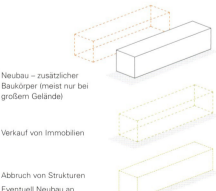

Neubau – zusätzlicher Baukörper (meist nur bei großem Gelände)

Verkauf von Immobilien

Abbruch von Strukturen
Eventuell Neubau an anderen Standorten

Flexibilität

Transfunktionale Gebäude

Neben den bekannten Begriffen Flexibilität, Nutzungsneutralität und Multifunktionalität verwenden wir „transfunktional" für Gebäude und auch für urbane Situationen, welche hohe Eignung für verschiedene Nutzungen und für unterschiedliche zeitliche Belegungen haben, auch eine komplexe Nutzungstransformation hinter sich haben oder konzeptionell zulassen. Typisch transfunktionale Gebäude sind die einfachen Betonskelettbauten der Entwicklungsländer, in welchen Shops, Wohnungen, Lodges, Ärzte und eben auch Dienstleister – teilweise mit hoher Fluktuation – eingenistet sind. Trotz rudimentärem technischem Ausbau sind solche Gebäude bezüglich Flexibilität leistungsfähig, was auch an den Nutzungskonventionen liegt.

Unterschiedliche Flexibilitätsgrade

Konzept, Prioritäten, Strategie

Beim Entwerfen ist es vorerst offen, mit welcher Taktik wir das Zusammenspiel von allgemeinen und spezifischen Elementen angehen. Mögliche Taktiken können sein:

- Entwicklung eines sehr unspezifischen und hochflexiblen Grundrisssystems
- Flexibles Primärsystem mit aufregend eigenwilligem Ausbau
- Konzentration auf wenige prägnant gestaltete Komponenten:
  Treppenhaus = speziell
  Fassade = Identitätsbild
  Sitzungszimmer = Coolspace
- Umfassend durchgehende plastische und kompositorische Gestaltung in und über alle Komponenten inklusive Möbel...

Wir haben uns demnach im Laufe der Auseinandersetzung mit der Aufgabe, den Bedürfnissen der Auftraggeber oder der Nutzenden, nach Diskussionen und Klärung der langfristigen Ansprüche hierzu auf eine vereinbarte Strategie mit entsprechenden Prioritäten zu einigen.

Als Entwerfende haben wir das Bauwerk zu gestalten; deswegen suchen und entwickeln wir spezielle Bilder, Räume und Stimmungen, welche den eigenen Charakter des Gebäudes stärken. Es ist eine spezielle Herausforderung, möglichst viele allgemeine und spezifische Elemente in Einklang zu bringen.

(Siehe auch „Flexibilitätsgrad", Seite 61, und Kapitel „Rohbau-Ausbau", Seite 142 ff.)

„Transfunktionale Kiste" = Skelettbau beliebig abgefüllt, Kerala, Thiravanandapuram, Indien

Sehr spezifischer, unflexibler Arbeitsplatz („Totalmöbel"); Verdichtung nicht möglich, fixierte und umständliche Wege

Hochflexible Anordnung: Langtische, Kabel von oben, freies „Platznehmen" nach Situation – weit oder eng...

Strukturelle Vorbereitung von Flexibilität

Ebenen der Flexibilität (wie rechts dargestellt)

Zu 1. Raumbildung
- Größe
  Der Zuschnitt der Räume erlaubt mehr oder weniger flexiblen Gebrauch. Tendenziell lassen kleine Räume (Zellen) jeweils nur eine Funktion zu, große Räume können meist unterschiedlich belegt werden.
- Form
  Formen können aus Funktionen abgeleitet werden (zum Beispiel schlankes Sitzungszimmer mit langem Tisch), sie können auch aus der architektonischen Gesamtkonzeption entwickelt werden (zum Beispiel zweigeschossige Mall). Meist haben spezifische Formen eine optimierte Funktionalität und eine eingeschränkte Flexibilität (zum Beispiel Treppenhaus).
- Material-Dichte
  Die Anzahl (Dichte) der Wände und Stützen ergibt die Raumdefinition (intensiv oder schwach) und bestimmt so den Flexibilitätsgrad mit.

Zu 2. Baustruktur und Flexibilität
Die verschiedenen Baustrukturen bilden eine irreversible Grundstruktur, welche mehr oder weniger Flexibilität zulässt. Der Skelettbau bietet mit seiner Offenheit dafür die höchste Flexibilität.

Zu 3. Strategie für Flexibilität
Mit Kenntnis über die beiden Systeme „Raumbildung" und „Baustruktur" kann eine Strategie entwickelt werden, welche Räume spezifisch-unflexibel und welche unspezifisch-flexibel konzipiert werden. Diese Strategie interessiert uns deshalb besonders, weil wir ja nicht alle Gebäude „formneutral-hochflexibel" entwerfen, sondern mit bestimmten Elementen eine architektonische Prägung entwickeln wollen.

1. Raumbildung und Flexibilität

Der Flexibilitätsgrad wird letztlich durch die real gebauten Räume definiert.

Unspezifischer Grundriss mit Serie von Zellenbüros: Gewisse Flexibilität ist durch nutzungsneutrale Räume gegeben.

Sehr spezifische Raumformen und Formate, die bewusst auf bestimmte Funktionen zugeschnitten sind. In diesem Sinne wenig flexibel.

Wenige definierte Räume, wenig Trennwände, offene Flächen...

Flexibilität

2. Baustruktur und Flexibilität

Bei der Schottenbauweise ist jede Wand statisch wirksam. Der Grundriss ist spezifisch, die Nutzung der einzelnen Räume für sich flexibel.

Bei teilreversiblen Mischsystemen können nur Teilflächen umgebaut werden. Durch unterteilbare Einheiten (Schotten dritteln, halbieren) können Räume leicht zusammengeschaltet oder unterteilt werden.
Teilflexibilität

Vollreversibel ist beispielsweise eine Skelettbauweise mit Stützenraster (freie Grundrissgestaltung – „plan libre") hohe Flexibilität

3. Strategie für gezielte Flexibilität

Das gesamte Raumprogramm wird fest gebaut, so wie das früher bei Zellenbüros gemacht wurde – dies ist heute unüblich, da wenig flexibel.

Langfristig spezielle Flächen, große Teile und Sondernutzungen wie Treppenhaus, Empfang, Kantine, Schulung werden räumlich spezifisch kultiviert, die restlichen Trennungen flexibel gehalten.

Außer Treppenhaus und Toiletten wird der gesamte Raum nur mit flexiblen Trennwänden organisiert. Besondere räumliche Ausprägungen müssen mit dem Ausbau entwickelt werden.

Zunahme der Flexibilität

Optimierung von Raumausprägung und sinnvoller Flexibilität

Architektur der Verwaltung – die Bilder

Die Frage nach den Bildern zur Arbeit, zum Bürobau, zur Verwaltung und Dienstleistung sind vorerst einfach zu beantworten. Der Bürobau wird als solcher sofort erkannt – er spricht eine klare Sprache durch:
- die Reihung der Fenster für Arbeitsplätze,
- das Fehlen von individuellen Außenräumen (wenig Balkone, Terrassen, Loggien, Vorgärten),
- Images wie technische Perfektion, organisatorische Brillanz, gewagte Ingenieurarchitektur et cetera; solche Chiffren dominieren die Architektur der Arbeit.

„Wasteland Officeland..."

Die millionenfache Repetition banalster Verwaltungsbauten hat verständlicherweise eine Aversion gegen den 08/15-Bürobau entfacht. Unterstützt wurden dies durch monotone Büroarbeiten der 1960er bis 1980er Jahre. Wegen der massenhaften Produktion von langweiligen und lieblosen Bürobauten ist im allgemeinen Urteil nicht mehr gesehen worden, dass längst neue, alternative, höchst interessante Verwaltungsbauten entwickelt worden sind.

Chrysler Building, NY 1930

Daily Express, London 1932. O. Williams

UNO, NY 1951. Skizzen Le Corbusier

Monotone 08/15-Bürokisten

Qualität und lieblose Bürolandschaften...

Die Giganten: Einzelteile und Quartiere
Die historischen Kolonialmächte Grossbritannien und Holland, folgend die alten Supermächte USA und UdSSR sowie neu die Anwärter China, Europa und Indien bringen unter verschiedenen Bedingungen Superstrukturen – eben auch bauliche – hervor: Großverwaltungen von Staaten und von international agierende Konzernen. Immerhin besteht für die Giganten einen besonderen Anspruch – aber das Größte ist nicht immer das Beste.

Büroquartier und Bürostadt
Ausgehend von den planerischen Vorstellungen Le Corbusiers wurde 1933 in der „Charta von Athen" die funktionelle Zonenteilung (nutzungsgetrennte Stadt) proklamiert. In der Nachkriegszeit bis in die 1970er Jahre wurden so zahlreiche Bürostädte angelegt, die heute wegen ihrer monofunktionalen Struktur mit ergänzenden Nutzungen attraktiver gestaltet werden.

The Pentagon, Arlington bei Washington 1941-43
350 000 m² Bürofläche, US-Verteidigungsministerium

CCTV, 400 000 m², Peking, OMA, 2008.

Colonia Versicherung, Hauptverwaltung, Köln. BM+P

General Motors, Detroit, 400 000 m² Bürofläche

Gerling Quartier, Köln, G. Müller, N. Foster und andere

Stilbild ist oft stärker als Funktionsbild
Stile haben eine formale Stärke, die sich oft gegen die Funktionsbilder „durchsetzt". So sehen sich beispielsweise ein klassizistisches Wohnpalais und ein klassizistischer Verwaltungsbau oder ein Wohnbau und ein Bürobau der 1920er-Moderne ähnlicher als die beiden Wohn- oder die beiden Bürobauten.

Sixties... Bandfassaden!
Mit oder ohne Balkon- oder Erschließungsfunktion ist die Bandfassade der Moderne ein Klassiker schlechthin. Die Gleichwertigkeit der Räume auf einem und jedem Geschoss ist ein zentrales Thema. Der Öffnungsgrad mit 30 bis 50% ist zudem für die damalige Glastechnologie vernünftig.

Ende 19. Jahrhundert

1960er Jahre

Columbia University, New York 1880, Bibliothek

Universität von Havanna, Kuba

Western Union, New York 1873

Hotels auf Mallorca

Luxusappartements am Central Park, New York 19. Jahrhundert

1960er-Wohnbau, Zürich

Stil und Funktion

Vollverglasung – volle Transparenz

Mit der Revolution der Glastechnologie werden in den 1990er Jahren viele Architekturen auf 80 bis 90% Öffnungsgrade gesetzt. Resultat ist eine transparente Architektur (Mies van der Rohe), welche sich für besondere Situationen bewährt, aber auch Nachteile wie uneingeschränkte Einsicht und suboptimales Energieverhalten aufweist.

Eine neue Tradition?

Mit der notwendigen Verschärfung der Vorgaben für die Energiebilanz, aber auch aus gestalterischen Gründen, sind zahlreiche Bauwerke errichtet worden, die sich den räumlichen und energetischen Anforderungen differenziert annähern. Es ist offen, ob sich damit eine „neue Tradition" von Architekturbildern etablieren wird.

Ende 20. Jahrhundert

Themse Flats, London. N. Foster

2010

Bürohaus Expo 2020, Biel

Seniorenwohnen, Zürich. Miller & Maranta

Wohnhaus Bäckerstraße, Zürich. Th. Hotz

Wohn- und Geschäftshaus, Zürich. B. Gysin

Produktion und Verwaltung, Creuzburg. Seelinger + Vogels

Die wichtigste Daueraufgabe!

Die Hälfte aller Bauaufgaben findet heute am Bestand statt, darüber hinaus zahlreiche Neubauten in einem relevanten Kontext zum Bestand. In jedem Neubau steckt als Zukunftsthema auch seine Transformation. Damit nimmt die Aufgabe einen sehr hohen Stellenwert ein. Gerade in der Situation großen Leerstands müsste auch jeglicher Neubau kritisch hinterfragt werden. Sämtliche Bautypen, Funktionen und Maßstäblichkeiten stehen zur Disposition. An „Transformation – Konversion" können und müssen alle relevanten Themen mit einem spezifischen Blick und mit teilweise spezialisiertem Wissen abgehandelt werden. Insofern ist es ein Thema für eine eigenständige Publikation.

Begriffe

Wir kennen mehrere Begriffe, die den Umgang mit bestehenden Gebäuden beschreiben:
- Denkmalpflege: Schutz von besonders bedeutenden Bauwerken.
- Sanierung: bauliche und technische Nachbesserung/Erneuerung eines Gebäudes.
- Umbau: neben der Sanierung auch eine strukturelle oder räumliche Veränderung; dies ist eigentlich die häufigste Aufgabe im Bestand.
- Umnutzung: die Nutzung wird geändert.
- Umwidmung: Zuteilung an einen neuen Eigentümer oder zu einer neuen Nutzung.
- Transformation: Der Begriff macht deutlich, dass es um Veränderung wesentlicher Strukturelemente geht .
- Konversion: meint eigentlich „Umwandlung" und ist damit der umfassendste Begriff. Kann die Umwandlung von Räumen, Strukturen und Nutzungen sein.
- An-, Ein-, Um- und Überbauten: beschreibt die Positionierung von Neubauten gegenüber dem Bestand.
- Bauen (oder „Aufgaben") im Bestand: Damit ist jegliches Bauen in vorhandenen Baustrukturen gemeint. Insbesondere werden alle Aufgaben angesprochen, womit es zu einem städtebaulichen Begriff wird.

Generell geht es um eine Haltung des „Hegens und Pflegens". Man hat einen Sinn darin zu entdecken, dass Geschichte von Ort und Bauwerk eine große Qualität ist.

Großgarage zu multifunktionalem Haus

Umnutzung Garage Schlotterbeck, Basel, 1927/1990

Die ursprüngliche Großgarage wurde in mehreren Bauphasen transformiert. Neben Büroräumen stehen heute Räume für Kulturbetriebe, Manufakturen, Wissenschaft und Schule zur Verfügung.

Postscheckamt zu Bundespresseamt

Bundespresseamt, Berlin 2000. KSP Engel + Zimmermann

Beispiel kontinuierlicher Konversion: Anstelle der Markthalle aus dem 19. Jahrhundert wurde 1913 bis 1917 das Postscheckamt errichtet, das von 1997 bis 2000 zum Bundespresseamt umgebaut und erweitert wurde.

Lagerhaus im Hinterhof zu Verwaltung

Bürohaus WWF Schweiz, Zürich, 1994. HZDS Architekten

Transformation des schützenswerten Lagergebäudes in Büros für den WWF Schweiz. Ein zentraler, überdachter Hof bringt Licht in das tiefe Gebäude. Ausgeführt gemäß den hohen ökologischen Anforderungen der Bauherrschaft.

Transformation und Konversion

Vielfalt an Themen
In der Bestandsarbeit wird für den historischen Kontext und mit dem Bestand eine Architektur des Dialogs gesucht. Lagequalität und Atmosphäre sind meist unersetzliche Qualitäten. In Übereinstimmung oder in Konfrontation mit dem neuen Programm kann sich die Situation „gutmütig" bis „widerspenstig" zeigen, der Entwurf kann „integrativ" oder „oppositionell" positioniert werden – auch dies ist Dialog.

Programm und Eingriffstiefe
Die schärfste Konfrontation ist, wenn man Fassaden stehen lässt und alle Innereien ausweidet – man nennt dies „Entkernung". Mit Baukultur hat das wenig zu tun. Normalerweise gilt es aber, zwischen sinnvoller und problematischer Transformation der bestehenden Strukturen zu entscheiden. Ein sinnvolles Umbau-Programm ist nie ein Neubau-Programm – Offenheit ist gefragt!

Nachhaltigkeit im Umbauen
Themen sind der Erhalt der vorhandenen Materialenergie, das Entwickeln von angepassten Energiekonzepten. Auch hier wird das kybernetische Entwerfen die Zukunft sein, weil es davon ausgehen kann, bestehende Teile integrativ zu aktivieren. Ein intelligent-einfacher Umbau mit wenig Material ist immer nachhaltiger.

Konstruktionstypologien
Wer sich intensiv mit dem Bestand auseinandersetzt, baut sich eine eigene konstruktive Kultur auf. Eigentlich gilt es, als Basis für das Entwerfen zu allen historischen Standardkonstruktionen mögliche technische Strategien zu kennen. Hier besteht allgemein ein großer Nachholbedarf.

Botschaft auf Meta-Ebene
Wenn das Stilbild stärker sein kann als das Funktionsbild (siehe S. 92), und wenn sich neue Büronutzungen auch hervorragend in bestehende Substanz integrieren lassen, so müssen die heute standardisierten Einheitsbilder des Bürobaus wahrlich hinterfragt werden. Es muss möglich sein, eine neue, vielfältige Arbeitswelt zu entwerfen, die nicht alle Komponenten gleichwertig erfüllt, sondern neue Themen zum Aufblühen bringt.

Kranspur ergänzt mit Büroschlitten

„Kraanspoor", Amsterdam 2007. OTH architects

Das Beispiel ist natürlich eine Besonderheit, weil ein ausrangierter Infrastrukturträger mit einem Bürobau belegt wird und es damit eine formidable Landmarke setzt. Kühn aber selbstverständlich wird Neu auf Alt gelegt...

Industriehalle zu Großraumbüro

H2e Werbeagentur, Ludwigsburg 2003. Bottega + Erhardt

Die grandiose „Zollingerhalle" (benannt nach der Holzbaustatik des Hallendachs) wird richtigerweise komplett offen gelassen. Äußerst repräsentativer Raum. Herausforderung bezüglich Energietechnik.

Trafogebäude zu Bürobau

25kV-Gebäude, Rotterdam 2000. mei architecten

Das bunkerartige Transformatorengebäude wird längsseitig aufgeschnitten und mit einer transparenten Erschließungsschicht für die Büronutzung brauchbar gemacht.

Typologische Konzepte

Typologische Konzepte

Typo-Icons

Auf den folgenden Seiten zeigen wir 48 Typenbilder und -konzepte. Neben den typologischen Eigenschaften beschreiben wir Standardlösungen auch unter dem Aspekt der Bildkonnotation, weil wir Büro- oder Firmenhäuser als formatierte Objekte erkennen. Ikonographie bei Bürohäusern ist ein Standardthema – es geht um Images, Corporated Design, Marken.

Nun interessiert uns nicht nur die Prägnanz dieser Bilder, sondern auch die dahinterliegende Struktur – und hier wird die Analyse spannend. Deshalb gibt es zu allen Icons eine kompakte Architektur-Prosa, welche die wichtigsten Eignungen und Vorbehalte erörtert. Zudem werden die stellvertretend gewählten Projekte mit kleinen „Büro-Comics" in ihrer Systematik und als Icon erläutert. In den Skizzen sind jeweils Anreicherungen dargestellt – wie man beispielsweise Projekte mit Sonderformen ergänzen kann, oder wie ein Projekt auf Umgebung reagieren kann.

Es sind hier Beispiele mit großen Baumassen dargestellt. Viele dieser Konzepte sind aber auch im Kleinformat realisierbar – und müssen dabei nicht an Prägnanz verlieren.

Die Serie ist in sich nicht gleichwertig sortiert, ein Icon wird eben erst in seiner spezifischen Kombination von Themen tragfähig – das kann Struktur, Form, Transformation oder sein Bild sein.

Skalierung

Ein wichtiges Prinzip kann mit dieser Sammlung nicht aufgezeigt werden – nämlich das der Skalierung. Die meisten vorgestellten Typo-Icons haben eine spezifische Eignung von Maßstäblichkeit; sie können eine bestimmte Minimalgröße nicht unter- und eine Maximalgröße nicht überschreiten.

Hohes Haus, Hochhaus, Skyscraper

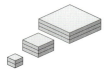

Box, Kiste, Halle

Anmerkung zur Auswahl

Diese Sammlung von typologischen Strategien bezieht sich vorwiegend auf mögliche, sinnvolle und reproduzierbare Projekte. Darüber hinaus gibt es eine große Anzahl von äußerst spannenden Konzepten, die wir hier nicht berücksichtigt haben, weil sie absolute Einzelfälle sind; ein Beispiel dazu ist das nebenan gezeigte Ministerium für Transportwesen. Es muss klar sein, dass die 48 dargestellten Typo Icons auch anders hätten sortiert werden können.

„Lego Stapeln" – Ministerium für Transportwesen, Tiflis. G. Chakhava

„Krone"– City Hall Den Haag. OMA (Projekt)

„Blitz" – SVA, Zürich. Stürm & Wolf

Für solche Kompositionen gäbe es mehrere Titel: Krone, mini-skyline, growing group... Entscheidend ist: Aus einem Grundkörper (Platte, Sockel) wachsen sich auflösende Strukturen gen Himmel. Die Strategie ist hart; anstelle von einzelnen Häusern sagt der Architekt, dass dies ein Gebäude ist, dass er alleine bauen will... Thema Skalierung: Es geht auch kleiner.

Komplexe lange Grundstücksformen lassen sich so gut bebauen – durch die freie Faltungs-Mechanik kann auf unterschiedliche stadträumliche Situationen reagiert werden. Die Form selbst ist Inbegriff von Schnelligkeit, Energiegeladenheit. Sie schafft interessante Binnenräume – z. B. für den Eingangsbereich. Die Objekt-Qualität erlaubt keine Erweiterbarkeit.

Verschränkter Doppelmäänder – Hamburg. ASTOC Architects & Planners

Animal-Machine – Verwaltung Marseille. Alsop & Störmer

Das Reizvolle bei diesem Konzept ist, dass sich sein kompositorisches Prinzip der „Verschränkung zweier Mäander" kaum vom subtraktiven Prinzip (Körper, bei denen Teile weggeschnitten werden) unterscheidet. Wichtiger ist, dass hier enorme Gebäudetiefen bewältigt werden – dies erlaubt erst die Analogie zum Speicherhaus und den Ortsbezug.

Es gibt sehr alte und urtümliche „animalische" Projekte, die in ihrer Abstraktion überzeugen (z. B. Chehel Sotun, Isfahan). Wir reden hier von Tier und Maschine gleichzeitig, weil die Metaphern heute oft kombiniert werden. „Smart & Strange". Solche Projekte machen nur in speziellen Situationen, bei einmaligen Programmen, bei angemessener Bedeutung Sinn.

   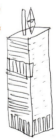

„Compact Composition" – EnBW-Verwaltung in Stuttgart. Lederer + Ragnarsdóttir + Oei

„Hochhaus"– Empire State Building, New York, Shreve, Lamb & Harmon Associates

Der kraftstrotzende Bau simuliert totalen „Überdruck", indem die Seitenflanken unabhängig gehalten werden – flach abgerundet, sich teilweise herausschiebend. Die „Compact Composition" hat monolithisches Format und kann mit beschränkter Anzahl von Elementen angereichert werden. Belichtung wird über einen oder mehrere offene oder gedeckte Höfe gelöst.

Türme bauen! Neben den nicht mehr existierenden WTC-Zwillingstürmen ist das Empire State das Hochhaus schlechthin. Hochhaus = verlängerter Körper, Macht, Dominanz, Fortschritt, Technologie, Wagemut, Hochkultur... aber leider rechnet sich ein Hochhaus in den meisten Fällen nicht. In der Superlative-Dimension ist dies das Bürohaus par excellence.

Typologische Konzepte

 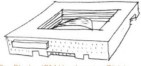

Der Block – IBM Headquarter, Zürich.
M. Campi

Das große Bürohaus mit eigenem Hof kann wie jeder Blockrand in unterschiedlichen Dimensionen angewendet werden – wobei bei sehr großer Dimension die Dichte zu gering, die Querbeziehungen zu langwegig werden. Der Innenhof kann mit Hallen/Hörsälen belegt werden. Das System erlaubt Dominanz – das Bürohaus erscheint als „fetter Brummer".

Raumlandschaft – Villa VPRO, Hilversum.
MVRDV

Was Hertzberger mit seiner strukturalistischen Binnenwelt in Appeldorn/Central Beheer schon vorweggenommen hat, das wird von MVRDV als kompositorische Binnenwelt weitergeführt. Die strategische Durchlöcherung erlaubt es, kleinere Raumeinheiten gut zu belüften (und teilwiese gut zu belichten) und/oder auch große Binnenflächen anzubieten.

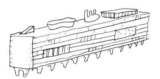 

Bürodampfer – 1920er-Moderne,
Chandigarh. Le Corbusier

Der Dampfer als Zweibünder ist ein Klassiker. Klassisch ist hier auch seine Ordnung: Sockel – Körper – Dach... die Dreiteilung des Bauwerks in moderner Form. Was er nicht kann: Säle und Hallen finden kaum Platz (sie müssen „angehängt" werden), und in Repetition entstehen Zeilenbaustrukturen, die unter Umständen ungeeignet für Verwaltungskomplexe sind.

Big Pizza – Faber and Dumas,
Norwich. N. Foster

Neben dem Kingsize-Format geht es auch ganz klein – das System, seine Vor- und Nachteile bleiben gleich: Geboten wird zusammenhängende Fläche, Großraumorganisation, Netzwerkstruktur. Falls notwendig, bringe ich das Licht über Atrien und Höfe hinein. Wie aber schaffe ich Ordnung und Hierarchie im Kuchen? Mit zusätzlichen, wertenden Strukturen.

 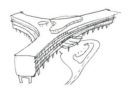

Seestern – Berlaymont, Brüssel.
L. de Vattel

Mit drei, mit vier, mit fünf Armen... der weiche Stern schafft unterschiedliche Außenräume, einer davon für Vorfahrt und Eingang, einer vielleicht für Anlieferung, sicher einer als Mittags-Park. Die zentrale Empfangs- und Verteilerhalle führt zu allen Flügeln und den exklusiven Dachräumen, Firmenkantine oder Chefetage. Das sind Konzernsitze, Headquarters!

Classical 19th – Chicago. Warren and
Wetmore Architects, 1913

Beginnend bei der „klassischen Kiste" über Anreicherungen mit Eck- und Mittelrisaliten bis zur „klassischen Anlage" – ein absolut tragfähiges System, das auch heute genutzt, transformiert und neukonzipiert werden kann; mit anderem Habitus, mit anderen Geometrien. Die Werke des 19. Jh. – Universitäten, Banken, Spitäler – sie stehen meist noch gut da.

Kamm – Allianzquai, Frankfurt.
HPP & Partner

Doppelkamm – Technopark, Zürich,
F. Romero

Rücken und Kamm. Je nach städtebaulicher Lage befindet sich der Haupteingang in der Mitte des Rückens (der dann die Eingangsfront bildet) oder in einem Ende (welches als Kopf einen Akzent bilden kann). Über die langen Gänge des Haupttrakts zweigen wir ab in die einzelnen Flügel des Kamms – in Abteilungen mit ausdifferenzierten Eigenschaften.

Solche Systeme lassen sich typologisch unterschiedlich ausformulieren; als Doppelkamm, bei dem der Kamm-Rücken zum mittig-liegenden Kamm-Rückgrat wird. Oder zum System „verbundener Zeilen", wobei die verbindenden Bauvolumen ganz unterschiedlichen Charakter haben können; Quertrakte, Passerelle, Hallen... Ein dichtes und potentes System.

 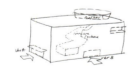
Pavillon + Höfe – Verwaltung, Freiburg i. Br.
Humpert, Reinelt, Zängele, 1967

Flache Kiste – Pollmeier Massivholz, Creuz-
burg, Seelinger + Vogels

Ein Provisorium, vielleicht elementiert, Statik nur für's Dach. Schöne begrünte Atrien, viel Licht, nur Gänge, keine Treppenhäuser. Das benötigt Fläche und kann in urbanen Situationen auf hochwertigem Land kaum mehr realisiert werden. So hat der Pavillon immer noch ein „tropisches Flair"; die Forschungsstation im Busch, die Schule in der Savanne...

Zwei bis drei Geschosse – wir haben es mit flachen Formaten zu tun. Die Ausdehung verlangt Belichtungshöfe. Wir befinden uns konzeptionell zwischen Pavillon, Raumlandschaft und Blockrand. Zahlreiche Ausformulierungen sind hier denkbar: zum Beispiel ein durchgehendes, hohes EG (für Produktion, Ausstellung) und ein mit Höfen perforiertes OG.

 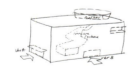
Schlanke Kiste – Stadtverwaltung Middelburg.
P. de Ruiter

Alles zur Halle – British Airways,
Harmondsworth. N. Torp

Das Bürohaus! Als Zeile verwandt mit dem „Bürodampfer". Die Kiste qualifiziert sich durch das Innenleben; räumlich spannende Erschließung... scharfes Interieur... trendy styling... Oder: knochentrockener Habitus, minimalistisches Auftreten, Understatement pur. Das Konzept der Kiste lässt eben sehr viel zu – vor allem auch ein nachhaltiges Gebäude.

Für Großkonzerne – oder als Büropark (zur Miete)! Die riesige Glashalle dient dem Empfangs-„Image", sie muss als Treibhaus Bestandteil des Energiekonzepts sein. Die Halle kann mit speziellen Nutzungen bespielt sein. Mehrere gleiche oder unterschiedliche Flügel docken an. Das Erscheinungsbild, der „Auftritt" nach außen ist aber eine Herausforderung!

Typologische Konzepte

Umnutzung – alte Fabrik als Büro, Sihltal. Anonym

Industriehalle – H2e Werbeagentur, Ludwigsburg. Bottega + Erhardt

Dazu kennen wir zahlreiche Konzepte. Für den Umbau zu Wohnungen kann die große Tiefe alter Fabriken ein Problem werden – für Büronutzung nicht. Hohe Räume, sichtbare Konstruktion und Materialpatina bieten das besondere Flair. Vor 30 Jahren wurden Fabriken von Pionierszenen günstig umgebaut... heute sind sie begehrt und dementsprechend teuer.

Die Spezialvariante des Großraumbüros. Grundthemen sind räumlicher und technisch-energetischer Art: Wie erhalte ich den phantastischen Hallenraum, wenn ich spezielle Nutzungen wie Sitzungszimmer oder Nebenräume einbauen muss? Mit welchem Energiekonzept bewältige ich das riesige Heizvolumen und die meist schlechte Wärmedämmung?

Mäander – Verwaltung einer Bank, Mönchengladbach. HPP

Bürodorf/Bürofarm – SEI Investment, Rockcastle Pennsylvania. Meyer und Scherer

Mäander und Schlange als selten angewendete Verwaltungstypologien. Sie haben Potenzial für Raumbildung (Kopf, Schwanz, unterschiedliche Seitenhöfe), mit ihnen lassen sich schwierige Grundstücksformate bespielen – aber sie haben auch Nachteile: etwa die Länge – was im gezeigten Beispiel durch zusätzliche Kurzschluss-Passerellen entschärft wurde...

Mögliche Konzeptionen sind: Ein Umfeld, in welchem nur radikal einfach konstruiert werden kann (Entwicklungsgebiete); Dorfstrukturen, in welche man sich einfügen will – oder die Vorstellung, dass Verwaltungsgruppen mit speziellen Bedürfnissen sich in kleinkörnigen Strukturen manifestieren sollen. Nachteile: Umständliche Wege, mangelnde Flexibilität.

Große Struktur – Verwaltung Aargau, Baden. BMS

Im Punkthaus – Das gelbe Haus, Flims. V. Olgiati

Wie bei jeder Struktur ist die besondere Herausforderung, zusätzlich spezifische Sonderprogramme und -nutzungen unterzubringen und auszuprägen, z. B. einen Eingang oder einen Saal. Deshalb gehört zu den primären Entwurfsüberlegungen, was die Struktur können muss und was sie nicht leisten kann. Erweiterung ist einfach, Orientierung aber schwierig.

Kompakte Einheiten wie Kleinunternehmen oder Bürogemeinschaften belegen diesen Typ: Dorfverwaltung – Institute von Universitäten – städtische Dienste im Quartier – (exklusive) Symbiosen wie Ärztehäuser/Gemeinschaftskanzleien von Rechtsanwälten – Konzernleitung in der Fabrikantenvilla. Häufig eine Umbauaufgabe, seltener als Neubauprogramm.

Zeilen oder Scheiben in Serie –
Telekom Center. Kiessler + Partner

Alles unter einem Dach – TBWA/Chiat/Day,
Los Angeles. C. Wilkinson

Die Entscheidung für Bürozeilen kann programmatisch (Unabhängigkeit von Teilverwaltungen) oder auch städtebaulich begründet sein (z. B. Wunsch nach Transparenz zu einem speziellen Stadtraum wie etwa ein Flussraum). Die Verbindung kann nur (ohne die Typologie zu ändern) im Erdgeschoss oder mit Passarelle gelöst werden. „Zwischen den Zeilen" ist Spezialraum!

Das Konzept „Haus im Haus" oder „Dorf unterm Dach" wirkt attraktiv, da Volumen, Technik und Transparenz potent in Erscheinung treten. Grundvoraussetzung ist das Bedürfnis nach gedeckten Außenbereichen – ansonsten scheitert man am Widerspruch: Aus ökonomischen Gründen will die Halle gefüllt, aus räumlichen Gründen nur partiell belegt werden.

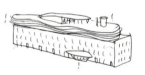

Neues an/auf Altes – Pionierpark Winterthur.
N. Hürzeler

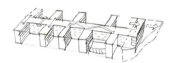 

Erschließungsrückgrat –
DB Cargo Center, Duisburg. RKW

Umnutzung, Transformation und Nachverdichtung alter Substanz. Die Gründe: Ganz einfach, weil eine höhere Ausnutzung zugelassen ist oder weil spezielle Funktionen sich nicht in der alten Struktur integrieren lassen. In der behutsamen Annäherung oder im spektakulären Gegensatz finden wir viele unterschiedliche Konzepte.

Es ist evident – dies ist eine der effektivsten Strukturen. Mit ihrem Rückgrat erschließt und bedient sie alle Seitenflügel. Die Struktur ist ausdifferenzierbar, transformierbar, erweiterbar und auch teilbar; ganze Teile können untervermietet werden, da jeder Hof ein Zugangshof sein kann. Allerdings kann die Maschine nur eine Eingangsfront bilden – mit dem Kopfbau.

Twin-Towers
– Wettbewerbs-
entwurf Ground
Zero, New York,
N. Foster

Mobile Offices – IVCHGC Bombay/
California

Beim ehemaligen WTC in New York als unabhängige Doppeltürme – oder als verlinkte Hochhäuser (Petronas-Towers, Wettbewerbsbeitrag von N. Foster für „Ground Zero"). Dazu gehört eine Serie skulpturaler Spezialfälle wie etwa CCTV (OMA) oder die konzeptionellen Studien „Kissing Towers" (MVRDV). Auch im Kleinen bei 6-9 Geschossen ein spannendes Konzept.

...mit den Produkten zu den Kunden – wie auf dem Markt, wie der Minimarket-Bus, der durch die Dörfer fährt, so ist Arbeit auch in mobilen Büros organisierbar – vor allem deshalb, weil vor Ort mit Kunden Aufgaben gelöst werden müssen. In gewissem Sinn gehören dazu: mobile Ausstellungen, Bibliotheken, Infozüge, Air Force One, Gesundheitstrupps...

Typologische Konzepte

...ein Geschoss irgendwo gemietet

Wahrscheinlich die häufigste Firmenlage: Irgendwo in einem mehr oder weniger qualitätsvollen Bürohaus installiert sich die Firma und schafft sich ihre Raumqualität in den eigenen Räumen. Im häufigen Fall der Miete kann dies nur über Mobiliar und Einrichtung erreicht werden, da bauliche Investitionen bei Umzug mehrheitlich verloren gehen.

Fette Maschine – National Docklands, Melbourne. J. Grose

Bei großer Höhe, Breite, Tiefe wären komplett ausdifferenzierte Raumfolgen (siehe icon „Raumlandschaft") sehr aufwändig. Sinnvoll ist ein hybrides Konzept, aufbauend auf Standardstrukturen wie Loggia, Atrium, Hof und Zeilen-Zwischenraum, welches kompositorisch weiter modelliert wird – das Bauwerk kann so als Kiste oder als Skulpur erscheinen.

Rundhaus – Suhr. Calatrava & Frei

Der kompakte Rundbau zeigt das selbstständige Bürohaus, welches am Ort wie ein UFO gelandet ist. Der formale Anspruch an allseitiger Gleichförmigkeit widerspricht den Ansprüchen auf Reaktion gegenüber Orientierungen; unterschiedliche Ausformulierung der Seiten für eine städtebauliche Reaktion, für eine energetische Optimierung – das birgt Konflikte.

Ring – UFO Lofthouse, Frankfurt. Dietz Joppien

Der Ring ist Hof- oder Blockrand. Die Eigenständigkeit kann sich aus städtebaulicher Lage ableiten; auf dem Campus, auf der verkehrsumspülten Insel. Treppenhäuser erschließen die Brandabschnitte, Laubengänge bedienen Segmente. Die formalen Analogien zu Drehung und Zentrifugalkraft erlauben dynamische Raumkonfigurationen und Bilder.

Galerie und Passage – Cleveland Arcades. J. Eisenman

Der Typ Passage wurde vorwiegend durch den luxuriösen Einzelhandel belegt – nur selten durch Wohnen oder Dienstleistung – erstens weil Wohnen am überdachten Hof problematisch ist, zweitens, weil es zu Ende des 19. Jahrhunderts kaum Dienstleistungen gibt. Dennoch ist die Passage ein wichtiger konzeptioneller Vorläufer für moderne Bürobaukonzepte.

The Mall – Glashalle als Zentrum – Züblin AG Stuttgart. G. Böhm

Wir finden Vorläufer bei den Eisenkonstruktionen des 19. Jahrhunderts (siehe links): Galerien, Märkte. Mit der technologischen Architektur (leichtere Tragwerke, Seilstatik, neue Glastechnologie und komplexe Energiesteuerung) werden große Hallen zum sinnvollen Standardbaustein. Glashallen sind heute Bestandteile des Energiekonzepts („Energie-Gärten").

U-Hof – Schiffahrtskontor Elbe, Berlin,
Grüntuch Ernst

Doppelzeile als Langhof –
Darmstadt, Eisele & Fritz

Dieses überzeugend einfache Prinzip mit einer quergestellten Erschließung bildet eingangs- und straßenseitig die Hauptfront und öffnet sich mit den zwei einen Halbhof bildenden Flügeln als gerichtete Architektur – gegen das Wasser oder Parkraum. Dieses Prinzip kann auch als Lärmschutzkonzept angewendet werden.

Die Doppelzeile – oder der lange U-Hof – bildet das große Schiff mit einem intimen Hofraum (oder urbanen Platz-Hof). Die beiden Zeilen können mit Passerellen verbunden werden. Die Außenseite kann schroff abweisend sein – oder wie hier einladend mit einem Arkadentrichter. Speziell an diesem Konzept ist die Erweiterbarkeit in Mäanderform zur 3er-Zeile.

Gequetschter Blockrand = Doppelzeile –
Umweltbundesamt Dessau, Sauerbruch Hutton

Nabe als zentrale Glashalle –
Hauptverwaltung LVA Lübeck, G. Behnisch

Grundprinzip ist der Blockrand, welcher in eine eigenständige Großform transformiert wird – beispielsweise in eine „Amöbe". Wie bei der Doppelzeile werden die langen Flügel mit Passerellen kurzgeschlossen. Der gedeckte Innenhof macht dies zum Totalobjekt – das ist aber nicht zwingend notwendig. Großes Potenzial für lange, schwierige Grundstücke.

Die Verwandtschaft zum „Seestern" ist evident; während der Seestern als ein integrales Objekt erscheint, konstituiert sich die Nabe als Ansammlung unterschiedlicher Körper um eine zentrale Verteilerhalle – die Nabe (oder das Prinzip „Schlüsselring"). Schwierig umzugehen ist mit den unterschiedlichen Dichten im Zentrum und an der Peripherie.

Gründungssitz – Hauptsitz = Ikone –
Bank of England (Foto) & Chicago Times (Skizze)

Raumgitter –
Treptower, Berlin, G. Spangenberg (Foto)
Berliner Volksbank, A. Isozaki (Skizze)

Der Gründungssitz steht für Tradition und wird nur im Notfall aufgegeben. Architektur und Firmennamen sind hier eins. Berühmte „Sitz-Aufgabe": Als Pan Am das Gropius-Hochhaus in New York verließ. Berühmteste (nicht realisierte) Neupositionierung mit Architektur: Das Loos' Hochhaus für die Chicago-Times. Recherchiere: BMW, Olivetti, Nestle, CCTV ...

Das System erlaubt höchste Dichte. Organisiert als Zeilen mit Quertrakten oder als richtungsloses Gitter. Quertrakte können „fliegen" und erlauben so erdgeschossig durchgehende Höfe. Der Komplex ist in seiner Orientierung und Atmosphäre schwer zu kontrollieren. Man wünscht sich dabei einen öffentlichen Raum mit viel Publikumsverkehr.

Typologische Konzepte

Atelierhaus für Arbeiten und Wohnen –
Kölner Brett, Brandlhuber & Kniess

Das Beispiel zeigt eine konzeptionelle Architektur, welche Wohnen und Arbeiten nicht mehr als getrennte Funktionen versteht, sondern mit intelligent verschränkten und flexibel kombinierbaren Grundrissen Wohnen und Arbeiten als ein System versteht. Mit einem neuen Verständnis für Nutzungsmischungen erkennen wir darin den gefragten Quartierbaustein.

Adresse Hinterhof – anonym

Die sogenannten minderwertigen Adressen werden als Insider-Orte kultiviert. „Standing, Repräsentation, Top-Adresse" – ça ne m'interesse pas! Basierend auf niedrigen Mieten und szenösen Orten wird Position bezogen. Man hat dann aber innovative Qualität zu liefern – auch als Architekt, der für Newcomer baut. Ansonsten ist man „weg vom Fenster".

Wohnen und Arbeiten im urbanen Quartier

Arbeiten und Wohnen – die Kombinationen werden diskutiert. Die Raumnutzungs-Gesetze in einigen Ländern lassen den Mix nicht zu und sollten revidiert werden; denn in den meisten Wohnungen finden wir heute einen vollwertigen Arbeitsplatz – immer öfter für kommerzielle Arbeit; Start-ups, Einpersonenbetriebe, Beratung, Nebenverdienste, Telearbeit...

Kristallin – Menzis, Groningen, de Architekten Cie.

Kristalline Körper haben eine lange Tradition: Pyramiden, Tauts Kristalle, Hochhäuser in New York... Sie haben eine spezielle Eignung für Raumprogramme mir großen Räumen wie Säle, Megaloggien, da diese in Korrespondenz zum Körper gebracht werden können. Im Bürobau sind sie deshalb seltener zu finden und in ihrer Ausformung zurückhaltender.

Büro-Komplex – Centrosoyus,
Le Corbusier

Das Bürogeviert – nicht als Struktur, sondern als durchkomponierter Komplex. Ein solcher Entwurf macht sich zu eigen, dass sich große Verwaltungen (Konzerne, Staat) auch in reichhaltigen Programmen manifestieren können; Empfangshalle, Aula, Säle, Sitzungszimmer, Kantine, Café, Lounge, Ruheraum... dieses Programm wird zur Skulptur modelliert.

Struktur – Central Beheer, Apeldoorn,
H. Hertzberger

Der Normalfall wird mit einer ausgeklügelten Struktur gelöst – die räumlich-funktional-konstruktiv möglichst viele Ansprüche erfüllt. Dann aber ist ein weiterer Schritt notwendig: Wie implementiere ich spezielle Funktionen, Einzelteile, Sondersituationen, Eingänge... und auch: Wie reagiere ich mit der Struktur auf die umliegende Stadt? Genial, wer das alles löst!

Arbeit und ...

Gebrauchsanleitung	111
Sich verorten	115
Typologie	129
Rohbau, Ausbau, Technologie	147
Verbinden, Trennen	161
Kommunizieren	175
Gestalten, Designen	189
Peripherie	205

Gebrauchsanleitung

Struktur

Die folgenden sieben Kapitel unter der Überschrift „Arbeit und..." sind alle nach einem ähnlichen Prinzip aufgebaut: Nach einer Einführungsseite mit kleinen Piktogrammen folgen die zweiseitigen „Entwurfsschemas" als umfangreiche Fragensammlungen zu den sieben Themen. Danach werden die wichtigsten Aspekte der Themen in Texten erläutert (ein bis zwei Doppelseiten mit vereinzelten Bildern und Grafiken). Jedes Kapitel wird mit einem „Struktur-Vorhang" und zwei zum Thema besonders passenden Beispielen abgeschlossen.

Einleitung
Zusammenfassender Text, einige exemplarische Piktogramme zum Thema.

Entwurfsschema
Wir durchstreifen sechs allgemeine Aspekte (Maßstab, Lage, Ökonomie, Funktionalität, Zeit, Identität) und stoßen auf zahlreiche offene Fragen. Übergreifende Pfeile schlagen jeweils einen logischen Denk-, respektive (Teil-)Entwurfsprozess vor.
Alle sieben Schemas sind im Gesamtentwurf (siehe Seite 13, „Anleitung zum Entwerfen") über Schlaufen zusammengebunden.

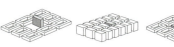

Texte zu den wichtigsten Aspekten
Ein bis zwei Doppelseiten mit erläuternden Texten und wenigen Schemas, Piktogrammen, Bildern. Es muss bewusst sein, dass in diesem Buch vor allem Aspekte des Entwerfens behandelt werden. Ein weiteres Verständnis für bautechnisch-konstruktive Aspekte ist zwingend mit anderen weiterführenden Publikationen zu erarbeiten!

Struktur-Vorhang
Auf jeweils einer Doppelseite wird eine für das Thema zentrale Strukturfrage graphisch geklärt. Dies soll auch dazu anregen, sich selbst zur weiteren Strukturklärung solche Übersichten zu erarbeiten.

Zwei Projektbeispiele
Die jeweils ausgewählten beiden Projekte dokumentieren in ganz besonderer Weise einen architektonischen Schwerpunkt zum Thema. Sie folgen deshalb teilweise einer anderen Sortierung als die auf Seite 99 dargestellten „Typologischen Konzepte" (Typo-Icons).

Arbeit und...

Sich verorten

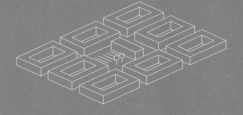

Sich verorten

Die Verortung der Arbeitswelten ist von Aufgabe zu Aufgabe und von Lage zu Lage sehr unterschiedlich. Die hier gezeigten typischen Beispiele sind nur einige aus der möglichen Palette. Wichtig ist, dass sich Entwerfende ein Repertoire für die Analyse und ein Repertoire für Projektantworten aneignen.

Die Klarheit, mit welcher ein Projekt in einem System verankert wird, trägt zur rationalen und damit zur rationellen Bearbeitung bei – man hat sich Kriterien erarbeitet und sich auf solche geeinigt. Dies ist ganz besonders bei Verwaltungsbauten eine empfehlenswerte Strategie.

Heutzutage muss sich die Arbeit im Spannungsfeld zwischen lokalen und globalen Anforderungen positionieren. Viele Unternehmen sind international vertreten, haben zahlreiche Firmensitze und somit unterschiedlichste Umgebungen innerhalb derer es gilt, qualitätvolle Arbeitsorte zu entwickeln. Auf der einen Ebene muss die Erreichbarkeit der Einzelstandorte gewährleistet sein, das heißt die optimale Verkehrsanbindung wird angestrebt, auf der anderen Seite spielen die allgemeine Lebensqualität, das spezielle Umfeld, die besondere Stimmung eines Orts eine immer größere Rolle. Sowohl für die Qualität der Arbeitsplätze als auch für die Arbeitsorte wäre es wünschenswert, die Arbeit könnte sich immer mehr in zentralen Lagen verorten, in Umfelder einbinden und mit ihnen in Dialog treten.

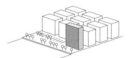
Global, UNO Hauptsitz, New York

Hochhausstadt, Bürodistikt Manhattan, New York

Lokal, Rathaus, Camarasa

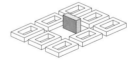
Solitär, Torre Agbar, Barcelona

Zentral, Gerling, Köln

Eingebunden in Umgebung, Central Versicherung, Köln

Peripher, Bürostadt, Frankfurt-Niederrad

Neubau, Sparkassen-Carré, Tübingen

Sich verorten beruht auf Kontexterkenntnis

2 Identität am Ort umsetzen und ausprägen

1a Qualitäten des Orts sammeln

MASSSTAB
„Standort muss etwa Blockgröße haben"

- Wie ist das Gebiet strukturiert und welche Entwicklungen sind zu erwarten?
- Welche Größe hat das Kundengebiet heute, und wie groß könnte es werden (regional, national)?
- Welche Größe hat das Projekt?
- Sind (langfristige) Bauabschnitte oder Erweiterungen vorgesehen?
- Welchen Maßstab haben die umliegenden Strukturen? Integriert sich unser Projekt oder sprengt es vorhandene Maßstäbe?

Struktur des Orts
Stadtgrundriss
Maßstabsebenen (Städtebau bis Ausführung)
Virtuelle und räumliche Netze
Verschiedene Behörden für unterschiedliche Maßstäbe

LAGE
„Sieht mein Haus aus wie das von nebenan?"

- Besondere Qualitäten / Probleme des Orts
- Relevanz und Gewichtung einzelner Lagekriterien? (z. B. lieber Stadtrand dafür sehr ruhig – oder: lieber zentral, dafür ein hektischer Ort...)
- Wird eher ein monofunktionales (Büroviertel) oder eher gemischt genutztes Quartier bevorzugt?
- Zwingende Lagewahlkriterien (z. B. öffentliche Verwaltung im Quartierzentrum)
- Für wen und für was wird welche Art von Verkehrsanbindung benötigt? (Mitarbeitende, Kunden, Arbeitsorte, eventuell Logistik Produkte)
- Wie unterstütze ich den Ort mit meinem Projekt?
- Mögliche Anbindung an urbane Freiräume

Standortfaktoren – harte/weiche
Sonstige Standortbedingungen
Der Ort, Topographie, historische Schichten
Morphologie und Typologie
Struktur von Siedlung und Natur
Erschließung (MIV, ÖPNV)

ÖKONOMIE
„Toplage, dafür extrem optimiertes Projekt!"

- Image der Umgebung
- Wie sind Abhängigkeiten zwischen Lage / Wertschöpfigkeit?
- Kann ich an der gewünschten Lage überhaupt bauen? Oder muss gemietet werden? Das heißt: Projekt wird zur Innenarchitekturaufgabe.
- Was bedeutet „ökonomische Verortung"?
- Welche Auswirkung hat die Lagewahl für das Unternehmen? (Hohe Lagekosten = hohe Lohnnebenkosten, aber: Gute Lage = mehr Aufträge?)
- Welche Auswirkungen hat die Lageklasse auf das Architekturprojekt (Repräsentation, Understatement)?
- Welche Erwartungen haben die Mitarbeitenden an das Umfeld?
- Welche Netzwerke und welche Dienstleistungsangebote sind vorhanden, was fehlt (Verpflegung, Freizeit, Printservice, Spezialberatungen, ...)?

Lageklassen
Bedingungen für das Unternehmen
Möglichkeiten des Unternehmens
Netzwerke und mögliche Synergien im Umfeld
Standortwahl bezüglich Region und Struktur?

Sich verorten

3 Idee von Verortung

FUNKTIONALITÄT	ZEIT	IDENTITÄT
„Standort mit optimaler Erreichbarkeit gesucht!"	*„Standort mit Erweiterungsmöglichkeiten"*	*„Besonderer Ort = besondere Architektur!"*
Ist die Funktion an dem Ort notwendig und ist sie integrierbar?	Wie lange wird das Programm am Ort bestehen?	Gibt es eine klare, bestehende Firmenidentität – oder kann/muss diese mit dem Projekt neu definiert und positioniert werden?
Werden zum Beispiel aufgrund eines Abbruchs andere Nutzungen verdrängt?	Wann wird was genutzt und mit welcher Frequenz?	
	Sind unübliche Nutzungszeiten (Nacht- und Wochenendarbeit) zu erwarten?	Gilt diese Identität für nur dieses Projekt oder existieren Vertretungen an anderen Orten? (Hauptsitz und Filialen)
Wie wirkt sich die spezifische Funktionalität auf die Typologie aus – und was bedeutet dies in Bezug auf Umgebungstypologien?		
Wird eine besondere Positionierung durch die besondere Funktion notwendig?	Ist es ein Projekt, das sich im Laufe der Zeit transformieren muss. Sind Umbauten zu erwarten?	Handelt es sich um ein Mietobjekt und kann deshalb nicht für ein Firmen-Corporate-Identity entworfen werden?
	Kann sich die Funktion nur anpassen, wenn sie sich dauernd verändert?	Mit welchen Elementen soll die Identität vermittelt werden?
Wie ist das Gebäude frequentiert und was sind die Folgen daraus (z. B. Großprojekte: Dichtere Busfrequenz bei Stadt beantragen)?		Mit welchem Projekt, mit welcher Architektur kann die Identität an diesem Ort umgesetzt werden?
	Ist es eine Funktion, welche zu bestimmten Zeiten Verkehrsspitzenlasten auslöst (z. B. Großverwaltung)?	
		Mit welcher Stärke will aufgetreten werden: „Schrill repräsentierend – oder edles Understatement"?
Wie öffentlich/wie privat ist das Programm und was sind die Konsequenzen daraus (Störungen durch Nachbarn, Sicherheitsaspekte)?	Wie lange arbeiten die Leute dort? (Langjährige Mitarbeiter = bekannte Gesichter oder ständiger Wechsel)	
Abhängigkeit Verortung – Raumprogramm Funktionale Anforderungen Neuer Baustein im Quartier Strukturelle Konsequenzen im Umfeld	Arbeitszeiten Frequenzen, Lasten, Mengen Nutzungsintervalle	Firmenidentität Intensität des Firmenauftritts Räumliche Umsetzung Reaktion auf den Ort: Dialog/Stärkung/Opposition Positionierung, auch gegenüber Konkurrenz

1c Eigene Identität herausarbeiten

1b Mit Programm abgleichen

Standortanalyse

Für jede Architektur und für jegliche Art Arbeit ist Verortung ein zentrales Thema. Ganz ursprünglich geht es darum, wie Architektur mit dem Ort in einen Dialog tritt und diesen in seinen Qualitäten unterstützen kann. Um hier Potenziale abholen zu können, müssen wir uns – dies ist eine sehr langfristige Auseinandersetzung – mit allen Orten beschäftigen, um das Spezielle eines Orts erkennen und kultivieren zu können.

Den Unternehmen geht es um gute Auffindbarkeit, Erreichbarkeit und eine attraktive Lage – die „gute Adresse" ist gesucht. Ihre Prägnanz muss und kann vom Architekten qualifiziert und gestärkt werden.

Wir stehen vor unterschiedlichen Aufgaben mit bekannten und unbekannten Faktoren:
- Gegebener Standort und bekanntes Programm (zum Beispiel Familienunternehmen mit Traditionsstandort). In diesem Fall müssen wir herausfinden, welches die Qualitäten/Defizite des Orts sind und mit welchen Mitteln diese optimiert werden können.
- Nutzung ist gegeben, Standort muss gesucht werden: Die Standortsuche ist seltene Aufgabe der Architekten – aber die Bewertung unterschiedlicher Standorte ist eine wichtige Aufgabe für uns, da es dazu die Gabe „schneller Visionen" braucht.
- Standort ist gegeben und es soll eine geeignete und tragfähige Nutzung gesucht werden. Im Idealdenken jedes Stadtplaners wäre diese Vorgehensweise wünschenswert. Für hervorragende Lagen finden sich meistens sinnvolle Programme und Investoren. Problematische Lageklassen können manchmal jahrelang nicht aktiviert werden.
- Intelligente Investoren lassen einen Abstimmungsprozess zwischen geplanter Nutzung und anvisiertem Standort zu. In der Flexibilität zu intelligenten Weiterentwicklungen des Nutzungsprogramms liegt ein beachtliches Potenzial.

Für diese ersten Schritte der Planung und des Entwerfens benötigen wir uneingeschränkte Offenheit für mögliche Lösungen und ein andauerndes Abtasten der Konstellation mit innovativen Lösungsansätzen, Strukturen, Projektbildern, Strategien... Es ist vorerst nicht klar, auf was und wie die Konstellation „vor Ort" reagiert, aber wenn sie reagiert, dann sollten wir dies sofort erkennen und die Projektchance wahrnehmen!

Entwurfsarbeit wird zudem mit rationalen Faktoren gestützt und gesteuert. Daten, Analyseerkenntnisse, vereinbarte Kriterien und Prioritäten, funktionale und ökonomische Prämissen sind Entscheidungshilfen für eine integrale Projektarbeit, aber auch für zahlreiche Teilebenen. Konkret heißt dies, dass für ein Unternehmen die Liste der Kriterien und ihre Priorität geklärt

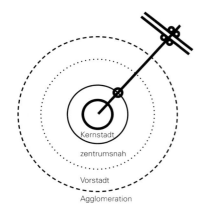

Arbeitsorte und Lage

Sich verorten

werden muss. Langsam kristallisiert sich so eine Strategie für den Entwurf an einem Ort heraus – wir können uns bestimmten Lösungen zuwenden.

Aspekte
Verkehrsanbindung
Lage kostet. Grundsätzlich ist jede bezahlbare Erschließungsqualität willkommen (ÖPNV, Auto, Bahn und Flugzeug). Je nach Nutzung werden bestimmte Verkehrsträger favorisiert. Das Spektrum reicht von Top-Lagen bis hin zur städtischen Randlage oder Hinterland. Besondere Lagen entstehen explizit an den Knoten des Verkehrsnetzes. Bevorzugt sind Knotenpunkte, bevorzugt wird immer mehr der ÖPNV.

Magnetismus und/oder Mix
Für einige Unternehmen kommen nur Standorte in Frage, an denen weitere Firmen aus der gleichen Branche angesiedelt sind. Sie sind angewiesen auf Synergieeffekte, auf den Markt von Spezialisten oder die Präsenz von Subunternehmern/Dienstleistern. Andere suchen den klassischen Innenstadtmix – dort wo sich alles trifft und mischt.
Magnetismus: Silicon Valley
Mix: SoHo (Small Office/Home Office)

Unternehmensfreundlichkeit
Wirtschaftsstruktur, Investitionsklima, Steuervorteile, Start-up-Förderung, tiefe Lohnnebenkosten – das sind im engeren Sinn Standortqualitäten. Demgegenüber stehen integrale Standortvorteile; die allgemein gute Lebensqualität eines Ortes, welche für qualifizierte Mitarbeiter/-innen und ihre Familien immer entscheidender wird.

Stimmung des Umfelds
Wahrscheinlich öfter als erwartet, entscheiden sich Investoren und Mieter für oder gegen den Charakter eines Umfelds. Sie entscheiden sich für den Standort, weil sie sich hier nicht nur Arbeitsplatz-, sondern allgemein Lebensqualität vorstellen können.

Beispiele für spezifische Kriterien:
Sicherheit, absolute Ruhe, historische Adresse, Laufkundschaft, Nähe zum Wohnort des Chefs, Zufallsangebot, Anonymität...

Hinweise zum Entwurf
Wie verhalte ich mich am Standort?
Topographie, Morphologie und Typologie: Historische Schichten, Stimmung Quartier
Stadtmorphologie – typologische Antwort
Neubau/Bestand (Einbindung, Solitär)
Körnigkeit, Maßstäblichkeit
Adressenbildung, Aufwertung des Umfelds
Sind Standortdefizite auszugleichen? (mangelnde Quartierangebote, Lärm, problematisches Image, Monokulturen,...)

Tendenzen/Aussichten
Was ist zurzeit planerisch problematisch?
Isolierte Standorte – Bürostädte, Grüne-Wiese-Planungen – reine Bürosolitäre.

Was ist planerisch erstrebenswert?
Verlagerung der Arbeitsorte in Zentren, in Brachen (anstelle schlechter Wohnlagen), Einbindung und Dialog mit Umfeld, Nutzungsvielfalt: EG öffentlich/Adressenkonflikte intelligent lösen für Nutzungsmix...

Problem: Alle wünschen sich ein urbanes Umfeld und urbane Räume, doch nur wenige tragen etwas dazu bei.

Themen/Begriffe
Harte Standortfaktoren: Preise, Dimensionen, Lohnnebenkosten, Erschließung,...

Weiche Standortfaktoren: Charakter des Orts, Vorlieben, Lebensqualität, Netzqualitäten, Human capital...

Mikrostandort = nähere Umgebung des Standorts – Stadtteil, Straßenzug...

Makrostandort = Großräumiges Verflechtungsgebiet – Region, Stadt, Gemeinde...

Benchmarking: Für einen Vergleich verschiedener Standorte haben wir diese Kriterien zu listen und zu werten.

Spezielle Entwicklungs- und Bewertungssysteme: Aufgrund der komplexen Realisierungsabläufe und der ökonomischen Brisanz haben sich professionelle Instrumente entwickelt, die man sich gerade bei größeren Projekten aneignen sollte oder muss.

	Das Zentrum	1-A-Lage	Lage an Verkehrsknotenpunkt
	● 1 bis 2 km)		5 km
Lagen	Historisches Zentrum Kernstadt – Innenstadt Handelszentrum City, Arbeiten ab dem 2. OG EG öffentliche Nutzung wie Geschäfte, Gastronomie	Ausgewählte, exklusive Lagen innerhalb eines Stadtgebiets, die Topadressen einer Stadt, hier werden Spitzenmieten erzielt, Arbeiten ab dem 2. OG öffentliche EG-Nutzung	Optimaler verkehrstechnischer Anschluss durch Kreuzungspunkt von mehreren Verkehrsmitteln (U-Bahn + Straßenbahn + Bus)
Arbeitende	Finanzen/Banken Verwaltungen	Anwälte Beratungsunternehmen	Firmen mit großer Belegschaft

Bauliche Eingriffe

Nachverdichtung
Durch Aufstockungen von Einzelgebäuden – Sonderprojekte – sinnvoll bei sehr repräsentativen Orten oder wenn Bestandsgebäude identitätsstiftend, signifikant sind oder Denkmalwert besitzen – Gewinn zusätzlicher Bruttogeschossfläche – mehr Signifikanz – städtebauliche Präsenz – in Innenhöfen des 19. Jahrhunderts – analog: Gewerbebetriebe
Adressenproblematik – Kopplung mit vorhandener Schicht oder unabhängige Schicht legen

Bestandsaufwertung
- Qualifizierung erhaltenswerter Substanz, Gebäude mit Denkmalschutz
- Alte Verwaltungsgebäude Firmengebäude mit Erinnerungswert, Gründungsstrukturen, die erweitert werden sollen
- Sensibler Umgang erforderlich

Ersatzbebauung
- Abriss und Neubebauung einzelner Gebäude oder ganzer Stadtblöcke; so entstehen exklusive Neubauten mit besserer Ausnutzung der Bebauungsmöglichkeiten
- Ziel Maximierung der Bruttogeschossfläche und Requalifizierung der Standorte
- Öffentliche Nutzung im Erdgeschoss sinnvoll

Löcher

Baulücken – unbebaute Parzellen
- schwer verwertbare Grundstücke mit Besonderheiten (minimale Breiten, Spezialzuschnitt..)
- Typologie im starken Dialog mit Substanz
- im Umgang mit den Besonderheiten entstehen Speziallösungen
- Beitrag zu Urbanität durch Nachverdichtung

Sich verorten

Zentrums–Randlage	Nebenlagen	Periphere Lagen
Stadtteile	Stadtränder	Endstation S–Bahn
Stadtquartiere	Subzentren	

10 km — Stadtgrenze — 20 km

Am Rande des inneren Stadtgebiets
Arbeiten meist in den beiden unteren Etagen, sonst Wohnnutzung

Dezentrale, vorwiegend im Stadtgebiet befindliche Lagen
„Grüne Wiese"

Gewerbegebiete – Bürostädte
Optimaler verkehrstechnischer Anschluss (Autobahn, Flughafen...)
Sammlung reiner Solitärbauten
Keine Qualität der öffentlichen Räume
Individuelle Gebäudegestaltung
Monofunktionale Nutzungsstruktur

„Newcomer"

Mischung aus Handel, Produktion und geringem Anteil an Büroflächen
Funktional geprägt, großflächig
Große Firmensitze

Reine Büronutzungen – kein Nutzungsmix
IT-Branche, Dienstleister, Call-Center

Nachverdichten von lose bebautem Vorort-Standort, wenn möglich Anreicherungen mit zusätzlichen Nutzungen und Anbindung an ÖPNV.

Seltene Insider-Standorte in abgeschiedenen Lagen, spezielle Nutzungen mit geringer Wertschöpfung, Pionier-Belegungen....

Spezialfälle

Einzelfall **Einzelfall**

Konversion von ehemaligen Gewerbeinseln zu gemischt-genutzten Stadtbausteinen mit hohem Anteil an Büros, eingestreuter Versorgung, Freizeit und speziellen Wohnformen...

Konversion ehemaliger Gewerbe- und Industriefelder zu neuen Produktionsstandorten oder zu Freizeitparks. Bei guter Erschließung Ansiedeln von Dienstleistungen eventuell möglich.

Brachen
- bisher unbeplante Gebiete
- Lücken aus Kriegszerstörung, bisher nicht wieder gefüllt
- aufgegebene Standorte
- obsolete Infrastrukturen, alte Güterbahnhöfe, Hafenanlagen, Flugplätze
- ehemalige Kasernenstandorte
- ehemalige Industriestandorte

- Fragen nach Typologie und Nutzung offen
- Ist die Vorstellung „Entwicklungsgebiet" tragfähig?
- Lage Endstation: eventuell kombiniert mit Autobahnanschluss
- Relevanz der Nutzungen im Umfeld (zum Beispiel Baumarkt, Freizeit und Sport)

kempertrautmann.haus

kempertrautmann.haus
Große Bleichen 10
Hamburg (DE)

André Poitiers
Hamburg

Fertigstellung
2006

Büroarbeitsplätze
ca. 100

Das neungeschossige Büro und Geschäftshaus befindet sich in der Innenstadt von Hamburg, unweit des Jungfernstiegs und der Binnenalster. Im Kontext der historisch gewachsenen Stadtstruktur schließt das Gebäude eine jahrelang unbebaute Baulücke in Innenstadtlage. Der Anschluss an die vorhandene Blockrandbebauung wird durch einen Rahmen aus weißen Brandwänden hergestellt, die zugleich dem Bau eine klare Ausrichtung zur Straße hin verleihen. Auf einen Rücksprung des Blockrands reagiert der Entwurf mit einer Rundung und vermittelt somit zwischen den angrenzenden Gebäuden, markiert den Eingang und maximiert die Schaufensterfläche im Erdgeschoss. In den Obergeschossen wird durch die Rundung der Ausblick auf den umgebenden Stadtraum inszeniert. Auf der Rückseite ist ein schmaler Lichthof entstanden, der die Belichtung der straßenabgewandten Räume ermöglicht und somit die Büronutzung über die ganze Gebäudetiefe zulässt. Die Fassade nimmt die architektonischen Elemente, horizontale Gesimse und Erker, der Nachbarbebauung auf, reflektiert und transformiert diese und trägt damit zu einer starken Verortung des Projekts bei.

Lage M 1:10 000

Sich verorten

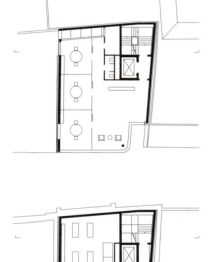
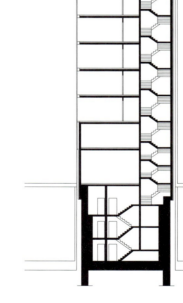

relevante Themen

LAGEN
Zentrum
1A-Lage
Zentrumsrandlage
Nebenlage
periphere Lage

EINGRIFFE
Nachverdichtung
Bestandsaufwertung
Ersatzbebauung

LÖCHER
Baulücken
Brachen

MASSSTAB
Einzelgebäude
Block
Quartier

Grundriss EG M 1:500
Grundriss RG M 1:500
Schnitt M 1:500

Domquartier Magdeburg
Breiter Weg 7
Magdeburg (DE)

Bolles & Wilson
Münster

Fertigstellung
2002

Büroarbeitsplätze
ca. 600

Lage M 1:20 000

Domquartier Magdeburg

Einst „schmückten" Plattenbauten den Domplatz – sie wurden in den späten 1990er Jahren abgerissen, um diesen bedeutenden Ort über ein Wettbewerbsverfahren mit Neubauten aufwerten zu können.

Das Projekt von Bolles & Wilson kombiniert und tradiert historische mit zeitgenössischen Morphologien für diesen Ort: Ein erstes Prinzip erinnert an die orthogonale Gründungsstadt; es sind dies Blöcke, Höfe und Platzfronten, welche morphologisch in der Bebauungsschicht begründet sind. Dieses erste Prinzip wird mit einer Dynamik durch- und überspült, die in alten Raumgeometrien verankert ist: querliegende alte Wegeführungen und Sichtverbindungen, Gassen, Dachlandschaften und verformte Innenhöfe. Die freien Geometrien sind ambivalent; sie können als mittelalterliche oder als zeitgenössische Systeme gelesen und verstanden werden.

Der vielfältige innerstädtische Nutzungsmix gehört zur Lage und stärkt den Ort. So ist das Domquartier Magdeburg kein Projekt der Anbiederung an Geschichte, sondern eines der vielschichtigen Anreicherung und deshalb exemplarisch für Verortung im historischen Kontext.

Sich verorten

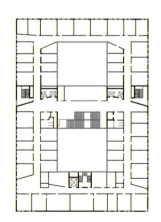
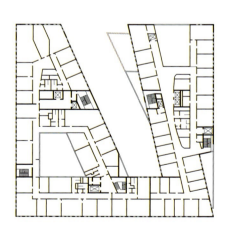

relevante Themen

LAGEN
Zentrum
1A-Lage
Zentrumsrandlage
Nebenlage
periphere Lage

EINGRIFFE
Nachverdichtung
Bestandsaufwertung
Ersatzbebauung

LÖCHER
Baulücken
Brachen

MASSSTAB
Einzelgebäude
Block
Quartier

Schnitt M 1:1500
Grundriss RG M 1:1500

Arbeit und...

Typologie

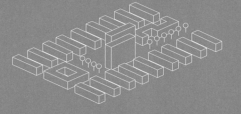

Typologie

Wie im Kapitel „Typologische Konzepte" (siehe Seite 99) skizziert, können Typologien auf unterschiedlichste Art und Weise verstanden werden. Gebäude können aufgrund ihrer Struktur, Form, Erschließung, Größe, Arbeitsorganisationsform oder auch durch regionale Unterschiede typologisiert werden. So unterscheiden sich die Bürobauten in Deutschland und Schweden stark von den Bürobauten im Amerika und England.[1] Der eine Typ ist durch einen langen Abstimmungsprozess zwischen Gewerkschaften, Arbeitgebern und -nehmern in gesetzliche Vorgaben überführt worden. Er zeichnet sich durch geringe Gebäudetiefe (15 bis 18 m), eine bestimmte, vorgegebene Arbeitsplatzgröße, natürliche Belichtung und Schallschutzvorgaben aus. Der andere, rein auf die Flächeneinsparung optimierte Bürotypus, zeichnet sich durch eine große Tiefe aus, die durch Klimatisierung, Technik und künstliche Belichtung beliebig groß entworfen und gebaut werden kann. Innerhalb der Gebäude variieren die Standards sehr stark. Die besseren, meist den Führungsetagen vorbehaltenen Arbeitsplätze sind natürlich belichtet und haben Ausblick ins Freie, die anderen lassen diese Qualitäten vermissen. Ziel des Entwerfens, wie wir es verstehen, sollte das Entwickeln eines Bürotyps sein, der sowohl den ökonomischen und nachhaltigen, aber auch den arbeitsorganisatorischen und gesundheitlichen Aspekten der Arbeit gerecht werden kann.

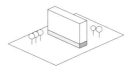

Scheibenhochhaus, KHD, Köln

Basic Typologie, Bacardi-Bürohaus, Santiago de Cuba

USA/GB Großraumbüro, Citibank, London

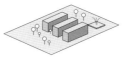

Europäisches Büro, Gruner + Jahr, Hamburg

Spezialtypologie, CCTV, Beijing

Hochhaus im Grünen, Olivetti, Frankfurt am Main

Kleine Typen, Brückenverwaltung, Rotterdam

Großstrukturen, Verwaltungsstadt, Brasilia

Typologiewahl beruht auf Abgrenzungs- und Einbindungsabsichten

MASSSTAB

„Internationales Image der Firma und kleinstädtisches Umfeld sind eine typologische Herausforderung"

- Befinden wir uns in einer kleinmaßstäblichen Situation, in einem großflächigen System oder in einem heterogenen Umfeld?
- Befindet sich das Grundstück in einer morphologischen „Standard-Situation" (z. B. Blockrandviertel), auf die wir typologisch antworten sollten?
- Kann ich mein Projekt als klärenden Beitrag zum Thema Maßstäblichkeit verstehen (z. B. Klärung einer Maßstäblichkeitsgrenze)?
- Kann mein Projekt aus unterschiedlichen Maßstäblichkeiten bestehen – zum Beispiel im Gesamten sehr groß (Typ „Campus") und auf Teilebene kleinmaßstäblich (Typ „Dienstleistungsbox")?
- Siehe Kapitel „Verorten"; morphologische und typologische Auseinandersetzung hat mit Verortung zu tun.

Region (z. B. Sparkassenfilialen)
Stadt (z. B. Quartiersbüro)
Quartier
Block
Gebäude
Geschoss
Raum

LAGE

„Die Lage wäre geeignet für eine Hoftypologie – aber kann ich die Aufgabe damit lösen?"

- Handelt es sich um einen historischen Kontext, in welchem gegebene Typen zu tradieren sind?
- Wie passe ich bekannte und geeignete Typologien an die spezielle Lage an?
- Wie modifiziert sich die gewählte Typologie in der vorhandenen Topographie?
- Welche Typologien passen zur Topographie und welche passen zur gestellten Aufgabe, zum Programm?
- Will ich mich eventuell vom Kontext loslösen und vom „Dialog mit der Lage" verabschieden – und entwerfe einen Solitär? (z. B. aufgrund problematischer Umgebung)
- Haben geeignete Typologien das Potential, auf den Charakter und die Stimmung der Lage zu reagieren?

Typologische Aspekte:
- bezüglich Topographie
- im Kontext der umgebenden Strukturen
- Einpassungs- oder Abgrenzungsthema
- Ziel typenbildender Beitrag, Typenentwicklung
- Spezialfall

ÖKONOMIE

„Ich habe ein sehr enges Budget vorgegeben – ich muss deshalb radikal einfache Typen entwerfen"

2 Abstimmung & Abwägung zwischen Funktionalität und Typologie

- Ist die gewählte Typologie grundsätzlich kompatibel mit der „Ökonomie der Aufgabe" – oder habe ich falsch gewählt (z. B. Flachbau bei teurem Grundstück)?
- Ist Ökonomie eventuell das zentrale Kriterium (z. B. bei Betrieb mit sehr niedriger Wertschöpfung) – und habe ich dafür eine besondere Typologie zu entwerfen?
- Welche Ausprägung der Typologie kann ich mir unter den gegebenen ökonomischen Vorgaben erlauben?
- Sehen wir typologische Vorgaben, die den ökonomischen widersprechen?
- Mit welchen Typen erreiche ich Flexibilität und Anpassungsfähigkeit an andere ökonomische Zustände?
- Gibt es Typologien, welche höhere Investitionen erfordern, dafür im Betrieb langfristig effizienter sind?

Ökonomische Kriterien für Typenwahl?
Ökonomische Auswirkungen (A/V-Verhältnis,...)
Grad an Flexibilität
Übliche und spezielle Standards

1 Sammeln der vorhandenen Strukturen

Typologie

3 Idee von Typologie

FUNKTIONALITÄT

„Mit dieser Typologie funktioniert das nicht! Kann ich eventuell einen geeigneten Typen dafür entwerfen?

Habe ich die Funktionalität wirklich verstanden? Welches sind zwingende Anforderungen, wo ist Flexibilität erwünscht? Kann ich eine Typologie neu entwickeln?

Ist es eine Umbauaufgabe? Habe ich Schwierigkeiten mit der Funktionseignung der vorhandenen Typologie?

Sind die Funktionen überhaupt definiert – oder habe ich Räume und Typologien für unterschiedliche, sich wandelnde Funktionen zu entwerfen?

Wird sich Funktionalität im Laufe der Zeit ändern? Wie schnell, wie umfassend?

Kann ich das gegebene Funktionsschema umdenken? Würde dies eine geeignetere Typologie ermöglichen?

Gibt es bei den Auftraggebern widersprüchliche Vorstellungen zum Thema Funktionalität und Typologie?

Funktionale Anforderungen – räumliche Folgen
Spezielle Anforderungen (Laborbau, Sicherheit...)
Arbeitsorganisation
Nutzungsintervalle
Tradieren – Uminterpretieren

ZEIT

„Diese Aufgabe transformiert sich alle Jahre; dafür habe ich eine spezifische Typologie zu entwerfen."

Wie verhält sich die gewählte Typologie über lange Zeit? Gibt sie harte Abläufe vor oder ist sie flexibel?

Sind Typologien im Umfeld im Laufe der Zeit schon tradiert worden – oder zeigen diese eine große Resistenz? Was schließen wir daraus?

Sind typologische Vorbilder stark „zeitprägend", oder sind sie „zeitneutral"?
Gibt es ortsübliche „typische Nutzungsabläufe"?
Gibt es „Zeit-Traditionen", welche das Bauwerk prägen könnten (z. B. „Siesta")?

Wie frequentieren Mitarbeitende und Kunden das Gebäude? Gibt es dazu typologische Konsequenzen?

Wird das Gebäude vorhersehbar oder nicht vorhersehbar regelmäßig oder unregelmäßig genutzt?

Gibt es einen markanten Unterschied in der Winter- und der Sommernutzung?

Typologische Aspekte zu den Themen
- kurzfristige und langzeitige Transformation
- Tag/Nacht- und Wochenabläufe
- Jahreszeiten
- Belegung, Frequenzen

IDENTITÄT

„Ich sehe die Chance, aus dieser Aufgabe einen neuen Typen zu entwickeln, der Firmenimage wird!"

Wie wird auf die Identitäten des Umfelds reagiert?

Mit welchen Elementen soll die Identität vermittelt werden?

Ist Typologie gleich Identität oder lässt die Typologie in einer weiteren Ebene Identität zu?
Oder kann ich im besonderen Fall Identität nur mit einem Sonderfall, mit einem Solitär darstellen?

Kann eine spezifisch gesuchte Identität mit einer speziellen Typologie unterstützt werden?

Erfordert die Identität eine Typologie oder gibt es Typologien, die aus Identitätsgründen auszuschließen sind?

Soll Identität mit einem eigenem Bauwerk manifestiert werden?

Im Fall von Miete: Wie kann sich dann Identität architektonisch manifestieren?

Typologie und Identität
- als Spannungsfeld, als Widerspruch
- Identität unabhängig von Typologie
- Typologie als Identität

1 Sammeln der Faktoren aus dem Programm

131

Morphologie und Typologie

Einige morphologische Aspekte zum Thema Arbeit werden im ersten Kapitel „Arbeit verstehen" erläutert. Unter dem Thema „Arbeit und Typologie" erklären wir hier die wichtigsten Themen und Begriffe.

Unter Typen verstehen wir nicht nur allgemein die architektonischen Typologien (zum Beispiel Punkthaus, Zeile, Blockrand), sondern auch spezifisch die Typen räumlicher Arbeitsorganisationen, die in ihrer strukturellen Essenz erkennbar sind (Verwaltungsbau, Atelierbau, Campus, Arbeitsloft...), so wie wir sie mit Skizzen als „typologische Konzepte" dargestellt haben.

Typologisches Entwerfen meint somit, dass wir, ausgehend von den allgemeinen Typologien, spezifische Arbeitstypologien entwerfen können, oder umgekehrt, dass wir ein sehr spezifisches Programm bewusst wieder auf eine allgemein typologische Ebene zurückkonzentrieren können.
Die allgemeinen und die spezifischen Typologien stehen so gewissermaßen in einem Dialog.

Ein besonderes Problem der Systematik ist, dass sich typologische Reihen aus den unterschiedlichsten Charakteristika ergeben:
- formal (Punkt, Zeile, Block, Hof, Kamm, Atrium, Hochhaus, Mäander...)
- funktional (Dienstleistung, Bank, Start-up, Verwaltung, Beratung, Entwicklung...)
- organisatorisch (Zellen-, Kombi-, Gruppen-, Großraumbüro)
- Erschließung (Ein-, Zwei-, Dreibünder...)
- technisch-konstruktive Aspekte

Für eine einfache Begrifflichkeit wird eben nur eine der Hauptcharakteristika zur Gliederung benutzt.

Auf einer folgenden Doppelseite zeigen wir in einem Typologievorhang, wie Verwandtschaften bestehen und wie Typen erweitert, transformiert und kombiniert werden können. Die Kombinatorik ist eines unserer Hauptanliegen für das Entwerfen – wobei auch die Sensibilität für die Form, für Größe, Proportion und Struktur entscheidend ist. Dieser Typologievorhang und die in Kapitel 1 dargestellten Typologiekonzepte zeigen zahlreiche Möglichkeiten beim Entwerfen von Architektur für Arbeit.

Typologie und Identität

Im produktiven Spannungsfeld zwischen Typologie und Identität liegt Entwurfspotenzial: Typologien haben immer einen verallgemeinernden Aspekt; Identitäten basieren dagegen auf dem Spezifischen. Beides ist interessant; beim Entwerfen das Typologische herauszudestillieren, oder dem Typologischen eine sehr spezifische Identität abzuringen. Die folgenden drei Skizzen illustrieren diese Spannweite:

Klar lesbare Grundtypologie mit Erdgeschoss und Eingang, Hauptkörper und Attika – eine klassische Bürozeile...

Angereicherte, aber gut lesbare Grundtypologie mit Eingangsvorhalle, Akzent im Hauptkörper, Dachlandschaft...

Die Grundtypologie ist gerade noch lesbar – das Projekt zeigt starke Plastizität und wirkt im Kontext als Solitär.

Typologie und Technik

Technologie ist im Verwaltungsbau eine wesentliche Komponente, die entweder weitgehend in den Hintergrund gebracht oder offensiv als Gestaltungs- oder Stilmittel thematisiert werden kann.

Es gibt wohl zwei Haltungen, die zum Verbergen der Technik führen: Man findet Technik a priori störend (im Sinne von zu kalt, unromantisch...). Mit dieser Haltung baut man eine moderne Küche als Holzstuberl.

Typologie

Im zweiten Fall geht es nicht um Aversionen gegen Technologie, sondern darum, dass Raumgestaltung sich unabhängig von technischen Elementen zeigen will. Viele aktuelle Bürolandschaften manifestieren, dass ein Büro nicht wie ein Büro aussehen muss, sondern beispielsweise wie ein Café.
Wird Technik als Stilmittel eingesetzt, fallen die erwähnten Widersprüche vorerst weg. Wir gelangen per Verkehrstechnologie zum Arbeitsplatz, wir telefonieren mobil, wir benutzen den maschinenbesetzten Arbeitsplatz – und dies selbstverständlich in sichtbarer Gebäudetechnologie. Dennoch bleibt der Anspruch, dass Technik nicht wertfrei eingesetzt wird, sondern mit Sexappeal gestaltet sein soll. Dies ist gerade in der technologischen Architektur gut nachzuvollziehen. Beide hier beschriebenen Haltungen sind gewissermaßen veraltet.

Kybernetik – neue typologische Prägung
Seit Beginn des 21. Jahrhunderts unterliegt die umfassende Interaktion aller architektonischen Aspekte inklusive Technik einer neuen Vorstellung. Vorbereitet wurde dieses neue Verständnis mit den Debatten um Nachhaltigkeit sowie Netzwerk-/Steuerungstheorie in den 1970er Jahren und folgend durch zahlreiche Verständnisschritte weiterentwickelt. Dazu einige Stichwörter: Materialkreislaufuntersuchungen, Green Buildings, Büro als Lebensort, Wohlbefinden...

Basis dieses Verständnisses sind im übrigen auch alle Bauwerke der Geschichte, insbesondere die autochthone Architektur, welche zwangsläufig ressourcenschonend war. Dies ist mitunter ein Grund, weshalb die historischen Typologien zu Beginn ausführlich dargestellt werden.

Um die Bedeutung des nachhaltigen Bauens, insbesondere die Ansätze des „kybernetischen Bauens" oder einer „integralen Architektur" zu unterstreichen, müssen die spezifischen Typen räumlicher Arbeitsorganisationen mit dem Verständnis vom nachhaltigen Bauen eine besondere Prägung erhalten. Dies führt zu einer neuen Sortierung in den Typologien – und es hat besondere Brisanz, wenn gewisse Typologien damit an Bedeutung oder sogar an Sinnhaftigkeit verlieren.

Nach wie vor werden wir uns mit den historischen und allen neuen Typologien auseinandersetzen, aber wir werden diese nach neuen Kriterien und Erkenntnissen transformieren. Hier liegen die spannendsten städtebaulichen und architektonischen Entwicklungsfelder vor uns.

Technologische Architektur
Lloyds of London, R. Rogers 1986

„Grüne Bilder", problematische Typologien... Tokio 1994
Ökologische Stadterneuerung – ist es das wirklich?

Integrale Architektur, Innovationszentrum Ingolstadt. Fink + Jocher

Typologie als Architektursprache
Das typologische Arbeiten hat einen hohen Stellenwert. Typologie und Morphologie als Ordnungsprinzipien haben die Struktur einer Sprache, weshalb wir mit ihrer Hilfe einen Diskurs über Architektur führen können, der über persönliche Vorlieben hinausgeht. Der Begriff „Typus" geht davon aus, dass Substanz oder Essenz vorhanden ist. In der Recherche über Typen finden wir inhaltliche und strukturelle Essenzen bei Bauwerken.

Typologie ist noch nicht Architektur
Die präzise Arbeit an einer Gebäudetypologie ist ein Qualitätsfundament. Wir können aber einen raffinierten Gebäudetyp entwerten, indem wir ihn absolut unsensibel, kitschig und geschmacklos umsetzen. Mit anderen Worten: Ausgehend von qualitätsvollen Typologien braucht es weitere Schritte für eine hochwertige Architektur.

Ordnungen/Abgrenzungen
Aufgrund der differenzierten Ordnungskriterien (Funktion, Form, Lage) und der mannigfaltigen Kombinationsmöglichkeiten sind unterschiedliche typologische Sortierungen möglich. So finden wir in Publikationen immer wieder andere Sortierungen – und wir haben virtuos mit dieser Vielfalt umzugehen.

Standard- und Spezialtypologie
Typologien weisen nicht alle dieselbe Klarheit und Prägnanz auf – es ist vielmehr so, dass neben den einfachen Grundtypologien eine ganze Serie Typen aus unterschiedlichen Gründen komplex sind. Mit einem gewissen Komplexitätsgrad geht der typologische Charakter eigentlich verloren. Mit einer Serie von drei Schemata versuchen wir dies unter „Typologie und Identität" darzustellen (siehe Seite 132 sowie „Typologische Konzepte" Seite 100ff).

Manövrieren im typologischen Vorhang
Der folgende Vorhang von möglichen Typologien zeigt, dass zahlreiche Übergangsformen von der einen zur anderen Grundtypologie möglich sind – und sich diese bewusst als Transformationen entwerfen lassen. Eine gute Fingerübung für Entwerfende ist es, beispielsweise aus einem Punkthaus einen Blockrand zu entwickeln – und dies mit allen typologischen Zwischenschritten.

Maßstäblichkeit von Typologie
Alle Typen lassen sich dehnen, stauchen, verzerren und biegen. Unterschiedliche Körnigkeit hat allerdings seine Grenzen dort, wo ein Raumsystem wegen seiner Dimensionen nicht mehr sinnvoll zu nutzen ist.

Qualität der Standard-Bürotypen
Auf einer ersten Ebene ist die Produktion von Verwaltungsbauten sehr strukturiert. Man hat zuweilen den Eindruck, der Verwaltungsbau sei „festgefahren". Dem ist aber nicht so – im Gegenteil werden heute immer vielfältigere Konzeptionen realisiert. Die Bedeutung der Arbeitsplatzqualität wird hochgehalten, die Arbeitswelten werden sinnlicher, Technologien werden subtiler eingesetzt und dem Raumklima wird hohe Bedeutung zugemessen (im Vergleich dazu die hart-klimatisierten Bürokisten der 1960er Jahre). Der qualifizierte Arbeitsplatz wird laufend weiterentwickelt – dies ist ein Produktionsvorteil.

Einschätzung typologischer Entwicklung
Zusammenfassend blicken wir auf eine Vielfalt von unterschiedlichen Büroorganisationen und entsprechenden Typologien zurück: Das Zellenbüro, Großraumbüro, Kombibüro... In der typologischen Entwicklung scheint sich eine offene Linie durchzusetzen; es werden zur Zeit vor allem Strukturen realisiert, die an bestimmten Stellen sehr prägnant ausformuliert, im Gesamten aber offen und flexibel handzuhaben sind. Man will also beide Qualitäten: Gebaute Bilder – Images, Corporate Identities, Charakter – und hohe Flexibilität.

Typologie

Typologie und Nachhaltigkeit
In beinahe allen Ländern werden restriktive Gesetze zum nachhaltigen Bauen erlassen. Bei den Vorprüfungen von Wettbewerben wird das Kriterium Energieeffizienz untersucht und mitgewertet. Der Anspruch auf Nachhaltigkeit wird zu einem Wertungskriterium bei der Typologiewahl. Äußerst aufgelöste räumliche Strukturen (zum Beispiel eingeschossige Pavillon-Hof-Verwaltungen) werden eigentlich nicht mehr gebaut. Ebenso sehen wir bei materialintensiven Strukturen ein ernsthaftes Problem: Ist die Grauenergie unangemessen hoch, kann das Gebäude schon wegen seiner typologischen Struktur nicht mehr verantwortet werden.

Es zeichnen sich neue Wege ab: Eine neue städtebauliche Organisation, ein neues Verständnis über nachhaltige Morphologie und Typologie, ein integrales Verständnis über die Nutzung von Stadt und Architektur – dies wird die langsame und sukzessive Transformation der gebauten Strukturen prägen.

Zur Zeit macht es den Eindruck, als würde die Politik die Kriterien der Nachhaltigkeit ernsthafter berücksichtigen. Nach jahrzehntelangen Blockaden scheint es möglich, dass internationale Vereinbarungen für nachhaltige Entwicklung getroffen werden. Dies ist eine neue Situation für die Architektur!

In anderen Disziplinen
Architektur ist nur ein Teil der gebauten Umwelt. Urbane Landschaften (Stadtnatur, Gärten, Parks, Gewässer) und Infrastrukturen (Verkehrssysteme, Ver- und Entsorgung) haben auch typologischen Charakter und unterliegen ebenfalls einem langfristigen Transformationsprozess. Mit dem Ziel einer ganzheitlichen und nachhaltigen Planung über alle urbanen Phänomene hinaus haben wir uns der Steuerung eines außerordentlich komplexen Phänomens zugewandt.

...Low standard/basic
Nur ein Drittel der Welt kann sich Arbeitswelten in dieser Qualität und mit diesem Anspruch aufbauen. In einem weiteren Drittel können Verwaltungsbauten nur als rigoros einfache Typologien erstellt werden – vorwiegend einfache Zeilenbauten mit Betonskelettstrukturen und Backsteinausfachung. Im letzten Drittel fehlt es an Arbeit und Verwaltungsstrukturen. Diese sind allenfalls minimal in Adobe-Hütten (Adobe = Baustoff aus Lehm und Häcksel) untergebracht. Die Diskussionen um Qualifizierung solch rudimentärer und prekärer Strukturen bedarf ganz anderer Strategien, als sie hier für Mitteleuropa vorgeschlagen werden.

Typologische Konzepte
Wir verweisen auf die Prägung im Sinne typologischer Konzepte (siehe Seite 99):
Blitz
Animal-Machine
Hochhaus und Twin Towers
Block und Zeile
Bürodampfer, „fette Maschine"
Seestern
Raumlandschaft
Big Pizza
Classical 19th
Kamm und Doppelkamm
Pavillon
Schlanke Kiste und flache Kiste
Zentrale Halle
Transformation einer alten Fabrik
Industriehalle
Mäander und Doppelmäander
Bürodorf
Punkthaus
Große Struktur und Bürogitter
Scheiben in Serie
Alles unter einem Dach
Neu auf/an Alt
Mobile Office
Ein Geschoss irgendwo
Rundhaus und Ring
Galerie und Passage
kristallin
Bürokomplex
Krone
Gründungssitz

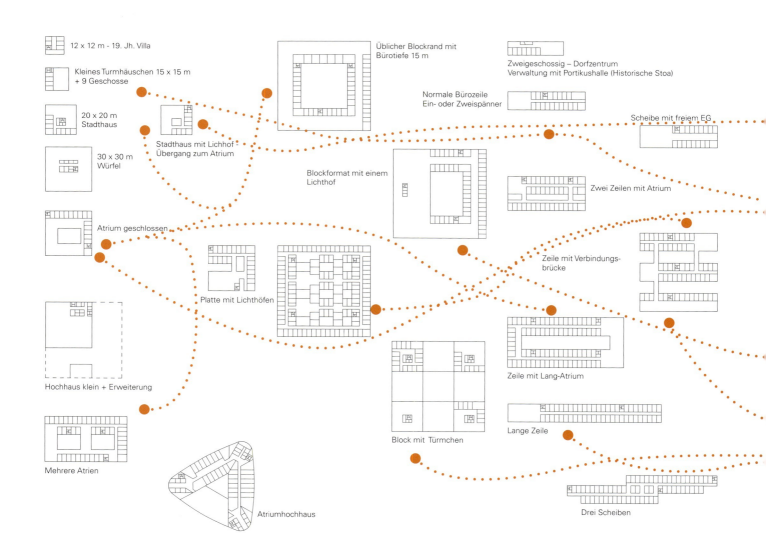

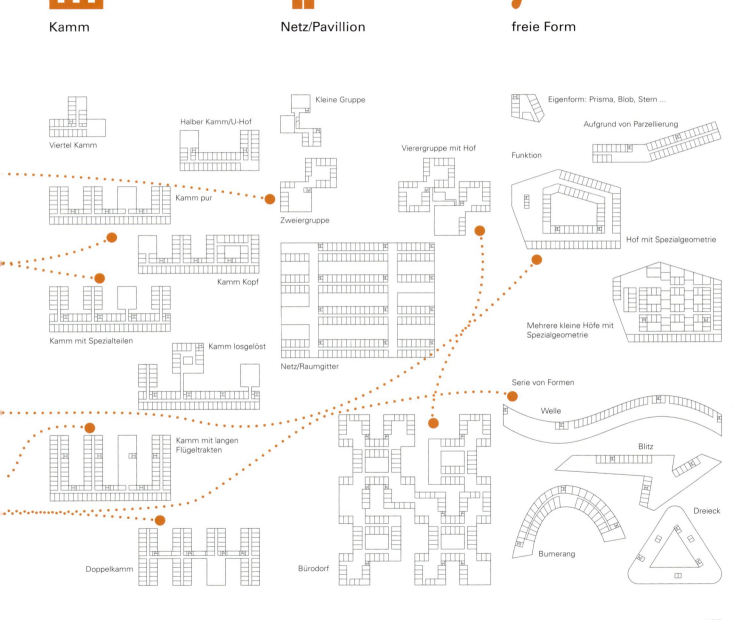

Michaelis-Quartier

Michaelisquartier
Gerstäckerstraße
Hamburg-Neustadt (DE)

Steidle & Partner
Berlin

Fertigstellung
2002

Büroarbeitsplätze
> 250

In Zentrumsnähe bei der Michaeliskirche steht dieser Büro-Wohn-Kamm, welcher sich gegen Süden in drei Punkthäuser auflöst. Die Nutzungen Arbeiten und Wohnen werden hier klar getrennt und sind dementsprechend gut in den Fassaden der einzelnen Gebäudeteile ablesbar. Der Ansatz der Kammstruktur wird noch mit Büronutzung belegt, so dass der Beginn der Höfe als Büroaußenräume genutzt und ein problematischer Nutzungswechsel in der Ecke vermieden werden kann. Dann folgt reine Wohnnutzung. Die dichte Mischung im Nebeneinander ist eine erfolgreiche Taktik für die Anreicherung des städtischen Lebens.

Mit einer vertikalen Schichtung der Nutzung ließe sich zwar eine noch höhere Dichte erreichen, weil die unteren Geschosse mit lichtunempfindlichem Arbeiten belegt werden können. Aufgrund der fehlenden Wohnnutzung im Erdgeschoss fehlt dann aber die Wohnstimmung in den Höfen.

Lageplan M 1:10 000

Typologie

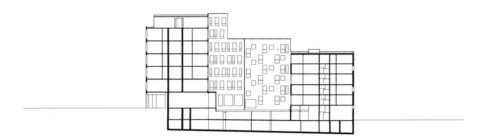

relevante Themen

NUTZUNGSMISCHUNG
Produktion
Handel
Dienstleistung
Gastronomie
Wohnen
Freizeit

TYPOLOGISCHE REIHE
Punkt
Block, Hof
linearer Typ
Kamm
Netz
freie Form

Schnitt M 1:1000
Grundriss OG M 1:1500

139

Zett - Haus
Badenerstraße 16
Zürich (CH)

Hubacher & Steiger
Zürich

Fertigstellung
1932

Büroarbeitsplätze
50-249

Lageplan M 1:10 000

Zett-Haus

Das Zett-Haus gilt als eine Ikone des Neuen Bauens. Ganz entgegen der Doktrin der nutzungsgetrennten Stadt aus den 1930er Jahren (CIAM-Kongress) beherbergt das multifunktionale Haus ein vielfältiges Nutzungsprogramm, welches weit über einen Normalmix geht: Wohnen, Arbeiten, Konsumieren sowie Freizeitvergnügen in einem Restaurant und einem großen Kino. Auf dem Dach befand sich bis in die 1960er Jahre ein rege benutztes Schwimmbecken. Es ist klar, dass ein solches Programm auch nur an relativ zentralen Orten in der Stadt positioniert werden kann – in diesem Fall der Stauffacherplatz, einer der wichtigsten Verkehrsknotenpunkte der Stadt Zürich.

Elegante Klarheit wird souverän durch wenige Akzente und Detaillierungen angereichert: die laufende Stützenstellung, deren erstes Paar selbstverständlich das Kinoportal bildet, die seitlich überkragenden halben Rasterfelder, der Auftakt mit einem Vollgeschoss, das sich über die ersten drei Geschosse verdichtende Fensterraster.

Bei der Denkmalpflege gilt das Zett-Haus als „einzigartiges Gebäude und Gesamtkunstwerk". Die damaligen Leitsätze „Licht, Luft, Sonne" werden hier exemplarisch zelebriert. Eine denkmalpflegerische Sanierung steht an.

Typologie

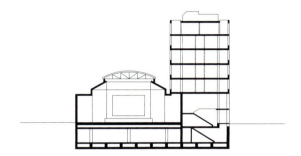

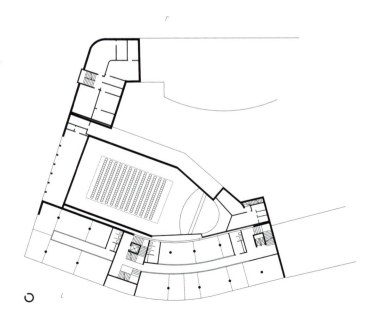

relevante Themen

NUTZUNGSMISCHUNG
Produktion
Handel
Dienstleistung
Gastronomie
Wohnen
Freizeit (Kino)

TYPOLOGISCHE REIHE
Punkt
Block, Hof
linearer Typ
Kamm
Netz
freie Form

Schnitt M 1:750
Grundriss OG M 1:750

Arbeit und...

Rohbau, Ausbau, Gebäudetechnologie

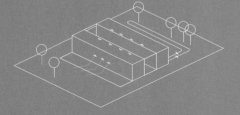

Rohbau, Ausbau, Gebäudetechnologie

In Anbetracht der Komplexität des Kapitels war es unsere Absicht, das Augenmerk auf ein Grundverständnis im Umgang mit der Thematik des Rohbaus, des Ausbaus und der Gebäudetechnologie zu legen. Ein singuläres Betrachten des Bauprozesses reicht schon lange nicht mehr aus. Das Denken der Bauenden muss in Zukunft verstärkt auf das Gesamtsystem gelenkt und um Material-, Betriebs-, Transformations- und Rückbauprozesse erweitert werden. Die Tendenz hin zu intelligenten Steuerungen ist ein weiterer Beitrag zur nachhaltigen Baukultur. Auf der baukonstruktiv-technischen Ebene ist es unerlässlich, sich in weitere Standardwerke zu vertiefen.

In den nächsten Jahren wird angesichts des erschöpften Büroflächenmarkts die intelligente Transformation, das Umbauen an Bedeutung gewinnen. In der Auseinandersetzung mit Bestandsstrukturen setzt das Thema des Kapitels an einem anderen Punkt an. Grundsätzlich erstrebenswert sind Gebäude, die durch ihre flexible Gebäudestruktur anpassungsfähig für unterschiedliche Nutzungen beziehungsweise Nachnutzungen sind. Trotz der Anpassungfähigkeit sollten sie jedoch keine 08/15-Architektur darstellen, sondern auf eigene Weise Identität stiften.

Die Hülle, Fassade und Dach

Aspekte der Fassade, Wärmeschutz, Öffnungsgrad, Lüftung

Technologisch, Lloyds, London

Integrativ, Simultaneous Engineering, Ingolstadt

Technische Kommunikation

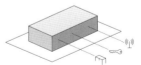

Systemrelevant und Zusatzsysteme

Skelettbau, Harenberg-Haus, Dortmund

Ausformuliert, EnBW-Verwaltung, Stuttgart

Rohbau, Ausbau, Gebäudetechnologie – beruht auf Konkretisierung

MASSSTAB

„Eigenartige Aufträge: Ein Minihaus mitten in Berlin und eine Großverwaltung in Brandenburg...!"

- Maßstäblichkeit des Projekts als mögliche Vorgabe Bau- und Gebäudetechnologie (kleines Atelier – Großbau).

- Sprengt der Maßstab des Projekts die ortsansässigen Kapazitäten?

- Hat das Projekt aufgrund der Größe und/oder der Komplexität einen Pionieraspekt?

- Produktionsmengen: Anzahl Gebäude und Gebäudeteile – von gleicher oder unterschiedlicher Herstellung.

- Kann ein Bausystem oder Vorfabrikation ein Lösungsansatz sein (z. B. 500 Notunterkünfte in Erdbebengebiet)?

- „Kartierung der Herkunft": Welches Material kommt aus welcher Region?

Projektgröße
Gebäude – Abschnitte/Abteilungen – Raumzonen
Arbeitsplatz (siehe auch Peripherie)

LAGE

„Die Auftraggeber sind bereit, ein Minimalenergiegebäude zu erstellen – u. a. wegen der Förderung."

- Gibt es typische technische Bilder in der Region, eventuell Material und Konstruktionsbilder vor Ort?

- Allgemein: Technologischer Standard der Region?

- In welcher Region wird das Projekt realisiert – gibt es Technologien, Bauweisen, die schwer zu realisieren sind? Gibt es traditionelle Betriebe (z. B. Holzbau-Region), deren Berücksichtigung spannend wäre?

- Sind Synergien mit Umgebung, im Bestand zu untersuchen (z. B. gemeinsames Holzschnitzelkraftwerk)?

- Infrastruktur:
  Erschließung – Verkehr (ÖPNV, Anzahl der Parkplätze)
  Erschließung – Medien (Wärmeverbund?)
  Entsorgung (Land: z. B. Schilfwasserreinigung?)
  Besteht Möglichkeit auf Autarkie?

- Gesamte Anschluss-/Versorgungsproblematik:
  Wie liegen die Erschließungsstraßen?
  Wer erteilt welche Bewilligungen?
  Wie sind die Abgaben auf Medien?

- Äußere Einflüsse (Lärm, Luft...)
  Zwänge des Orts (steiler Hang, Gründungsarten...)

- Ungewohnte klimatische Verhältnisse (z. B. Südchina, Dubai, Island...)?

Regionale Technologien
Vernetzung mit Umgebung
Lagebedingungen

ÖKONOMIE

„Das Baugrundstück ist sehr kompliziert; es braucht viel Geld für Gründung, Statik, Zufahrt....!"

- Strategie zu Standards der Projektebenen:
  - Standard Flächen (eher knapp, eher großzügig)
  - Standard Rohbau (einfacher/komplexer Entwurf)
  - Standrad Ausbau („roh", rudimentär, luxuriös)
  - Standard Gebäudetechnologie

- Sinnvoller Einsatz von Hightech und Lowtech?

- Gesamtkonzept Bewirtschaftung: Höhere Vorinvestitionen, dafür geringere Betriebskosten und Unterhalt? Dazu Wirtschaftlichkeitsberechnung!

- Technische Schichten und ihre Lebensdauer, Kosten, konstruktive Trennung solcher Schichten.

- Notwendiger/erwünschter Grad an räumlicher und technischer Flexibilität? Erforderliche Vorinvestitionen?

- Konzeptionen in Varianten – Wirtschaftlichkeit der Varianten?

- Zusammenarbeit mit Spezialisten

- Umgang mit Bestand?
- Substanzerhalt zu welchem Preis?

Ausstattungsstandard
Wirtschaftliches Gebäuderaster/Bauweise?
Nachhaltigkeit, Amortisation, Lebenszyklus
Bestand (Integrieren, Abreißen)

1 Anreichern/Filtern der funktionalen Aspekte

Rohbau, Ausbau, Gebäudetechnologie

3 Idee von Rohbau

FUNKTIONALITÄT

„Schwierig zu entwerfen, weil die Baukommission die Performance des Gesamtsystems nicht würdigt!"

- Integrale Strategie und umfassende Konzeption für Nachhaltigkeit in Zusammenarbeit mit allen Fachleuten.
- Ist ein integrales Image „Rohbau + Ausbau" möglich oder müssen diverse Ausbauten möglich sein?
- Hat die Bauträgerschaft für sich geklärt, welche Funktionalitäten sie benötigen – oder ist noch manches offen?
- Anforderungen an Rohbau? (Mischnutzung - Flexibilität)
- Anforderungen an Ausbau? (Ausbauraster, Qualität)
- Anforderungen an Gebäudetechnologie? (Licht, Luftbehandlung, Medienführung, Sicherheit...)
- Vor allem: Moderne Klimatechnik und Wohlbefinden.
- Raumlisten mit Anforderungen an technische Ausstattung: Standardräume Büros, Konferenzzone, Cafeteria...
- Arbeitsphysiologie (Behaglichkeit, Ergonomie, Materialität, Licht...)
- Raumklima, Bauchemie, Materialchemie, Baubiologie (Baugifte, Elektrosmog, Allergien durch Baustoffe...)

Funktions- und Raumdiagramme = Entwurfsgrundlagen
Balance zwischen Energieeffizienz und Raumklima
Technische Flexibilität
Horizontale Entwicklung, Nachrüstung

ZEIT

„Wir werden vorerst minimal ausbauen – falls die Firma sich etabliert, den Ausbau später anreichern."

2 Konkretisierung im Bauwerk

- Halbwertszeiten: Rohbau steht 80 Jahre, Ausbau circa 40 Jahre, Möblierung 20 Jahre – wie gehe ich damit um?
- Mieter auf Zeit oder Eigentümer langfristig? Unterschied in Konzepten Ausbau und Technologie?

Sonderthema Flexibilität und Technologie: zonengenaue oder raumgenaue Steuerung, Abrechnung Medien...

- Intensive Flexibilität, die mit aufwändigen Ausbau- und Technologiekonzepten ermöglicht wird?
- Kurz-, mittel und langfristige Flexibilität?
- Mitarbeiterwechsel: Summe kleiner Änderungen an den Arbeitsplätzen?
- Arbeitsintervalle – wechselnde Ansprüche (Eingänge, Zonierung...)
- Energieverhalten: Tages- und Jahreszeiten
- Lebenszyklus und Nachnutzungsmöglichkeit
- Nachrüstung, Umbau – in welchen Intervallen kann/wird sich das ändern?

Sämtliche Aspekte auf Zeit berechnet
Langzeitbilanzen
Ausbau als Verschleißmaterial
Funktionalität von Gebäudeteilen nach Zeitaspekten

IDENTITÄT

„Wir schaffen Identität im Zusammenspiel bestimmter Elemente des Roh- und des Ausbaus"

- Welches ist die Firmenidentität und wie könnte sie diesbezüglich umgesetzt werden?
- Braucht es einen solchen direkten „Link" – oder braucht es nicht einfach gute Architektur...?
- Identitätspotential liegt auch bei der Fassade – sie ist weder Rohbau- noch Ausbau; sie ist Spezialbauteil!
- Rohbau – Ausbau – Technologie; das riecht nach Ausführung: Aber hier wird ganz wesentlich Entwurf gemacht!
- Technologische Architektur: Technologiebilder als Identität.
- Umbau bestehender Gebäude: Bei guter Vorlage muss diese übernommen werden.
- Kann eine hochqualifizierte Firma in ein abscheuliches Bauwerk ziehen? Ja – aber es braucht eine Strategie!

Sämtliche Aspekte auf Zeit berechnet
Langzeitbilanzen
Ausbau als Verschleißmaterial
Funktionaliät von Gebäudeteilen nach Zeitaspekten

147

Positionierung

Der vorliegende Band „Raumpilot Arbeiten" will das Entwerfen von Verwaltungsbauten erklären. Wenn in diesem Kapitel von Rohbau, Ausbau und Gebäudetechnologie die Rede ist, dann auf sehr verkürzte und komprimierte Art. Man würde diesen Themen sinnvollerweise weitere 100 Seiten zur Verfügung stellen müssen – dies ist aber in unserer Konzeption nicht vorgesehen. Wir empfehlen hier mit Nachdruck, dass zusätzlich andere Standardwerke studiert werden müssen („BürobauAtlas", „Atlas Gebäudegrundrisse Band 3", „Bürogebäude mit Zukunft"). Das Wissen aus diesen Publikationen ist unverzichtbar für ein integrales Verständnis.

Primär-, Sekundär- und Tertiärsystem

Diese bewährte Sortierung des Bauwerks in eine primäre Schicht von dauerhaften Rohbauelementen (50 bis 100 Jahre), einem sekundären Ausbau mit mittlerer Lebensdauer (25 bis 50 Jahre) und einem kurzlebigen tertiären System von beweglichen Teilen (Möbel, Leuchten, Geräte...) ermöglicht ein praktisches Verhältnis zum Bauwerk: Es gibt Schichten, welche langfristig angelegt werden und es gibt auswechselbare Komponenten. Mit diesen Zyklen haben wir intelligent umzugehen.

Nachhaltiges Bauen und Baukultur

Über das Kriterium Nachhaltigkeit haben wir den gesamten Entwurfs-, Bau-, Betriebs-, Transformations- und Rückbauprozess zu steuern. Ein solcher Ansatz führt zu einem neuen Berufsverständnis. In diesem Kapitel greift die Zielsetzung „Nachhaltiges Bauen" ganz besonders. Wir listen dazu die wichtigsten Subkriterien noch einmal auf:
- Es geht darum, mit möglichst wenig Material möglichst viel Raum zu schaffen.
- Wir suchen Systeme, welche dichte Nutzung zulassen (m^2/Person = Energie).
- Wir entwickeln intelligente, gesteuerte Gesamtsysteme, welche sich im Jahreszyklus und in der Lebensdauer bewähren.
- Wir denken in Gesamtsystemen über das Bauwerk hinaus (Materialflüsse, Mobilität).
- Entwerfe nach diesen Kriterien Baukultur!

Von „Rohbau, Ausbau, Gebäudetechnologie" zu „systemrelevant – Zusatzsysteme"

In einer weiterführenden Konzeption verstehen wir die Elemente „Rohbau, Ausbau, Gebäudetechnologie" nicht als unabhängige konstruktiv-technologische Schichten, sondern als ein Gesamtsystem. Bei Transformationen ist der Rohbau allerdings gegeben – der Ausbau kommt später dazu. Aber auch dann muss sich der nachfolgende Aus- und Umbau auf die Rohbaueignungen einlassen – er sollte nicht „aufgeklebt" werden. Es ist deshalb wichtig zu verstehen, dass auch kleine Ausbauteile eines Bauwerks eventuell die Essenz eines Systems bilden.

Eine ähnliche Einschätzung gilt für den zeitlichen Bauablauf: Auch zu Beginn der Rohbauphase werden zahlreiche feinstrukturierte Bauelemente ins System eingebracht (gerade bei Technologie: Leitungen, Kommunikation). Damit zitieren wir nochmals das kybernetische Entwerfen: Hier geht es darum, ein Bauwerk als System zu begreifen, bei welchem Bauteile in ihrer Vernetzung bestimmte Leistungen (zum Beispiel einen hervorragenden Energiehaushalt) erbringen.

Unter solchen Aspekten verliert die traditionelle Aufteilung in „Rohbau, Ausbau, Gebäudetechnologie" an Bedeutung, und eine neue Sortierung in „systemrelevant" und „Zusatzsysteme" wird entscheidend (Zusatzsysteme wären beispielsweise: eine nachträgliche Trennwand, ein potenteres Funknetz, ein anderes Schließsystem).

Damit wird das traditionelle Ausbauelement „Bodenbelag" wahrscheinlich zum systemrelevanten Bestandteil: Seine Materialität, seine Speicherfähigkeit, seine Farbe, seine Dauerhaftigkeit sind entscheidend für das Gesamtsystem (zum Beispiel für den Energiehaushalt). Dieser Boden lässt sich nicht als „Ausbauwunsch" entweder als Spannteppich oder als Parkettlaminat einbauen.

Die Hülle – Fassade und Dach

Das Dach ist die „fünfte Fassade" und gehört zur Hülle. Beim Begriff Fassade liegt das Augenmerk auf dem Erscheinungsbild;

Rohbau, Ausbau, Gebäudetechnologie

beim Begriff Hülle spüren wir die Bedeutung „Schutz". Obwohl wir mit Architektur primär Raum zur Verfügung stellen, ist unter den aktuellen Problemen des klimaneutralen Bauens die Hülle das wichtigste Bauteil der Architektur. Sie hat die meisten (auch widersprüchlichen) Funktionen zu übernehmen:
- Thermische Grenze: Tageszyklen, Jahreszeiten, Klimazonen, Abwärme von innen...;
- Schutz vor Wasser, Hagel, Wind...;
- Ein- und Aussichten, meist als wähl- und steuerbare Transparenz;
- Folgendes ist damit verwandt: Lichtführung und Sonneneinstrahlung (klimadifferenziert);
- Sicherheit: vor allem erdgeschossig, je nach Nutzung sogar allseitig;
- Anschlussstelle zu Innenwänden;
- und letzlich: Bild der Architektur zu sein!

Die Bilder der Architektur waren und sind ein brennendes Thema. Bilder sehen alle, die Strukturen werden nicht von allen erkannt. Bilder erlauben einen leichten Zugriff. Deshalb ist die Abstimmung von Bildvorstellungen mit integralen und komplexen Anforderungen eine der spannendsten Entwicklungsarbeiten.

Innere Grünkammern
Die bioklimatisch aktive innere Begrünung gewinnt immer höhere Bedeutung für das Raumklima und für die Gestaltung von Ruhezonen.

Aspekte der Fassade
Die folgenden technisch-konzeptionellen und gestalterischen Kriterien sind für die Fassadenentwicklung von Bedeutung:

- Wärmeschutz ist vorerst ein zentrales Kriterium, weshalb seit Mitte des letzten Jahrhunderts die Dämmstärke kontinuierlich gestiegen ist. Die durchgehende Wärmeschutzhülle ist heute aber umstritten und wird bei neuen Prototypen durch einen komplexen und gesteuerten Konstruktions- und Bauteilorganismus ersetzt, welcher unterschiedliche Wärmegewinne einsammelt und -verluste vermeidet. Das Entwerfen und Entwickeln einer leistungsfähigen Fassade ist außerordentlich komplex; im Normalfall sind wir in Teilbereichen auf Standards angewiesen.

- Öffnungsgrad nach Orientierung
Es stehen uns unterschiedliche Konzeptionen zur Verfügung: Loch- und Bandfassaden, kompositorische und maßstabslose Strukturfassaden sowie Vollverglasung... Man könnte vereinfachend von einem sinnvollen Öffnungsgrad (der gegen die Sonne orientierten Fassaden) sprechen, welcher etwa zwischen 50 und 70% liegt. Diese rezeptartige Empfehlung wird allerdings mit zahlreichen speziellen Energiekonzepten widerlegt. Mit dem Öffnungsgrad werden auch die räumlichen Bezüge von innen und außen definiert – je nach Nutzungen gibt es dazu spezielle Eignungen.

- Lüftung und Luftströme
In jedem Gebäude muss Luft bewegt werden. Wir benötigen für unser Wohlbefinden einen bestimmten Luftwechsel (0,5/h und höher). Bei energieoptimierten Gebäuden ist die kontrollierte Lüftung Standard; in der Heizperiode wird der „verbrauchten" Luft in Wärmetauschern die Wärme entzogen und diese der kühlen Frischluft zugeführt (im Sommer geschieht dies je nach Technologie umgekehrt zur Kühlung). Die natürliche Lüftung ist dann nur in den „gemäßigten" Übergangszeiten sinnvoll. Zudem können Teile der Fassade als Luftkollektoren zu einer verbesserten Energiebilanz eingesetzt werden. Erdkollektoren mit Jahresspeichervermögen unterstützen die Effizienz.

Dies sind einige wenige Beispiele für zahlreiche innovative Konzepte, die in anderen Publikationen ausführlich dargestellt werden. Wichtig ist die Bereitschaft, sich dazu ständig neues Wissen anzueignen, um die Einzelkriterien zu Energie, Lüftung, Bauphysik, Behaglichkeit, zu Wirtschaftlichkeit und zur Gestaltung in ein kohärentes System und qualitätsvolle Architektur zu bringen. Die planersiche Umsetzung ist nur im Team mit unterschiedlichen Fachleuten zu erreichen.

Innere Bauteile

Wir können die inneren Bauteile (Stützen, Wände, Decken, Böden) mit unterschiedlichem konzeptionellem Verständnis entwerfen:
- Mit der Sortierung in Primärstruktur (Statik, Rohbau) und Sekundärstruktur (Ausbau) mit jeweils unterschiedlicher Lebensdauer. Es gibt bedeutende Unterschiede in der Massenverteilung in diesen Strukturen: Minimalisierter Rohbau (Treppenhaus und Stützen) mit exzessivem Ausbau oder raumprägender Rohbau, welcher mit wenig Ausbau genutzt werden kann.
- Mit der Sortierung nach „Grauenergiegehalt" (Erstellungsenergie) und nach Speicherfähigkeit und Dämmeigenschaften.
- Nach den Kriterien „Systemrelevanz" und „Zusatzsystem", womit erklärt wird, welche Komponenten unverzichtbar sind.
- Nach Kriterien der Raumgestaltung, was selbstverständlich eine hohe Priorität hat.

Ausbausysteme

Aufgrund der komplexen Ansprüche wie zum Beispiel Behaglichkeit, Belichtung, Raumakustik, Medienführung, Brandschutz, Sicht- und Schallschutz zwischen unterschiedlichen Räumen werden zahlreiche Ausbausysteme angewendet.

Wand, Decken- und Bodensysteme

Die Anwendung von funktionalen Ausbauelementen wird durch mehrere konzeptionelle Ebenen definiert:
- Durch die tatsächlich notwendigen Elemente für Medienführung, Belichtung Schall- und Brandschutz et cetera zum Beispiel im Sinne der Arbeitsplatzverordnung (für die gesetzlich vorgeschriebene Arebeitsplatzqualität).
- Durch eine Vorstellung von Standard, der privat minimal sein kann oder in einer Chefetage extrem aufwändig.
- Durch technologische Entwicklungen: Beispielsweise als sich in den 1990er Jahren die kontrollierten Lüftungen durchgesetzt haben oder heute die Funknetze; beide Beispiele haben zu einem anderen Ausbauverständnis geführt.

Die meisten Einbausysteme werden sinnvollerweise in Trockenbauweise und Leichtbauweise montiert, da heute diese Systeme beinahe alle Kriterien erfüllen können.

Viele Anwendungen basieren auf einem Raster. Sie sind oder werden elementiert und weisen damit Eigengesetzmäßigkeiten auf.

Ein Hauptaugenmerk gilt den Anschlüssen und Verbindungen von Wand und Decke zu Fassade, von Wand zu Decke und Boden, weil in diesen Anschlussbereichen die meisten Probleme auftreten. Es geht nicht nur um die ansehnliche Verbindung unterschiedlicher Konstruktionen, sondern auch um die Erfüllung von Schall- und Brandschutz. Zwischen dem hohen Standard von maximal installierten und vollausgebauten Büroflächen und einem minimalen technischen Standard liegen große Preisunterschiede.

Wände
- Wände mit hohen Anforderungen an Schall- und Brandschutz
- Leichte Bürotrennwände
- Glastrennwände
- Besondere Systeme (installationsführend, für überhohe Räume, Sicherheitsaspekte...)

Decken und Böden

Der Einsatz von abgehängten Decken und aufgedoppelten Böden wird beispielsweise dann sinnvoll, wenn in den Geschossdecken keine klare Verteilung von Medien (elektrisch, Zu- und Abluft) definiert und eingelegt werden kann. Bei hohen Flexibilitätsanforderungen und auch bei unterschiedlichen möglichen Nutzungsverteilungen machen diese Zusatzschichten Sinn. Gerade mit den neuen Funknetzen wird das Problem des „Kabelsalats" etwas entschärft. Die Leitungsführung in Decken wird meist favorisiert. Decken übernehmen oft auch die Funktion der Schallabsorption. Eine spezielle Problematik finden wir bei der Transformation alter Bürogebäude.

Rohbau, Ausbau, Gebäudetechnologie

Problem der Raumgestaltung

Der Entscheid für aufgedoppelte Böden und/oder abgehängte Decken muss meist relativ früh gefällt werden, da der räumliche Zusammenhang zwischen der Fensterlage und der inneren Raumdefinition präzise gestaltet werden muss. Will man beispielsweise einen bündigen Übergang von Unterkante Decke in die Fassadenverglasung, so geht dies nur mit oder nur ohne Einbaudecke. Im Schnitt werden so die gesamten Höhenlagen definiert. Sind wir auf präzise Höhenlagen für die Fassadenproportion angewiesen, so benötigen wir den Entscheid ebenfalls in der Entwurfsphase und nicht erst in der Ausführungsplanung.

Dies ist eines der besten Beispiele dafür, dass man zwar von „Ausbau" redet, dass dieser aber später nicht frei gewählt werden kann, ohne wesentliche Raumeigenschaften zu stören. Zahlreiche „professionelle" Bürobaurealisierer gehen dann auch den widerstandslosen Weg: Es wird allseitig etwas Raum belassen, um solche Entscheidungen noch spät fällen zu können oder um etagenweise individuelle Lösungen realisieren zu können. Das Resultat ist eine beliebige, unpräzise 08/15-Gestaltung, in welcher es keine exakt definierten und gut proportionierten Räume gibt. Ganz befremdlich wird es, wenn dieser Mangel mit edlen Materialien und teuren Möbeln kaschiert wird.

Licht, Beleuchtung und Farbe

Ziel ist es, über einen sinnvollen Fassadenöffnungsgrad optimal Tageslicht hereinzulassen, ohne dass solare Überhitzung stattfindet. Da heute die meisten Arbeiten am Computer gemacht werden und die Lichttechnologie enorme Fortschritte macht (Lichtqualität und Energieverbrauch), stellen immer weniger Planer den Anspruch auf „unverfälschtes und intensives Tageslicht", welches man früher bei graphischen Arbeiten dringend benötigte. So waren früher auch intensive Farbgestaltungen weniger sinnvoll, weil sie Licht absorbieren und den Farbraum auf dem Arbeitstisch verschieben. Heute, mit dem Bildschirmeigenlicht, haben wir bezüglich Tageslicht und Farbumgebung einen großen Gestaltungsspielraum.

Flexibilität

Flexibilität wird sehr stark durch räumliche Strukturen und durch das Verhältnis Rohbau und Ausbau definiert. Sie ist als Gebäudeeigenschaft von höchster Bedeutung. Dieses Thema wird in Kapitel 1 ausführlich erklärt.

Brandschutz

Brandschutzverordnungen sind absolut entwurfsrelevant. Sie sind national unterschiedlich geregelt. Unter Nachweis eines leistungsfähigen Konzepts sind Speziallösungen verhandelbar. Brandschutzregelungen sind komplex; sie sind abhängig von der Nutzung, den Bauweisen, der Größe (insbesondere Höhe) und dem Erschließungssystem. Das Studium weiterführender Publikationen ist zwingend notwendig.

Die wichtigsten Vorgaben (in Deutschland) sind:
- Brandrisiken von Bauteilen und Anlagen
- Vorgaben nach diversen Nutzungen
- Konzeption von Brandabschnitten, Fluren und Rettungswegen
- Laufweglängen vom Treppenhaus in die Räume bei zwei Rettungswegen (25 bis 35 m)
- Länge des Stichflurgangs (10 bis 15 m)
- unterschiedliche Vorgaben für Nutzeinheiten unter und über 400 m^2
- spezielle Anforderungen für Umbauten

Integrale und intelligente Konzepte

Zur Zeit verfügen wir über zuviel Bürofläche. Dies bedeutet, dass kaum mehr neue Flächen erstellt werden, und wenn, dann an außerordentlich bevorzugten Lagen. Ziel der nächsten Jahre wird die intelligente Transformation, das Umbauen sein. Dennoch beobachten wir zur Zeit einen Paradigmenwechsel hin zu komplexen Gesamtsystemen und intelligenten Steuerungen. Zusammen mit veränderten Arbeitsplatzvorstellungen und neuen Kommunikationstechnologien wird eine weitere Revolution der Arbeitswelt in Gang gesetzt (siehe Kapitel 1).

Ableitungen	Konstruktions-prinzip	Mögliche räumliche Ausformulierung	Materialisierung
Gewählte Vorgaben des Orts: Grundstück, Umgebung, regionale Baukultur	Massiv Schotte Komposition/Mix Skelett	Kiste Blob Skulptur Kristall	Mauerwerk Stein Holz Stahl Konstruktions-Material-Mix

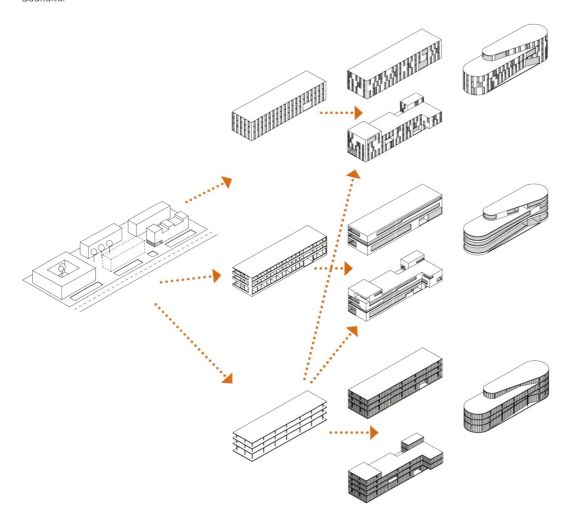

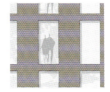
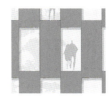

Rohbau, Ausbau, Gebäudetechnologie

Ausbau – Schichten	Technologie	Besondere Systeme	Bewegliche Komponenten
Wände	Klima	Information	Lampen
Decken	Wasser	Leitsysteme	Möbel
Böden	Lüftung	Steuerungen	Peripherie
Weitere Elemente	Medien		Akten

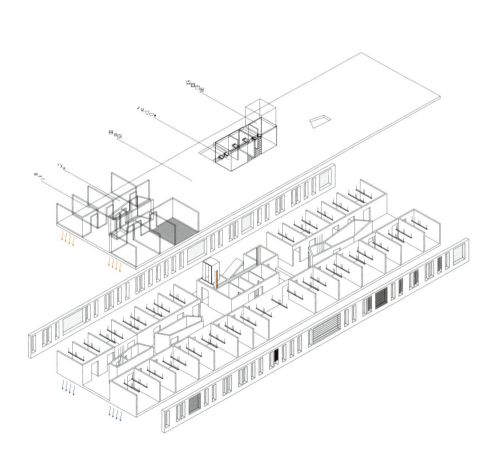

UFO Lofthaus Frankfurt
Carl-Benz-Straße 21
Frankfurt am Main (DE)

Dietz & Joppien
Frankfurt am Main

Fertigstellung
2004

Büroarbeitsplätze
variabel

Lage M 1:10 000

UFO Lofthaus

Das Loft- und Gewerbehaus UFO befindet sich im industriell geprägten Frankfurter Osten. Der kompakte Bau in Form eines gleichschenkligen Dreiecks, eine Antwort auf das von drei Verkehrsräumen tangierte dreieckige Grundstück, bildet eine markante „Landmarke" in dieser sehr heterogenen Umgebung. An der Kreuzung der beiden gebäudebegleitenden Straßen wird die Massivität des Baukörpers aufgebrochen, um einen Dialog zwischen dem Hofraum und dem Außenraum herzustellen. Die Anforderungen waren sehr hoch; es galt, eine effiziente, anpassungsfähige Struktur für ein breites Nutzerspektrum aus den Bereichen Gewerbe, Handwerk und Dienstleistung bereitzustellen. Aber auch Prägnanz, Adressenbildung und Interaktion mit der sich im Wandel befindlichen städtischen Situation waren gewünscht. Die Antwort ist ein Maximum an Unbestimmtheit und räumlicher Freiheit. Sämtliche Geschossdecken sind durch hohe Nutzlastauslegung, große Deckenhöhen und weite Stützabstände gekennzeichnet. Die Räume sind durch einen dichten Rhythmus an größzügig dimensionierten Installationsschächten angereichert. Die hofseitige Laubengangerschließung ermöglicht zudem unterschiedlich große mietbare Einheiten. Die sich im Erdgeschoss befindende Nutzung einer Diskothek zeigt auf besondere Weise das Zusammenspiel von Gebäudestruktur und avantgardistischem Innenausbau.

Rohbau, Ausbau, Gebäudetechnologie

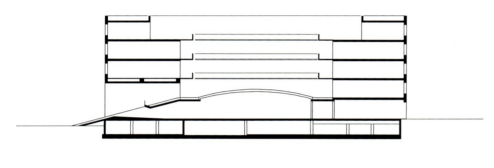

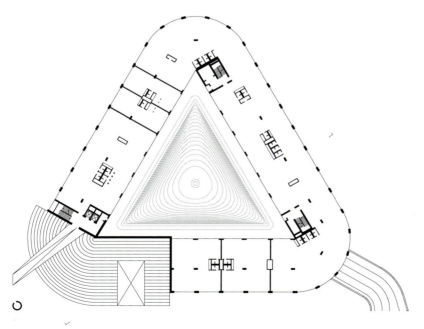

relevante Themen

EINHEITEN
von 87-1200 qm

NUTZUNGSMISCHUNG
Quartiersebene
Blockebene
Grundstücksebene
Gebäudeebene
Etagenebene

NUTZUNGEN
Wohnen
Büros
Produktion/Handwerk
Einzelhandel
Gastronomie
Freizeit

STRUKTUREN
EG-Zone
nutzungneutrale Strukturen
spezialisierte Strukturen

Schnitt M 1:750
Grundriss OG M 1:750

Institut für Umweltmedizin
Breisacher Straße 115
Freiburg im Breisgau (DE)

pfeifer. kuhn. architekten
(bis 30.06.2005:
pfeifer roser kuhn architekten)
Freiburg

Fertigstellung
2006

Büroarbeitsplätze
> 49

Lage M 1:10 000

Institut für Umweltmedizin

Das Institut für Umweltmedizin und Krankenhaushygiene ist Teil eines neuen Gesamtkomplexes in Freiburg. Das Laborgebäude ist mit wesentlich günstigeren Energiekenndaten als vergleichbare Bauten geplant. Die Gebäudestruktur ist in verschiedene Zonen gegliedert: die Versorgungsstruktur an der Nord-Ost-Fassade, die Laboratorien, offene Verteilerzone mit Nebenräumen, Bürozonen und Energiegärten. Die Lage der Laboratorien ermöglicht eine flexible Aufteilung. In der Verteilerzone befinden sich die Erschließung und die Kommunikationszone. Die Bürozone ist durch die Energiegärten gegliedert. Diese sind wesentlicher Bestandteil des Energiekonzepts. Sie liegen direkt am Erdreich, so dass ein Pflanzenwuchs mit natürlichem Gehölz möglich ist. Sie bewirken eine kommunikative Bürozonierung über die Geschosse hinweg. Durch die Tiefe der Belichtung werden auch die Laboratorien mit Südlicht versorgt.

Die Konstruktion des Gebäudes folgt der Zonierungsstruktur. Die Stahlbetonkonstruktion verzichtet grundsätzlich auf Unter- oder Überzüge. Die Decken bestehen aus 40 cm starkem, unverkleidetem Stahlbeton und beinhalten alle wichtigen Installationselemente und die Bauteilaktivierung. Die Decken wurden ohne Trittschalldämmung ausgeführt. Die Außenwände auf der Südwestseite und auf den Giebelseiten sind mit 24 cm starken Brettstapelwänden als nichttragende, wärmedämmende und speicherfähige Elemente ausgeführt. Sie sind nach außen sichtbar und bilden mit der Verglasung des Luftkollektors das architektonische Erscheinungsbild.

Rohbau, Ausbau, Gebäudetechnologie

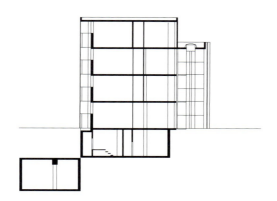

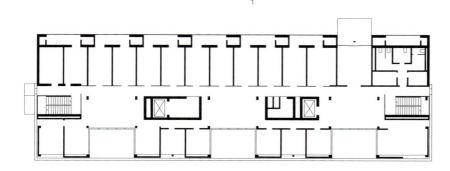

relevante Themen

NUTZUNGSMISCHUNG
Quartiersebene
Blockebene
Grundstücksebene
Gebäudeebene
Etagenebene

NUTZUNGEN
Wohnen
Büros
Forschung /Labore
Einzelhandel
Gastronomie
Freizeit

STRUKTUREN
EG-Zone
nutzungneutrale Strukturen
spezialisierte Strukturen

Schnitt M 1:750
Grundriss EG M 1:750

Arbeit und...

Verbinden, Trennen

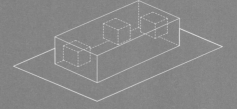

Verbinden, Trennen

Die Frage, wie Raum definiert, strukturiert, getrennt und verbunden wird, führt direkt ins Zentrum des Entwerfens. Im Entwurfsprozess sind klare Entscheidungen gefordert, welche Bereiche mit welchen verbunden werden sollen, wer wo hinein kann und wer somit Zugriff auf welche Information hat. Zwei gegenläufige Tendenzen sind zur Zeit erkennbar:

Da gibt es auf der einen Seite das Bedürfnis nach Sicherheit, Abgeschiedenheit, Schutz vor Über- oder Angriffen. Hierbei wird das Klären von Grenzen, bewusstes Trennen, Auseinanderdividieren, Sortieren und Hierarchisieren von immer größerer Bedeutung. Diese Thematik hat in wenigen Jahren an Bedeutung gewonnen und sie hat politische, ökonomische und soziale Brisanz.

Auf der anderen Seite gibt es die Tendenz des Zusammenrückens, sowohl räumlich als auch arbeitsorganisatorisch. Die Hierarchien werden flacher, es wird international vernetzt gearbeitet und die unterschiedlichen Funktionen rücken verstärkt zusammen. Das Miteinander der Bereiche Wohnen und Arbeiten sowie Arbeiten und Freizeit führt zu neuen räumlichen Ausprägungen und Verschränkungen.

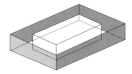
Geschützt – Pentagon, Washington

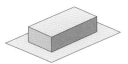
Ein Konzern im Gebäude – Commerzbank, Frankfurt a. M.

Schwellen im Haus

Großraumbüro – S. C. J. Administration Building, Racine

Geschosskammern

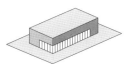
Haus mit öffentlichem Erdgeschoss in der Stadt, Passage

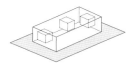
„Plug-in"

Netzwerke: mehrere Firmen im Gebäude – IP Two, Wien

Trennen beruht auf Spezialisierung und Sicherheit
Verbinden beruht auf Zusammenarbeit und Leistungsübergabe

MASSSTAB

„Wir werden versuchen, diese städtische Nutzung präsent im öffentlichen Raum zu positionieren."

Vor allem Kopplung an öffentliche Strukturen, insbesondere an den öffentlichen Verkehr.

Auf welchen räumlichen Ebenen soll Distanz oder Anschluss geschaffen werden?
- Öffentlicher Raum/Areal/Grundstück
- Außenraum/Innenraum
- Öffentliche/halböffentliche/private Bereiche
- Zwischen verschiedenen Arbeitsgebieten
- Am Arbeitsplatz selbst

Was muss auf welcher Maßstabsebene verbunden werden?
- Verkehrsanbindung
- Anspruch Publikumsverkehr/Zugänglichkeit
- Räumliche Verbindungen/Bezüge
- Informations- und Leitsysteme

Was muss auf welcher Maßstabsebene getrennt werden?
- Sicherheitszonen, Sperrgebiete
- Schwierige Flanke im Quartier – Desinteresse, Abschottung...

Entscheidung über Anbindungsinteressen
Mögliche Systeme, Prinzipien der Anbindung
Bauliche und informelle Möglichkeiten

LAGE

„Die Hinterhoflage ist problematisch – wir fragen uns, wie wir schon am Hofportal einladen können!"

Welche Konzeption von Adresse ist gewünscht und wie wird sie in der spezifischen Lage entwickelt?

Wie können allfällige Grenzen abgebaut werden?
Unterschiedliche Qualitäten von Lagen:
- Erschließung ÖPNV
- Nahversorgung
- Quartiersimage (Nobel-, Familien-, Rotlichtviertel)
- Diverse Rankings (z. B. durchschnittliche Grundstückspreise)
- Umfeld: Aussichten, Naherholung...
- Sonderlagen: Lage am See, Wasser, Südhang – und mögliche Reaktionen mit Bebauung und Nutzung?

Mögliche Ankopplung zu Qualitäten der Lage:
Zugänglichkeit, qualitätsvolle Räume, Aussichten...?
Notwendiges Abschotten von Problemen
Emissionen, Sicherheitsfragen, hässliche Räume...?

Welche Vorgaben für Verbindungen und Trennungen ergeben sich aus dem Ort?
Wegeführung, -beziehung, Zugänge, Orientierung, Sicherheitsaspekte, Sichtbeziehungen, Ausschilderung,...
Welche rechtlichen Regelungen muss ich klären:
Zufahrts- und Wegerechte, Verbote, Ausschilderung,...

Wie positioniert sich die Arbeit?
Ist Speziallage möglich? (Insiderlage, Hinterhof...)
Inwieweit ist öffentliche Lage zwingend?
Räumliche Verbindungen und Trennungen
Rechtliche Verbindungen und Trennungen
Informelle Verbindungen und Trennungen

ÖKONOMIE

„Welcher räumliche und mediale Aufwand lohnt sich langfristig für meinen Auftraggeber?"

Wieviel Verbindungen/Trennungen führen zu guter Funktionalität? (Kosten Bau/Kosten Betrieb)

Anzahl und Dichte der notwendigen Grenzen?

2 Umsetzen mit verbindenden und trennenden Strukturen

Welcher Aufwand muss für Sicherheit betrieben werden?
Schleusen, Sicherheitszonen, Abhörsicherheit, Badges, Codes...

Aufwand für unterschiedliche Trennungen, Verbindungen (z. B. sichtbar aber unzugänglich – Glaswand)

Gibt es verschiedene ökonomische Raumklassen, die voneinander getrennt werden sollen?
Foyer repräsentativ – Büros low budget – Chefbüro – Mitarbeiter

Welcher Aufwand muss für die Sicherung digitaler Daten und des Internets betrieben werden – und welches sind die baulichen Maßnahmen dazu?

Kann ich Grenzen auch ohne Materialaufwand sichern (Zutrittsverbote, psychologische Grenzen...)?

Sind besondere, extreme Sicherheitszonen notwendig? Forschung, Personensicherheit, gefährdete Kunden...

Sicherheitsstandards
Kosten-Nutzen-Überlegungen zu Verbindungen und Trennungen
Mögliche Erst- und Folgeinvestitionen

1 Klärung in allen Themen

Verbinden, Trennen

3 Idee von Raumkontinuum und Raumgrenzen
Kann „Verbinden, Trennen" zum tragenden Entwurfsthema werden?

FUNKTIONALITÄT

„In dieser Firma sind sämtliche Arbeitsplätze in intensiver Kommunikation miteinander verbunden!"

- Welche Funktionen sind zu trennen?
  Chef von Mitarbeitern, Buchhaltung von Kunden...

- Welche Abteilungen sind zu verbinden oder zu trennen? Produktion, Entwicklung, Logistik, Buchhaltung, IT-Dienste, Verkauf, Kundendienst...

- Welche funktionalen Vor- und Nachteile ergeben sich aus dem Trennen oder Verbinden?
  - Ablaufoptimierung
  - Arbeiter/Besucher
  - Kommunikation und Konzentration

- Welche sind die funktionalen Anforderungen für Verbindungen (Kooperation und Kommunikation) und welche für Trennungen (Konzentration)?
  - Verschiedene Arbeitsarten, -zonen, -zeiten
  - Ruhe, gedämpftes Licht, Jalousien, Rafflamellen
  - Sicherheit, Spionage, Kopie neuer Entwicklungen

- Wo liegen logische und wo liegen unerwartete Grenzen? (z. B. öffentliche EG-Zone + Sperre nach Foyer)

- Können die Anforderungen kategorisiert werten?
  - Erforderlich, erwünscht, unnötig, zu vermeiden

Funktionsschema Anforderungen
Widersprüchliche Anforderungen
Kategorien, Abstufungen
Funktion – Zeit – Flexibilität
Von außen eingeforderte Sicherheit

ZEIT

„Es müssen hier zwei Tagesschichten mit unterschiedlichen Bedürfnissen organisiert werden..."

- Sind wechselnde Ansprüche in der Belegungszeit vorgegeben? Sind Zyklen oder Rhythmen bekannt?
  - Sicherheit, bestimmte Zonen, Häufigkeit

- Kurzfristige/langfristige Aspekte und Anfoderungen
  - Möglichkeit zur Umorganisation
  - Benötigt es in späterer Phase andere Grenzen?

Sind aus der Funktionalität räumlich und zeitlich flexible Trennungen/Verbindungen gegeben?

- Welche Konsequenzen ergeben sich aus den Nutzungsintervallen?

- Wechselt der Zustand am Ort (verbunden – getrennt) oder verschieben sich die Sperren im Gebäude?

- Handelt es sich um Nutzungen, die oft ihre Grenzen verlagern (z. B. Forschung an geheimen Projekten)?

- Ist das Gebäude prinzipiell am Tag offen und in der Nacht geschlossen – oder ist es auch am Tag geschlossen (Klingel, Gegensprechanlage, Video...)?

- Benötigt es für bestimmte Anlässe einen besonderen Zustand von Offenheit oder Geschlossenheit?

- Wie hat sich das Thema in der Gesellschaft verändert und welche Entwicklungen sind zu erwarten?

Funktionsschema Zeit
Normal- und Sonderzustände
Funktion – Zeit – Flexibilität

IDENTITÄT

„Diese Firma pflegt ein offenes Image, obwohl sie sehr strenge Sicherheitskonzepte eingebaut hat."

- Wie weit kann das Image „offenes Haus" gelebt werden; wo benötigt es dennoch Grenzen?

- Erfordert die Identiät das Trennen (z. B. Sicherheitsfirma, Personenschutzdienste, Bankschalterhalle)?

- Oder gibt es Trennungen, die aus Identitätsgründen auszuschließen sind oder diskret gehalten werden?
  - Kunde ist König
  - Chef und Mitarbeitende zusammen

- Ist Trennen und Verbinden ein Bestandteil der Identität?

- Unterschied in der Identität für den Kunden, für die Mitarbeitenden?

- Was bedeutet das Thema im übertragenen Sinn: Wie erleichtere ich mit Architektur das „Verbundensein" mit dem Unternehmen?

- Da es ein kontroverses Thema ist, wird eine solche thematische Identität von unterschiedlichen Gruppen auch differenziert wahrgenommen?

- Wie sind Identitätskombinationen mit anderen Inhalten möglich (z. B. „Verbinden für...")?

- Bilder: zum Beispiel „extreme Abschottung" – Firmensitz, hinter Mauern, ohne Anschrift, Video, Gegensprechanlage, Termin nur nach Anmeldung...

Identitätsbestandteil oder nicht
Neutrale, positive und negative Belegungen
Identitätskombinationen

Aspekt: Sicherheit (Grenzen), Funktionen (unterschiedliche Anforderungen), Arbeitsorganisation (Großraum, Einzelbüro), Räume (kleinkammerig, Raumfolgen, Hallen,...), Nutzer

Architektonische Relevanz

Offenheit, Verbindungen, Kommunikation, Kooperationswille, Transparenz, Übersichtlichkeit… – das sind alles Begriffe, die in der aktuellen Bürowelt einen sehr hohen Stellenwert haben. Dem widersprechen Tendenzen zu erhöhter Sicherheit, Schutz der Arbeitsplätze, Wirtschaftsspionage… Es ist deshalb wichtig, dass bei Räumen für Arbeit beide Anforderungen potenziell erfüllt werden: Die Möglichkeit, Räume und Raumsysteme offen zu benutzen, aber auch Möglichkeiten der Trennung vorzusehen. Der Entwicklung eines offenen Systems mit vielfältigen Trennungsmöglichkeiten muss große Aufmerksamkeit geschenkt werden. In diesem Sinn ist auf dem Weg von der Öffentlichkeit bis zum Arbeitsplatz eine Folge (Kaskade, Netz, Serie) von Schleusen, Schwellen und Verbindungsräumen erwünscht.

Die Elemente für das Trennen und Verbinden sind: Material oder kein Material, Wand, Öffnung, Tür, Fenster, Schleuse… Wir unterscheiden zwischen einfachen Trennwänden und Trennwänden mit hohen spezifischen Anforderungen. Ganz besondere Anforderungen (zum Beispiel Tresorraum) müssen unter Umständen in der Primärstruktur angelegt sein.

Die Frage, wie Raum definiert, strukturiert, getrennt und verbunden wird, führt eben direkt ins Zentrum des Entwerfens.

Kommunikation versus Konzentration

Offene und größere Räume erlauben Teamarbeit und ermöglichen direkte Kommunikation. Zuviel Kommunikation in großen Teams oder mehreren Gruppen nebeneinander stört aber die Einzelnen. Oft geht es deshalb ganz einfach um die räumliche Trennung von zu großen Gruppen in kleinere Teams – zugunsten weniger Störungen und besserer Konzentrationsmöglichkeiten. Innerhalb eines Teams stören Gespräche weniger, weil die Themen bekannt sind. Da in verschiedenen Arbeiten und Arbeitsphasen unterschiedlich kommuniziert werden muss, können wir hier nur allgemeine Empfehlungen für Raum- oder Gruppengrößen vorgeben. Je nach Raumgröße ist auch ein anderes Kommunikationsverhalten erforderlich. Ein Bauleiter kann beispielsweise in seinem Einzelbüro den ganzen Tag laut telefonieren – sitzt er im Gruppenbüro, hat er seine Lautstärke anzupassen.

Welche Angebote und Konstellationen die Produktivität unterstützen, ist bei den Programm-Entwicklungen zu evaluieren.

Das am dichtesten belegte Büro muss nicht das effizienteste sein. Als Architekten haben wir zu klären, was ein funktionaler Arbeitsplatz ermöglichen muss und wie dieser qualitätsvoll konzipiert werden kann.

Sicherheit und Spezialisierung

… sind Aspekte, die einen Trennungsanspruch begründen. Zu schützende Räume und Nutzungen müssen vor ungewolltem Zugang, Diebstahl, Informationsverlust geschützt werden. Ebenso können die Sonderausstattung eines Raums, ein besonderer Arbeitsrhythmus oder spezielle Technikanforderungen Abgrenzungen notwendig machen. Themenbereiche sind etwa:
- Forschung, Entwicklung, Patente
- Finanzen, Datenschutz, wichtige Akten
- IT-Sicherheit, Datensicherheit, Abwehr
- Spionage, abhörsichere Räume.

Leider ist es heute so, dass Büroräume kaum mehr unbeaufsichtigt gelassen werden können. Wertvolle Gegenstände wie beispielsweise Notebooks oder externe Harddiscs können sonst schnell verschwinden. Die Zahl der Regionen nimmt zu, in denen aufgrund hoher Arbeitslosigkeit der Konkurrenzkampf unter den Firmen gefährliche Ausmaße angenommen hat. Es kommt vor, dass Büroräume mutwillig zerstört werden. Wirtschaftsspionage und Korruption sind nicht Alltag; sie breiten sich aber zunehmend aus.

Solche Themen haben innerhalb weniger Jahre an Bedeutung gewonnen und sind inzwischen von politischer, ökonomischer und sozialer Brisanz.

Verbinden, Trennen

Zusammenarbeit und Leistungsübergabe

...sind Aspekte, die die Wichtigkeit des Verbindens betonen. Über die allgemeine und einfache Teamarbeit hinaus etablieren sich neue, komplexere Formen der Zusammenarbeit. Dies lässt sich in neuen Arbeitsweisen, in neuen arbeitsrechtlichen Konstruktionen, in neuen Begriffen, vor allem aber in den Möglichkeiten neuer Kommunikationstechnologien nachvollziehen (siehe Kapitel 1).

Die Frage nach den räumlichen Folgen ist wiederum nur in Tendenzen zu beschreiben: Zusammenarbeit ist weitgehend räumlich unabhängig organisierbar. Eine Mehrzahl der Büroarbeiter verfügt über zwei bis drei Arbeitsplätze; einen im Büro, einen mobilen und ein Home Office. Arbeitsräume werden so netzartig ausgelegt. Gerade weil in Teilbereichen die Verortung diffuser (oder komplexer) wird, erhalten bestimmte Orte eine hochwertige Bedeutung. Dies ist eben kein Widerspruch: Auf die Auffindbarkeit, auf die Adresse sowie auf eine Verortung im Umfeld und eine bestmögliche Erreichbar- und Zugänglichkeit wird dementsprechend hoher Wert gelegt. An Bedeutung gewinnen vor allem die Orte der Leistungsübergabe; jene, an denen die Mitarbeitenden auf die Kunden treffen, und jene, an denen Verkauf, Übergabe, Sitzungen stattfinden. Außerdem gewinnen Orte mit Atmosphäre, mit Charakter wesentlich an Bedeutung – sie repräsentieren Stil, Qualität, Identität und Innovation.

Elemente

Trennen und Verbinden kann vielfältig ausgestaltet werden. Mit der Ausformulierung und den maßstabsgerechten räumlichen Elementen wird das Maß der Zugänglichkeit beeinflusst. Verbindendes im gesamten Arbeitsgeflecht:

- Im urbanen Maßstab ist die Kommune für „gute Erreichbarkeit" verantwortlich; vor allem der Ausbau des ÖPNV ist standortfördernd, dazu gehören angenehme Wege für Fußgänger und Fahrräder.
- Verbindende Räume in der Stadt sind auch Naturkorridore: Langgezogene Parkstreifen, Alleen, „grüne Schleichwege"...
- Bevorzugt werden Orte mit Lebensqualität, Nutzungsgemenge, spannende aber sichere Orte. Die Firmen selbst können dazu etwas beitragen.
- Vom öffentlichen Raum auf das Grundstück: Hier präsentiert sich die Firma. Die Qualität der Zugänge und Eingangssituation, der Außenraumgestaltung und die Qualität des Lichts, der Beleuchtung, der Leitinformation – hier wird im halböffentlichen Raum der erste Eindruck von Einladung geboten.
- Am Arbeitsort, im Gebäude und in den Räumen sind es die Eingangsbereiche, die vertikalen Erschließungen, die horizontalen Verteilbereiche und die Arbeitsplätze, welche eine verbindende oder trennende Funktion übernehmen müssen.

Lage der Schleusen

An den Schnittstellen von Funktionsflächen und zwischen verschiedenen Bereichen liegen Schleusen. Sie können eine ganze Kette bilden oder nur einmalig auftreten zum Beispiel an der Grundstücksgrenze, im Hauptgebäude, in jedem Gebäude, vor jeder Einheit (Mietbüros), vor jeder Abteilung, vor dem Büro (Sekretariat).

Was wird getrennt / verbunden?

- Sichtkontakt – Blickbeziehung, Materialität, Raumteiler, Wände, Möbel...
- Akustische Trennung: Akustikdecken, Schallentkopplung...
- Zugänglichkeit: Gelände, Grundstück, Gebäudeteil, Etage, Raum, Arbeitsplatz
- Funktionen: Produktionsflächen, Kundenbereiche, Repräsentation...
- Technik: Klimatisierung, Belichtung
- Arbeitsorganisation: Arbeitsabläufe, Projektgruppen, Hierarchien...
- Trennung nach Nutzern: Kunden, Gäste, Mitarbeiter...
- Besitzverhältnisse: öffentlich – privat.

Unterschiedliche Wahrnehmung

Im Zusammenhang mit persönlicher Haltung und Wahrnehmung werden Grenzen und Verbindungen unterschiedlich gewertet.

	Arbeitsgebiet/-quartier	Grundstück

Geschlossen Offen	**Stadt und Arbeitsgebiet/-quartier** - Zugängliche Gebiete: z. B. Büroviertel in der Stadt, einzelne Gebäude gesichert - Geschlossene Areale: z. B. private Forschung oder staatliches Sicherheitsgebiet, Hightech-Forschung - Sehr beschränkter Zugang zum Empfang - Areal absolut unzugänglich	**Stadt und Grundstück** - Geschlossene Areale: Hauptportal = Grenze - Offenes Grundstück: Eventuell Teilbereiche des Gebäudes zugänglich Eventuell Teilbereiche kontrolliert
Positionierung der Schleusen und Schwellen	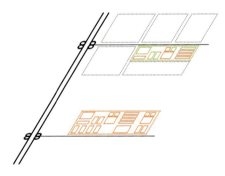	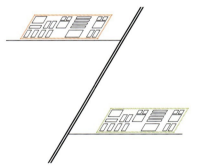

Szenarien und Raum-Zeit-Modelle

Headquarter — Administration
Kundensitzung
Hauptportal — Forschung — Produktion — Logistik

Schwelle bei Nacht — Schwelle „nur mit Begleitung" — Sperrgebiet — Grenze für alle Externen

Vorfeld — offener Zugang

Zugang nach Anmeldung: Führungen
„Gläserne Produktion"

Verbinden, Trennen

Gebäude

FLUGHAFEN FRONT: Zugänglich im Mall-Bereich
TRENNUNG: Ankunft und Abflug, Schengen- und Nicht-Schengen-Passagiere und Nicht-Passagiere...

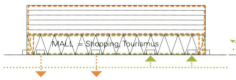

SCHNITT
Flughafen Verwaltung sowie Ticket und Passkontrolle, Immigration und Zollkontrolle

KOMPLEXE ZONIERUNG, Zugänglichkeit, Sichtbeziehungen, aber unzugänglich, abgeschottet

EG: Im Erdgeschoss sind mehrere Schwellen unterschiedlicher „Härte" denkbar. Über sehr weich getrenntes Foyer, Bar, Restaurant zu Vortragssälen und schließlich zu den Arbeitsplätzen

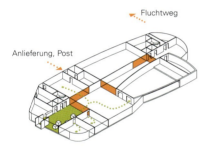

OG: Mehrere Unternehmen auf einer Etage – Empfang pro Etage, Zugang zum Arbeitsplatz möglich – strengste Zugangskontrolle zum Beispiel innerhalb der Forschung

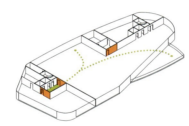

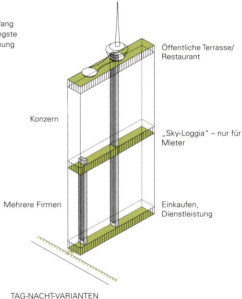

Bürohaus mit innerer Straße/Foyer und einem Eingang

Gute Adresse quer zur Straße

Bürohaus mit mehreren Zugängen und Treppenhäusern

Gute Adresse entlang der Straße

TAG-NACHT-VARIANTEN

167

Industrie- und Handel-
kammer

Dimiceva 13
Ljubljana (SI)

Sadar Vuga
Ljubljana

Fertigstellung
1999

Büroarbeitsplätze
> 250

Lage M 1:10 000

Industrie- und Handelskammer

Die Industrie und Handelskammer befindet sich am nördlichen Stadtrand Ljubljanas, der durch großvolumige Baukörper mit wenig Identität dominiert wird. Die funktionale Identität klassischer Verwaltungsbautypen mit einem öffentlich zugänglichen Sockelgeschoss und den darüberliegenden, nicht zugänglichen Bürogeschossen heben die Architekten auf. Das Sockelgeschoss wird virtuell unter dem Bürotrakt herausgezogen, umgeklappt und vor diesen gestellt. Die dadurch entstehende Zwischenzone beherbergt die Erschließung und die Nebenräume. Die Kommunikation und Interaktion zwischen der halböffentlichen Raumschicht, die unter anderem Restaurant, Bibliothek, Klassenzimmer und Galerie aufnimmt, und dem Bürotrakt wird hierdurch erheblich gestärkt. Durch eine alle Geschosse verbindende Vertikalhalle wird dies weiter unterstützt. Zudem bietet diese Lösung die Möglichkeit, zur Straße eine weitere Raumschicht auszubilden, die sich zum Platz hin öffnet.

Die zum Platz gerichtete Südfassade ist ein teils mit Boxen gefülltes Stahlskelett, das zwischen Gebäude und Außenraum vermittelt. Die Schwellen und Raumschichten werden somit konsequent vom Straßenraum über die Fassade bis hin zum Arbeitsplatz gestaffelt, ohne trennend zu wirken.

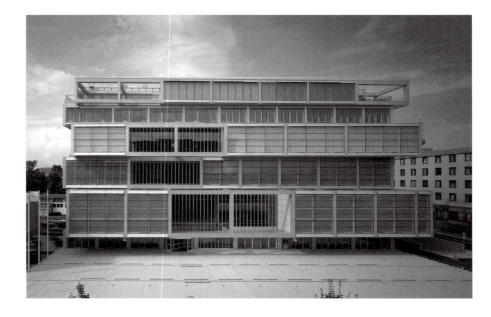

Verbinden, Trennen

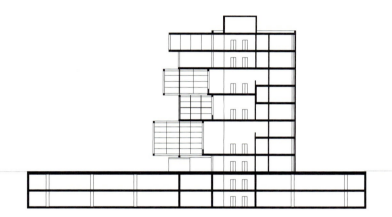

relevante Themen

EBENEN
Arbeitsgebiet/-quartier
Grundstück
Gebäude

ZONIERUNG
horizontal
vertikal
Raum/Zeit

SCHWELLEN
Grundstück
Gebäude
Etage
Räume

SYSTEM
offen
geschlossen

Schnitt M 1:750
Grundriss OG M 1:750

Ordnungsamt
Kleyerstraße 86
Frankfurt am Main (DE)

Meixner Schlüter Wendt
Architekten
Frankfurt am Main

Fertigstellung
2009

Büroarbeitsplätze
circa 600

Lage M 1:20 000

Ordnungsamt

Das Ordnungsamt der Stadt Frankfurt am Main ist als „offenes Amt" konzipiert. Mit einem linearen Typ, einer Spiral-Bandstruktur, die ihre geometrische Inspiration in den nahe gelegenen Bahnschienen findet, reagiert der Entwurf auf das dreieckige Gründstück. Das Raumprogramm des Amts erfordert eine geschossweise Gliederung der Nutzungen und Abteilungen. Demnach werden die unterschiedlichen Funktionseinheiten und zusammengehörigen Nutzungen horizontal geschichtet und aufeinander gestapelt. Die Fassaden- und Gebäudestruktur geht auf diese Anforderungen ein und thematisiert die Schichtung der einzelnen Geschosse. Die horizontale Trennung wird durch die Ausdifferenzierung der Fassaden und die Überspielung der Geschosshöhen wahrnehm- und erlebbar.

In der flexiblen Bürostruktur sind sowohl Zellen- als auch Großraumbüros möglich. Die zwei separaten Eingangsbereiche und die Möglichkeit der Belegung von circa 400 m^2 großen Bürobereichen mit Drittnutzungen spiegelt die Flexibilität des Baus wider. Eine besondere Schicht stellen das Erdgeschoss sowie das erste Obergeschoss dar. Hier sind publikumsintensive und öffentliche Raumbereiche (zum Beispiel Eingangshallen und Servicebereiche) im Sinne eines offenen Amts „herausgeschält" und die Schwellen auf ein Minimum reduziert.

Verbinden, Trennen

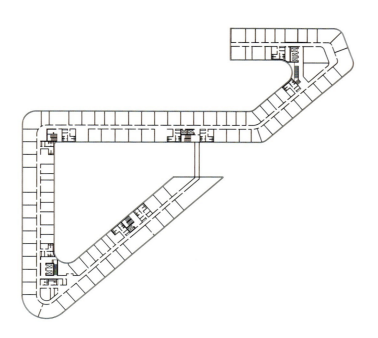

relevante Themen

EBENEN
Arbeitsgebiet/-quartier
Grundstück
Gebäude

ZONIERUNG
horizontal
vertikal
Raum/Zeit

SCHWELLEN
Grundstück
Gebäude
Etage
Räume

SYSTEM
offen
geschlossen (etagenweise)

Ausschnitt Fassade M 1:1000
Grundriss RG M 1:1500

Arbeit und...

Kommunizieren

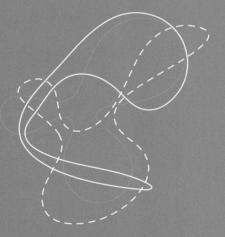

Kommunizieren

Durch die rasante Entwicklung im Bereich der Kommunikation und der neuen Medien haben sich zahlreiche innovative Arbeitskonzeptionen, -systeme und -organisationen entwickelt. Dieser Entwicklungsprozess wird weitergehen und die Architektur vor neue Herausforderungen stellen. Wichtig erscheint uns das Verständnis der Abhängigkeiten bestimmter Kommunikationsformen (formelle und informelle) in Bezug auf räumliche Konstellationen. Die gute interne Kommunikation trägt wesentlich zum Arbeitsklima bei und führt dazu, dass sich die Arbeitenden mit dem Unternehmen identifizieren.

Trotz einer gewissen Unabhängigkeit der Kommunikation von der Architektur nimmt doch die Bedeutung qualitätsvoller Arbeitsumgebungen zu. Durch vermehrte Mobilität und Flexibilität werden diejenigen Räume immer wichtiger, die für Kommunikation gute Voraussetzungen schaffen, die Pflege persönlicher Kontakte ermöglichen, dem Arbeitenden ein angenehmes Umfeld schaffen und das Wohlfühlen kultivieren. Kommunizieren und sich zurückziehen bedingen einander. Deshalb ist bei jedem Projekt darauf zu achten, dass Zonen mit unterschiedlichen Kommunikationsintensitäten verträglich nebeneinander positioniert und auch Ruhebereiche mit eingeplant werden.

Kommunikation intern und extern

Gestaltung als Kommunikation

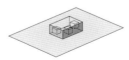
Formelle Kommunikationsräume

Informelle Kommunikationsräume – Google, Zürich

Kommunizieren beruht auf Identität

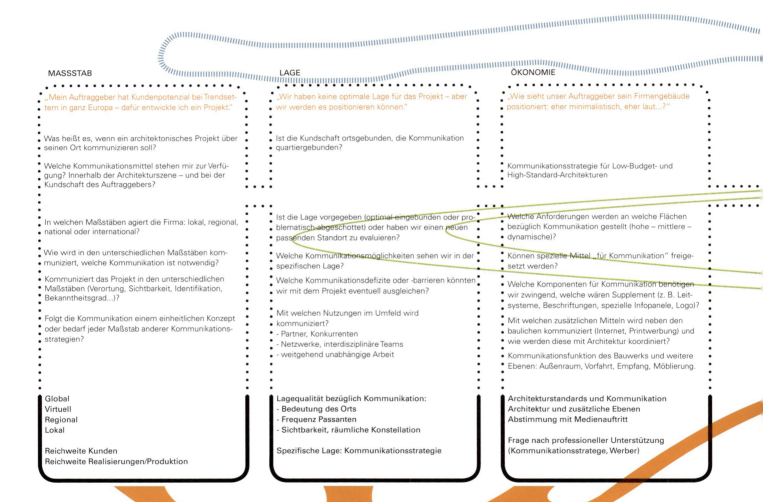

MASSSTAB

„Mein Auftraggeber hat Kundenpotenzial bei Trendsettern in ganz Europa – dafür entwickle ich ein Projekt."

Was heißt es, wenn ein architektonisches Projekt über seinen Ort kommunizieren soll?

Welche Kommunikationsmittel stehen mir zur Verfügung? Innerhalb der Architekturszene – und bei der Kundschaft des Auftraggebers?

In welchen Maßstäben agiert die Firma: lokal, regional, national oder international?

Wie wird in den unterschiedlichen Maßstäben kommuniziert, welche Kommunikation ist notwendig?

Kommuniziert das Projekt in den unterschiedlichen Maßstäben (Verortung, Sichtbarkeit, Identifikation, Bekanntheitsgrad...)?

Folgt die Kommunikation einem einheitlichen Konzept oder bedarf jeder Maßstab anderer Kommunikationsstrategien?

Global
Virtuell
Regional
Lokal

Reichweite Kunden
Reichweite Realisierungen/Produktion

LAGE

„Wir haben keine optimale Lage für das Projekt – aber wir werden es positionieren können."

Ist die Kundschaft ortsgebunden, die Kommunikation quartiergebunden?

Ist die Lage vorgegeben (optimal eingebunden oder problematisch abgeschottet) oder haben wir einen neuen passenden Standort zu evaluieren?

Welche Kommunikationsmöglichkeiten sehen wir in der spezifischen Lage?

Welche Kommunikationsdefizite oder -barrieren könnten wir mit dem Projekt eventuell ausgleichen?

Mit welchen Nutzungen im Umfeld wird kommuniziert?
- Partner, Konkurrenten
- Netzwerke, interdisziplinäre Teams
- weitgehend unabhängige Arbeit

Lagequalität bezüglich Kommunikation:
- Bedeutung des Orts
- Frequenz Passanten
- Sichtbarkeit, räumliche Konstellation

Spezifische Lage: Kommunikationsstrategie

ÖKONOMIE

„Wie sieht unser Auftraggeber sein Firmengebäude positioniert: eher minimalistisch, eher laut...?"

Kommunikationsstrategie für Low-Budget- und High-Standard-Architekturen

Welche Anforderungen werden an welche Flächen bezüglich Kommunikation gestellt (hohe – mittlere – dynamische)?

Können spezielle Mittel „für Kommunikation" freigesetzt werden?

Welche Komponenten für Kommunikation benötigen wir zwingend, welche wären Supplement (z. B. Leitsysteme, Beschriftungen, spezielle Infopanele, Logo)?

Mit welchen zusätzlichen Mitteln wird neben den baulichen kommuniziert (Internet, Printwerbung) und wie werden diese mit Architektur koordiniert?

Kommunikationsfunktion des Bauwerks und weitere Ebenen: Außenraum, Vorfahrt, Empfang, Möblierung.

Architekturstandards und Kommunikation
Architektur und zusätzliche Ebenen
Abstimmung mit Medienauftritt

Frage nach professioneller Unterstützung (Kommunikationsstratege, Werber)

1b Unterstützende Potenziale für Kommunikation suchen

Kommunizieren

3 Kann das Prinzip der Kommunikation zu einer tragenden Entwurfsidee werden?

FUNKTIONALITÄT

„Soll ich für diese Art von Auftraggeber Understatement zeigen oder laute Architektur entwerfen?"

Ist es ein Investorenprojekt, welches vermietet wird? Wenn ja, so gelten allgemeine Standards.

Welche Kommunikationskultur ist aufgrund der Aufgabe gegeben (Kommunikation einer Verwaltung, eines Konzerns, einer Kultureinrichtung)?

Für welche Räume und welche Funktionen ist spezifische Kommunikation vorgegeben?

Wie unterstützt Kommunikation Betriebsprozesse?

Welches sind die kommunikations-relevanten Ebenen im Raumprogramm?
- Direkt-räumliche (Sitzungszimmer) und
- informelle Links (Balkon, Teeküche)

Welche sind die technischen Anforderungen an Kommunikation (Schall, Medien- und Kommunikationstechnologie)?

Wie kann Arbeitsphysiologie die Kommunikation unterstützen?
- Anregendes/ermüdendes Design
- Behaglichkeit, Lüftung, Geräusche
- Materialität, Haptik

Funktionsdiagramm für Kommunikation
Bauliche Konsequenzen
Konsequenzen in Kommunikationstechnologie
Mietobjekt oder eigenes Firmengebäude

ZEIT

„Mit einem Funktions-Zeit-Raumplan kann ich alle Kommunikationsbedürfnisse mit weniger m² erfüllen."

Welche Konsequenzen ergeben sich aus den Nutzungsintervallen?

2 Umsetzen in kommunikationsunterstützende Räume, Strukturen und Systeme

Muss ich mit dem Raumprogramm baulich reagieren, oder ist das Raumprogramm noch zu hinterfragen?

Welche Kommunikationsintervalle werden erwartet?
- Einheitlich oder differenziert
- andauernd in Gruppen
- konzentriert in Sitzungen
- vor allem intern – extern
- alle gleichzeitig

Kommunikationstechnologie ist im ständigen Wandel. Was muss das Gebäude in einem Jahrzehnt leisten?

Frequenzdiagramm für Kommunikation
Belegungszeiten Räume/Funktionen
Zeiten intern und extern („slots")

IDENTITÄT

„Der Auftritt der Firma ist unprofessionell – die Identität ist diffus. Wie gehe ich vor beim Entwurf?"

Verlangt das Entwurfsthema einen spezifischen Umgang mit Kommunikation und Identität?

Welche Identität kann vermittelt werden?
Mit welcher Intensität tritt die Firma/Arbeit auf?

Ist eine Identität in der Firmengeschichte aufgebaut worden - oder haben wir diese neu zu entwerfen?

Muss eine bestehende Identität kultiviert werden, muss sie neu erfunden, neu positioniert werden?

Soll Identität mit dem Bauwerk manifestiert werden?

Wie breit wird die Aufgabe verstanden? Möglichst integral (Corporate Identity als Kommunikation) oder spezifisch?

Haben wir es ganz speziell mit einer Arbeit in der Kommunikationsbranche zu tun?

Wer sind Konkurrenten und wie wird eine einmalige Position entworfen?

Mit welchen Spezialisten wird Identität geklärt?

Miete oder Firma?
Welche Identitäten bestehen?
Innovationsanspruch
Vergleichbare Bauaufgaben

1a Innere Anforderungen an Kommunikation erkennen

Kommunikation und Entwerfen

„Man kann nicht nicht kommunizieren."[1] Dieser weltberühmte Satz von Paul Watzlawick macht uns klar, dass jede Architektur, jedes Auftreten einer Firma, jede Belegschaft und alle Produkte eine Botschaft senden, ob man will oder nicht. Auch wenn wir genug haben von all den lauten Projekten, den medialen Auftritten und den Architektur-Rankings – ein Desinteresse an Kommunikation wäre in unserem Beruf dennoch ziemlich töricht.

Wir entwickeln im Dialog mit Kollegen oder Kunden zahlreiche Ideen und können Sachverhalte klären. Dies tun wir auch, wenn wir Sprechen („Sprechdenken", H. v. Kleist[2]). Zudem benötigen wir Rückzugszeit und Entwicklungszeit – das gilt auch für das Entwerfen: Der diskursive Dialog ist wichtig, aber auch der Rückzugstag, an welchem wir die Sache selbst erforschen und ausreizen („wie mach ich das nur, wieso geht das so nicht...?!").

Nach dem Rückzugstag, nach einem Denkabend weiß ich, was ich kommunizieren will (eine Frage, einen Entschluss, Varianten...). Ich habe Kommunikation vorzubereiten, damit ein beteiligtes Team seine Fähigkeiten effizient einbringen kann. Tue ich das nicht, verbraucht das Team unnötige Zeit. Kommunizieren setzt voraus, dass wir unsere Positionen entwickelt, überdacht und entschieden haben.

Konzentration auf die Message

In diesem Sinne sehen wir bei der Projektierung einen operativen und einen strategischen Schwerpunkt:

- Operativ, beim Programm: Da Arbeitsabläufe nur über Kommunikation koordiniert werden können, haben wir beim Entwurf die Aufgabe, diese mit räumlichen und strukturellen Mitteln zu unterstützen.
- Strategisch, im Kern des Entwurfs: Hier ist entscheidend, mit welcher Konsistenz wir die vom Auftraggeber gestellte Aufgabe (sie ist nicht nur gestellt, sie lässt sich auch diskursiv entwickeln) mit sinnvollen Entwurfskonzeptionen stärken können.

Potenziale der Kommunikation

Von Architektur wird eine „positive Rückkopplung" auf Kommunikation und letztlich auf den Unternehmenserfolg erwartet:

- Gute räumliche Voraussetzungen fördern Kommunikation;
- der unternehmerische Erfolg wird dadurch unterstützt;
- das „erfolgreiche Umfeld" wirkt motivierend und stärkt die Identifikation mit dem Unternehmen...
- ...womit das Wohlbefinden der Mitarbeitenden zunimmt und...
- ... die Kommunikation erleichtert wird.

Dies ist allerdings eine sehr positive Vorstellung vom Einfluss guter Architektur auf die Lebens- und Arbeitsqualität. Denn präzise Kommunikation hat eine gewisse Unabhängigkeit von Architektur.

Kommunizieren und Störungen

Kommunikation wird in allen Situationen eingefordert, sie stört aber immer auch diejenigen, die nicht am kommunikativen Prozess beteiligt sind. Störquellen können zum Beispiel Diskussionen am Nebentisch, lautes Telefonieren, aber auch eine Zone mit viel Bewegung und Maschinen (Drucker oder Kopierer) sein. Bei der Planung geht es deshalb darum, Kommunikation und Störung verträglich nebeneinander zu positionieren.

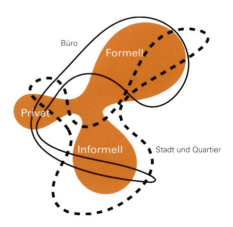

Kommunikationsarten und räumliche Verteilung

Kommunizieren

Die hohe Relevanz dieser Thematik führte zur gesetzlichen Regelung: So soll nach der Arbeitsstättenverordnung der Lärmpegel am Arbeitsplatz bei überwiegend geistigen Tätigkeiten den Wert von 55 dB(A) nicht überschreiten, wobei die empfohlenen Werte bei 35 bis 45 dB(A) liegen.[3]

Formelle und informelle Kommunikation
Wir unterscheiden zwischen formellen und informellen Kommunikationsstrukturen: Formell sind die offiziell in der Verwaltungsorganisation geregelten Kommunikationen, deren Diskussions- und Entscheidungsinhalte bekannt werden müssen (Protokolle). Informelle Strukturen sind dagegen ungeregelt und finden laufend statt. Sie sind sehr wichtig („Öl im Getriebe"), aber auch gefährlich, da sie die formelle Kommunikation „unterwandern" können (Geheimabsprachen). Dazu die Beispiele:

- Formell räumlich: Besprechungstisch, Sitzungszimmer, Konferenzsaal...
- Formelle Organisation: Brainstorming, Aus- und Weiterbildung, Schulung...
- Informell räumlich: beim Fahrstuhl, im Café, im Bus zum Büro...
- Informell („organisiert"): regelmäßiger Privattreff, Zugehörigkeit zu einer Organisation...

Gebäudestrukturen und Räume, die Kommunikation unterstützen
Klar ist, dass für formelle Kommunikation hochwertige Räume entworfen werden müssen. Auch Orte für den informellen Austausch (im positiven Sinn) können gepflegt werden: Durchgangs-, Verbindungs- und Zwischenräume (Flure, Foyer, Innenhöfe, Fahrstuhlbereiche, Balkone, Vorzonen...). Identität der Arbeit ist durch Raumkultur sowie durch Arbeits- und Kommunikationskultur geprägt.

Neue Medien ersetzen nicht persönliche Kommunikation
Fortschritte in der Kommunikationstechnologie ermöglichen die Entkopplung der Arbeit vom Unternehmen und führen zu neuen Formen der Arbeitsorganisation. Die meisten Informationen, die zum Arbeiten benötigt werden, sind heute unabhängig von Ort und Zeit verfügbar. Eine kontinuierliche Ablösung von analogen Strukturen (Bibliotheken, Archive) findet statt. Gearbeitet werden kann überall: in der Bahn, am Flughafen, im Büro oder zu Hause („Homeworking", Telearbeit). Trotz aller Mobilität und Flexibilität sind persönliche Kontakte für die fachliche Abstimmung wichtig und gewinnen mit wachsender Mobilität sogar noch an Bedeutung.

Spezialitäten und Zukunft
Die Arbeitsprozesse haben sich für alle grundlegend verändert, wobei vor allem im Bereich der Kommunikation der Wandel tiefgreifend ist. Hier haben sich zahlreiche neue Arbeitskonzeptionen, -systeme und -organisationen entwickelt:
- Netzwerke über räumliche Distanzen
- synchronisierte PC/Teamsoftware
- 7 x 24h-Bearbeitung/Dienstleistung
- Bearbeitung über Distanz
- hochmobile Dienstleister
- „Informations-Scouts"

Demenstprechend ist auch eine neue Kategorie von Arbeitsräumen entstanden: Offene Beratungsräume – Hallen mit Beratungsstationen – Reisebüro mit Beratungsstationen – Bank für Normalkundschaft – exklusive Beratung – Bank für Spezialkunden – spezifische Kundenberatung auf Luxusinsel – Forschung, basierend auf Kommunikations- oder Denkräumen – spionagefreie Räume...

Identitätsebenen

Arbeit und...

Informationsaustausch

Koordinieren
Dabei geht es um schnelle Besprechung von aktuellen Themen

Besprechen
Informationsaustausch zwischen Teammitgliedern

Konferieren
Zusammenkunft der Führungskräfte. Strategische Arbeit

Tagen
Präsentation von Ergebnissen und Entwicklungen

Ideenentwicklung

Workshop
Im Workshop werden Ideen entwickelt, Konzepte erstellt und Zukunftsszenarien entworfen

Projektarbeit
Konzentrierte Arbeit einer Gruppe an einer definierten Aufgabe

Forum
Bereiche zum Verweilen und für informelle Klein-Meetings. Teilabschirmungen für kurze Gespräche

Aus- und Weiterbildung

Schulung
Kenntnisvermittlung, Referieren, Motivieren, jedoch ohne Diskussionen

Seminar
Für aktives Lernen via Aktionen und Übungen
Wissensvermittlung und Kompetenzerweiterung

Training
Einüben von Techniken und Kenntnissen
Stark aktionsgeprägt

Kommunizieren

Informell

Balkon
Pausieren, zufälliger Informationsaustausch

Cafeteria
Pausieren, zum zwanglosen Informationsaustausch und für kurzfristig geplante Treffen

Lounge
Rückzugs- und Begegnungsbereich
Arbeitsnischen zum temporären Arbeiten

Hof/Terrasse
Pausieren – auch längere Pausen, z. B. Mittagssnack, informeller Austausch

Kommunikationsräume und -formen

Innerhalb eines Unternehmens sind Kommunikationsprozesse wichtige Schritte für Entwicklung, Forschung und Innovation. Laut Untersuchungen entstehen über 80 % aller innovativen und kreativen Aktionen auf der Ebene von Informations- und Ideenaustausch.[1]

Bei der Ausformulierung und Umsetzung von Kommunikationsbedürfnissen geht es darum, Kommunikationsformen und deren Raumbedarf herauszufinden. Die räumliche und strukturelle Umsetzung ist im Projekt selber zu suchen. Wir kennen spezifische Räume wie Teeküche, Sitzungszimmer oder Konferenzraum – aber je nach den speziellen Anforderungen der Arbeitsprozesse ist es notwendig, solche Raumtypen im neuen Kontext zu entwickeln.

Im Zusammenhang mit den neuen Medien sind völlig andere Kommunikationsräume zu erwarten. Gegenüber der Geschwindigkeit solcher Entwicklungen bleibt Architektur eine langsame Kunst.

		Personen	Raumbedarf/qm	Räumliche Anforderungen
Informationsaustausch	Koordination	2 bis 6	nach ASR	integriert, offen
	Besprechung	2 bis 8	3.0	getrennt, abgeschlossen
	Konferenz	8 bis 20	3.0	getrennt, abgeschlossen
	Tagung	> 20	0.9	getrennt, abgeschlossen
Ideenentwicklung	Workshop	2 bis 16	3.5	nach Moderationsmethode
	Projektarbeit	2 bis 8	8 bis 10	getrennt, abgeschlossen
	Forum	offen	offen	offen mit abgeschirmter Zone
Aus-/Weiterbildung	Schulung	6 bis 30	2.5	getrennt, abgeschlossen
	Seminar	6 bis 16	3.8	getrennt, abgeschlossen, Aktionszonen
	Training	2 bis 16	5.0	getrennt, abgeschlossen, große Aktionszone
Informell	Cafeteria	offen	2.5	Freizeitcharakter
	Businesslounge	offen	4.0	Repräsentation, Arbeitsnischen
	(Dach-)Terrasse	offen	offen	unterschiedliche Zonen
	Hof	offen	offen	unterschiedliche Zonen
	Park	offen	offen	unterschiedliche Zonen

Kommunikationsformen, Raumbedarf und Anforderungen[2]

Landmark
Hasendorferstraße 96
Leibnitz (AT)

Love
Graz

Fertigstellung
1999

Büroarbeitsplätze
9-49

Landmark

Die Eigentümer zweier Firmen aus unterschiedlichen Sparten mit unterschiedlichen Visionen, Zielen, Strategien und Kunden wollten ein gemeinsames Bürogebäude bauen, um das Wachsen ihrer Firmen räumlich aufzunehmen, nach außen hin darzustellen und die gemeinsamen Synergieeffekte zu nutzen. Es wäre unsinnig gewesen, diese Vielfalt bildlich im Gebäude auszudrücken, ohne die dafür notwendigen Freiräume zu schaffen. In beiden Firmen sind die Mitarbeiter/-innen nicht direkt am Unternehmen beteiligt. Demnach ist das Gebäude nicht ihr Eigentum. Freibereiche sind somit Bereiche, die eindeutig frei, also wie Eigentum benutzt werden können. Die Freiräume sind in zwei Schichten um die Kernzone des Gebäudes gelegt.

Die Klimafassade liegt als vollständiger Wintergarten rund um das Gebäude herum. Er beinhaltet Pausenräume, Besprechungsräume, Terrassen. Die Außenräume – Garten, Dach, Terrasse – sind im Abstand von maximal 25 m mit EDV-Anschlussbuchsen ausgestattet. Im Sommer wird dort verstärkt gearbeitet.
In der Kernzone liegen das Chefbüro und der Besprechungsraum als abgeschlossene, private, vertrauliche Räume und trennen gleichzeitig die rundumliegenden Arbeitsflächen in die entsprechenden Arbeitsbereiche mit jeweils sinnvollen Raumgrößen. Direkt an die Kernzone sind die Supporting-Zonen angegliedert: Seminarraum am Dach, Hardware im Erdgeschoss, Café und frische Luft in der Mitte.

Lage M 1:10 000

Kommunizieren

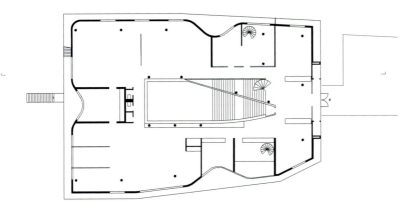

relevante Themen

KOMMUNIZIEREN IN PROJEKTEN
2er-Gespräche
2-6 Personen
6-12 Personen

KOMMUNIKATIONSRÄUME
Tische
Büro
Besprechungsraum

FORMELLES KOMMUNIZIEREN
Informationsaustausch
Ideenentwicklung
Aus- und Weiterbildung

INFORMELLES KOMMUNIZIEREN
Balkon
Lichthof
Dachterrasse
Garten

KOMMUNIKATIONSHIERARCHIE
Chefbüro
keine

Schnitt M 1:500
Grundriss OG M 1:500

Villa VPRO
Sumatralaan 45
Hilversum (NL)

MVRDV
Rotterdam

Fertigstellung
1997

Büroarbeitsplätze
ca. 350

Lage M 1:10 000

Villa VPRO

Das Bürogebäude „Villa VPRO", gebaut für eine niederländische Fernseh- und Rundfunkanstalt, stellt einen Prototyp der Bauten für Kommunikation dar. Das liegt einerseits daran, dass die Arbeit, die dort verrichtet wird, selbst sehr kommunikativ ist, und andererseits daran, dass das Endprodukt der Arbeit Kommunikation und Unterhaltung ist. Die alten Büroräume der einzelnen Einrichtungen waren in mehr als einem Dutzend freistehender Villen untergebracht. Diese räumliche Ausgangslage hat die Arbeitswelt, Organisationsstruktur und die Identität der Arbeit einzelner Redaktionen nachhaltig geprägt. In dem Entwurf ist es gelungen, das Motiv der „Villa zum Arbeiten" weiterzudenken. Es spiegelt sich deutlich in dem kompakten Baukörper, den Bezügen zur umliegenden Landschaft, aber vor allem in der Ausdifferenzierung der Innenräume und der Erschließung. Sechs Geschossplatten mit einer Grundfläche von circa 50 x 50 m werden durch drei verschiedene Wegerouten im Inneren zu einem Raumkontinuum verbunden. Die daraus entstandene Bürolandschaft, verbunden durch Plateaus, Rampen, Treppen und Hügel, bietet eine Fülle an unterschiedlichen Räumen. So wechseln sich im Inneren größere offene Bereiche mit intimen Räumen und privaten Teilflächen ab. Entlang dieser Wege können die Räume nach Bedarf angeeignet und die Arbeitsplatze frei und nach Belieben organisiert werden.

Kommunizieren

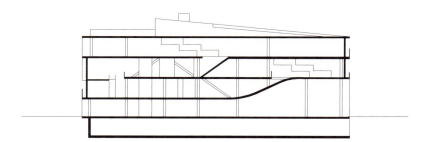

relevante Themen

KOMMUNIZIEREN IN PROJEKTEN
2er-Gespräche
2-6 Personen
6-12 Personen

KOMMUNIKATIONSRÄUME
Tische
Büro
Besprechungsraum

FORMELLES KOMMUNIZIEREN
Informationsaustausch
Ideenentwicklung
Aus- und Weiterbildung

INFORMELLES KOMMUNIZIEREN
Balkon
Lichthof
Dachterrasse
Garten

KOMMUNIKATIONSHIERARCHIE
Chefbüro
keine

Schnitt M 1:500
Grundriss OG M 1:500

Arbeit und...

Gestalten, Designen

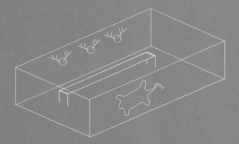

Gestalten, Designen

Das Thema „Gestalten, Designen" scheint ein reines „Bauchthema" zu sein. Und doch ist die Durchdringung, die thematische Strukturierung des Gestaltungsprozesses möglich und erweitert die Entwurfsstrategie. So liegt im Erkennen der Zusammenhänge zwischen interdisziplinären Anforderungen und deren zwingenden oder möglichen Auswirkungen auf die Architektur ein erweitertes Potenzial für die Thematisierung und für Gestaltungsmöglichkeiten in der Architektur.

Durch das breite Aufzeichnen der Gestaltungsspielräume einer Aufgabe wird dem Entwerfenden ein Weiten des Blicks, ein Einsortieren und Einordnen abverlangt. Im nächsten Schritt ist er gezwungen, sich zu positionieren und bewusst auf vermittelbare Gestaltungselemente zu beschränken. Im Gespräch mit den Kunden kann die vorgeschlagene Architektur so argumentativ besser vermittelt und mit einem „mehr" an Bedeutung versehen werden.

Der Weg führt weg von langweiligen, lieblosen 08/15-Bürobauten, hin zu interessanten, Identität stiftenden Gebäuden. Ob man dabei eher den Ansatz des Einzelbauwerks oder den des soliden Standardtyps verfolgt, spielt keine Rolle. Der Anspruch auf Baukunst oder Baukultur bleibt bei allen Strategien bestehen.

Gestalten ist eine Teilhandlung des Entwerfens – es zielt auf die formalen Aspekte des gesamten Prozesses. Wir führen beide Begriffe auf – „Gestalten" und „Designen". Im deutschen Sprachgebrauch kann „Designen" leicht abwertend verstanden werden, im Englischen hat es die umfassende Bedeutung von „Gestalten und Entwerfen". Es gibt jedenfalls die bekannte und in manchen Fällen durchaus auch berechtigte Kritik, dass ein Objekt nur „auf Design" getrimmt sei und funktional oder ökonomisch wenig Substanz habe.

Alle vom Menschen geschaffenen Strukturen und Objekte haben eine Form; sie sind erdacht, geplant, hergestellt, verpackt... – sie alle unterliegen formalen Prozessen, aber deswegen haben sie noch nicht zwingend eine Gestalt.

Gerne würden wir den Begriff „Gestaltung" für Prozesse vorbehalten, bei denen dem Gegenstand nicht nur eine Form, sondern auch eine Bedeutung oder gar ein Sinn zugemessen werden kann. Es macht dann einen wesentlichen Unterschied, ob ich eine Freiraumgestaltung eines Verwaltungsgebäudes nur als „Bepflanzungsaufgabe" sehe, oder ob ich einen wundervollen Außenraum schaffen kann, der zum einen einen hohen Erholungswert für die Belegschaft bietet und zum anderen die Corporate Identity des Unternehmens unterstützt.

Und so betrifft Gestaltung alle Ebenen: den Rohbau, den Ausbau, die Peripherie, die Homepage, die tägliche Arbeit..., und damit verstehen wir auch, dass Gestaltung primär sogar den Entwurfsprozess beinhaltet.

integral

seriell

Standardtyp „plus x"

Form und Fassade als Identifikationsträger

Gestalten, Designen beruht auf Strategie, Improvisation und Kreativität

2 Kontinuierliche Rückkopplung

MASSSTAB

„Die Nähe zum städtischen Freiraum- und Naherholungsnetz hat Einfluss auf unser Projekt."

- Haben großmaßstäbliche Planungs- und Gestaltungsprozesse (z. B. Parklandschaften, Naherholung) eine Bedeutung für unser Projekt?
- Gibt es eventuell regionale/ortstypische Gestaltungstraditionen, die Einfluss auf den Entwurf haben?
- Auf welchen Maßstab nehme ich Bezug; pflege ich ein regionales oder eher ein internationales Objekt?
- Auf welchen Ebenen sind Gestaltungsrichtlinien vorhanden?
- Gestaltungskoordination mit Kommunen, Nachbarn (Standortaufwertung, Beiträge öffentliche Räume...).
- Integrale Gestaltung des Gesamtgrundstücks (Verkehr, Vorfahrt, Zugänge, Freiraumgestaltung, Leitsysteme, Beleuchtungskonzepte...).
- Gestalten, Designen in unterschiedlichen Maßstabsebenen

Integrale Gestaltung in allen Maßstabsebenen
Stadträumliche Vernetzung
Grundstück
Gebäude
Bereiche, Räume, Arbeitsplatz, Möblierung

LAGE

„Wir interpretieren Funktionen, damit wir optimal auf die spezielle Aussichtslage reagieren können."

- Gibt es gestalterische Kriterien bei der Standortwahl?
  - Stadt mit qualitätsvollen Räumen (z. B. Flusslage)
  - Quartier (z. B. Images, „angesagt", In-Viertel...)
- Gestaltqualitäten der umgebenden Strukturen: Morphologie und Typologie, Bestand, Freiraum, Verkehrsräume...
- Gestaltqualitäten des Orts: stadträumliche Situation, Vegetation, Licht und Farbe, Geräusche, Materialität
- Wie reagiere ich im Entwurf auf Stimmung und Atmosphäre des Orts, auf das Image der Umgebung?
- Gestalterische Antworten zu den anderen Themenfeldern (Sich verorten, Kommunizieren, Trennen/Verbinden)

Gestaltungsqualitäten und -defizite in der Lage
Bedeutung der Gestaltung in spezifischer Lage
Möglichkeiten der Mitgestaltung der Lage
Gestaltung der Architektur bezüglich Lage

ÖKONOMIE

„Ziel meiner Entwürfe sind immer die Optimierung von Materialaufwand und Raumertrag"

- Welchen Standard haben wir zu erfüllen: Low, basic, minimal – high-end, repräsentativ?
- Können oder sollten Standards hinterfragt werden?
- Nachhaltige Gestaltung – Gestaltung für Nachhaltigkeit
- Gibt es unterschiedliche Standards für Rohbau, Gebäudetechnologie, Ausbau, Möblierung?
- Will man einen Ausstattungsstandard erreichen oder gibt es verschiedene?
- Welche Bereiche sollen besonders ausgestattet werden? (z. B. Chefbüros, Repräsentationsbereiche... oder Lounge, Café, Dachgarten...)
- In welchem Verhältnis stehen Aufwand/Nutzen bzw. welcher Mehrwert entsteht (Kunden, Team...)?
- Gestaltungsstrategie für Mehraufwand: Wo will ich bestimmte Qualitäten erreichen?

Klärung und Vereinbarung der Standards
Optimierung Materialaufwand/Raumertrag
Strategie Gestaltungsaufwand für unterschiedliche Ebenen

1 Abholen von Gestaltungspotenzialen

Gestalten, Designen

3 Wie entwickeln wir aus einzelnen Formvorstellungen für die vielfältigen Ansprüche eine integrale Gestalt?

FUNKTIONALITÄT

„Es geht nicht nur um gestalterische Umsetzung von Funktion – Funktion kann selbst gestaltet werden."

Wie weit macht das Credo „form follows function" Sinn, wenn Funktionen sich stark verändern?

Wo liegen Gestaltungsebenen, die die Funktion nicht stören?

Funktionsdesign

Ungeklärte Funktionen können eventuell modifiziert werden und ermöglichen Gestaltungsspielräume.

Wo liegen eventuell Widersprüche zwischen ersten Entwurfsvorstellungen und Programmfunktionen?

Was soll wie gestaltet, „designt" werden?

Bleibt dabei die Funktionalität gewährleistet?
- Unbrauchbares Design
  - chic aber unbequem
  - nur zum Angucken

Finden Aspekte der Arbeitsphysiologie Beachtung?
- Anregendes/ermüdendes Design
- Materialität, Haptik

**Mehrfaches Abgleichen von Entwurf und Funktion
Gestaltung ist Form mit Bedeutung
Funktionen entwickeln und Funktionsdesign**

ZEIT

„Ich stelle mir vor, wer wie lange in dieser Architektur Zeit verbringt – dann lasse ich noch mehr weg."

Ist es ein Projekt, das stark auf den Zeitgeist eingehen muss, oder kann es sich davon unabhängig machen?

Werden hier viele Leute kurz oder wenige lange Zeit anwesend sein? Und wie gestalte ich dann?

Welche Funktionen sind wirklich beständig (Treppenhaus, Service) und können definitiv gestaltet werden?

Gestaltung und Erscheinung bei
Tag/Nacht – Jahreszeiten/Wetter

Können durch Arbeitsintervalle wechselnde Ansprüche entstehen?
Tageszeiten – Teilbereiche des Gebäudes

Welche Bauteile haben welche Lebensdauer? Und wie gestalte ich diese aufgrund solcher Kenntnisse?

Gestaltung und Design für limitierte Gebrauchsphasen oder für gesamten Lebenszyklus?

Welche Funktionskomponenten entwickeln sich, welche bleiben konstant? Konsequenzen für die Gestaltung

**Lebensdauer von Funktionen, Konstruktionen
Funktions-Zeit-Diagramm
zeitgenössisch und zeitlos**

IDENTITÄT

„Faszinierend finde ich eine starke Identität, die aber geheimnisvoll ist, die ich nicht sogleich verstehe."

Muss jedes Gebäude eigene Identität zeigen – oder genügt es, wenn eine Quartiersidentität da ist?

Wenn ich entwerfe, wird dann meine Identität gebaut oder wird es die Identität des Bauwerks?

Wer benötigt welche Identitäten: Welche die Entwerfenden? Welche die Benutzenden? Für wen baue ich?

Transformiert sich die Identität von Architektur im Laufe der Zeit, und wenn ja, wie? Wie gehe ich damit um?

Wie korrelieren Identität und Standards?
Ausstattungsniveau – Materialität – Design – Grad der Flexibilität – Arbeitsplatzqualitäten – technische Details – Qualität

Ist die Gestaltung ein vom Corporate Identity unabhängiges „Image" (geeignet für verschiedene Unternehmen) oder speziell zugeschnitten für nur eine Firma?

Gibt es unterschiedliche Identitätsbilder nach sozialen, ökonomischen, kulturellen und ethnischen Gruppen?

Sind Identitäten letztlich „käuflich" – also per Auftrag „designbar"? Oder entlarvt sich gekaufte Identität?

**Lebensdauer von Funktionen, Konstruktionen
Funktions-Zeit-Diagramm
zeitgenössisch und zeitlos
Kulturelle und philosophische Fragen zur Identität**

Gestalten und Designen als Prozess

Gestalt ist Form mit Bedeutung. Gestalten meint die Suche nach Form (Struktur, Dimension, Proportion), Materialität (roh und Verbund, Oberfläche, Haptik) und Farbigkeit. Architektur verlangt eine sehr breite Auseinandersetzung mit Gestaltungsthemen und -prozessen. Die Breite wird in verschiedenen Ordnungssystemen wirksam: Wählen wir beispielsweise die Begriffe „Mensch, Technik, Umwelt", so wird eine eher fundamentale Auseinandersetzung impliziert. Reden wir aber von „Entwurfsphasen der HOAI", verstehen wir den Gestaltungsprozess eher als professionell organisierten Arbeitsablauf im Architekturbüro.

Es ist immer anregend zu untersuchen, wie und ob ein eigenes Projekt auf unterschiedliche Themensetzungen reagiert, welche Gestaltungsthemen dabei aktiviert werden oder eher „stumm" bleiben. Die thematische Strukturierung des Gestaltungsprozesses gehört zur Entwurfsstrategie. Ein Beispiel: Habe ich einen kostengünstigen Bürobau zu entwerfen und thematisiere dann mein Projekt als „Bürobau, der sämtliche Errungenschaften des 20. Jahrhunderts vereint", so habe ich das Gestaltungsthema sicher falsch gesetzt. Wir werden immer das Problem haben, zum einen mit der notwendigen Breite zu arbeiten, dann aber mit „zulässigen Vereinfachungen" den Entwurf strukturierbar (und kommunizierbar) zu machen. Als Planende haben wir unser Verständnis für einen erweiterten Begriff von Gestaltung zu schärfen – darin finden wir oft erst den grundlegenden Sinn oder zusätzliche Verankerungen für den formalen Gestaltungsprozess. Für unsere Kunden ist dieses breite Verständnis zentral; die vorgeschlagene Architektur wird an für sie wichtige Themen gebunden und erhält ein „Mehr" an Bedeutung, vielleicht sogar an Sinn. „Breite" meint nicht zwingend die „gesamte mögliche Breite", sondern eine breite Recherche, dann aber durchaus auch selektive Auswahl und thematische Einschränkung. Nur nach „breiter Sichtung des Problems" sind Vereinfachungen zulässig.

Wir nehmen gestaltete Architektur wahr. Die Gestaltung interessiert final – in ihr wird die gesamte Auseinandersetzung als Kunst verselbstständigt. Die Probleme ursprünglicher Problemstellungen sind dann nicht mehr sichtbar – es steht Baukultur da.

Zudem beeinflussen zahlreiche weitere (disziplinäre) Themen den Entwurf:
- die Organisation von arbeitenden Personen in Strukturen und Teams;
- im Speziellen die Rechte, Pflichten, Verantwortlichkeiten, die Hierarchien und Mitwirkungsmöglichkeiten im Betrieb;
- Kommunikationsprozesse, Informationsflüsse (ausdifferenzierte Anforderungen für Teams und einzelne Mitarbeitende);
- Unternehmensgeschichte und -entwicklung; Unternehmensstrategie, -positionierung, -neuprofilierung...;
- Zeitabläufe, Zeitorganisation und räumliche „Verteilung" der Mitarbeiter/-innen sowie deren Mobilitätsorganisation;
- die Frage nach der Belegschaft: Wie ist diese konstituiert, welche Qualifikationen wird sie haben, aus welchen Milieus wird sie vorwiegend kommen, wird es Alters- oder Geschlechtertrends geben?

Im Erkennen der Zusammenhänge interdisziplinärer Anforderungen und deren zwingenden oder möglichen Auswirkungen auf Architektur liegt erweitertes Potenzial für Gestaltungsthemen und -strategien. Allgemeine Überlegungen zur Gestalt, zur Stilpersistenz, zu Funktion und Form sowie zu typologischen Formkonzepten finden sich auch im ersten Kapitel.

Aspekte der Gestaltung

Im Folgenden werden einige allgemeine und spezifische Gestaltungsthemen für das Entwerfen von Verwaltungsbauten und Architektur der Arbeit thematisiert.

Kriterien zur Formfindung:
Trotz harter Vorgaben in Programm, Technik, Nachhaltigkeit, Ökonomie et cetera gibt es dafür keine Rezepte – es gibt nur die jahrelange Auseinandersetzung. Selbst die Titanen positionierten sich diametral: „form follows function" (L. Sullivan), „form follows form" (P. Johnson) und „form follows mind" (W. Jaray) ... wir haben für das Entwerfen eben eine eigene Haltung zu entwickeln.

Gestalten, Designen

Baukultur und Baukunst:
Die Großartigkeit historischer Verwaltungsbauten (Stoa in Athen) und die eindrücklichen Beispiele autochthonen Bauens (ein „Kontorhaus", ein „persischer Basar") werden in der Neuzeit ergänzt durch eine Flut von Werk-Bildern. Beide Wege stehen offen: Ob wir Architektur als Einzelikone positionieren wollen oder „aktuelle Allgemeingültigkeit" entwickeln – der Anspruch auf Baukultur muss bestehen bleiben.

Architektur-Bilder

In diesem Spannungsfeld hat das Erfinden neuer Bilder unterschiedlichen Stellenwert; ob der Druck zu „neuen Bildern" sinnvoll ist, darf hinterfragt werden. Innovative Bilder sollen für innovative Firmen sprechen. Bildstärke ist keine Qualitätsgarantie: McDonald's wird von allen erkannt, aber wir sind uns über dessen Lächerlichkeit einig. Es ist weiterhin denkbar, dass die Architektur aus dem Ort, dem Umfeld, der Topografie und der Geschichte völlig losgelöst von den Arbeitsinhalten entwickelt wird – bis hin zu einer gewissen Unabhängigkeit von der Funktion. Dies ist auch der Fall, wenn ein bestehendes Gebäude umgenutzt wird und nur Räume angepasst werden. Ebenso kann eine mögliche inhaltliche Verwandtschaft zwischen der Tätigkeit oder der Produktion einer Firma und der für sie zu konzipierenden Architektur hergestellt werden. So kann mit der Architektur die Corporate Identity über den vorgegebenen Brand hart definiert sein, was mitunter zu Konflikten mit dem Umfeld führen kann. Als Beispiele lassen sich hier technologische Betriebe wie Porsche und Olivetti nennen, deren Unternehmensinhalte sich gut in Architektur abbilden lassen.

Innovatives Innenleben

Andererseits gibt es viele Bürobauten, deren gesamtes Erscheinungsbild keine Rückschlüsse auf Mieter und Arbeitsthemen zulassen, die also allgemein für das Arbeiten dastehen. Im Inneren finden wir vielleicht eine spezielle Raumgestaltung, mit der sich die Entwerfenden oder die Nutzer/-innen individuell und innovativ darstellen.

Unterstützung der „Normalproduktion"

Dem größten Teil der Bauproduktion mangelt es leider an Qualität. Es kann demnach Ziel eines hochqualifizierten Büros sein, Architekturen zu realisieren, die in ihrer „aktuellen Allgemeingültigkeit" verstanden und kopiert werden können. Architektur erhielte so mehr Relevanz und Nachhaltigkeit. In einer solchen allgemeingültigen Architektur müssten vor allem die Kriterien für Zukunft exemplarisch erfüllt sein:
- flexible Strukturen für lange Lebenszeit;
- ein nachhaltig intelligenter Umgang mit Ressourcen (Material, Raum, Energie...);
- und ein baukultureller Beitrag zur „Architektur in der Stadt", also zum Bauwerk, das im Dialog mit dem Ort steht. Damit sind nicht nur der Raum, sondern auch die Strukturen, Ressourcen und immateriellen Netze gemeint.

Gestaltung des Umfelds

Als erste Entwurfsaktion haben wir das „Verorten" vorgeschlagen (siehe Seite 115); wir versuchen zuerst, den Ort, den Kontext, die umgebenden Strukturen zu verstehen. Mit jedem Architekturprojekt haben wir den Dialog mit den urbanen Strukturen, dem Stadtraum zu eröffnen. Für den Dialog mit dem Kontext sind die Gestaltung der Erschließung und des Umfelds von hoher Bedeutung. Insbesondere ist hier die Zusammenarbeit mit anderen Fachleuten, den Verkehrsplanern und den Landschaftsplanern wichtig. Nur so kann die gesamte Aufgabe mit den Ansprüchen der jeweiligen Disziplinen gestaltet werden.

MFO-Park in Zürich Oerlikon, Burckhardt + Partner und Raderschall Architekten
Inmitten eines neuen Wohn- und Arbeitsquartiers nimmt dieser Park eine herausragende Funktion als Treffpunkt und Erholungsraum ein. Sein stetiges Wachstum und die damit verbundene Bild-Transformation faszinieren von Jahr zu Jahr neu.

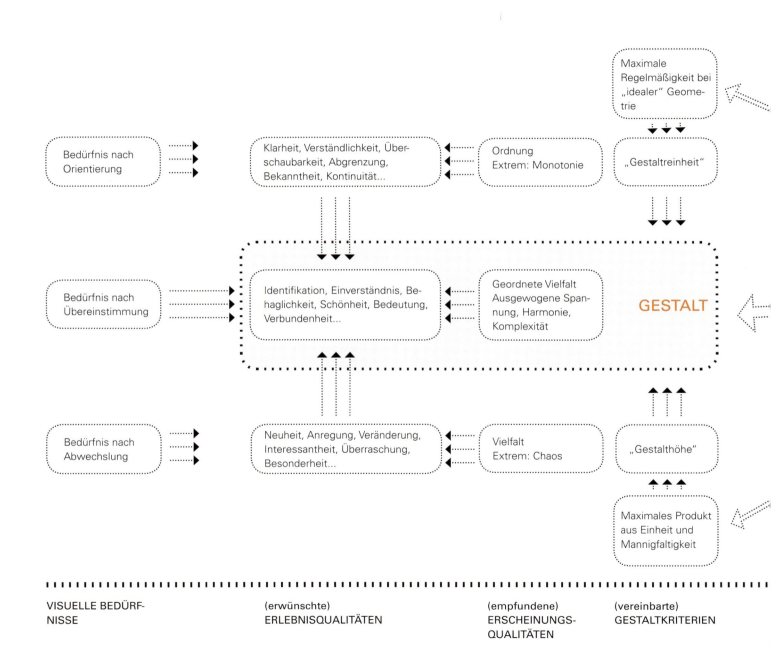

Gestalten, Designen

- Gleiche, geometrisch einfache Elemente und Anordnungsbeziehungen
- regelmäßige Elementfolgen und -reihen
- strenge Ordnungs-, sinnfällige Bedeutungsstruktur
- geringe Komplexität
- Wiederholung gleicher Elemente und Typen
- strenge Abgrenzung, deutliche Kontrastierung, einfacher Rhytmus
- lapidare Formen, einfache Zuordnung

- differenzierte, nach erkennbaren Regeln angeordnete Elemente
- ganzheitliche Ausformung der Gestalt
- sinnfällige Zuordnung verschiedenartiger Teile
- Über- und Unterordnung komplexer Formen und Elemente
- überraschende, aber nachvollziehbare formale Beziehungen
- Verbindung sich ergänzender Gegensätzlichkeiten
- Rhythmus, Spannung, Harmonie, Einprägsamkeit...

- Vielfalt und Regellosigkeit von Elementen
- Mischungen verschiedenartiger Teile
- auffällige Elementeigenschaften und zufällige Elementbeziehungen
- Unverträglichkeiten
- widersprüchliche Bedeutungen
- unklare Begrenzungen
- Unvollständigkeiten
- Konflikt von Erscheinung und Bedeutung...

(angebotene) GESTALTQUALITÄTEN

Eigenschaften von Architekturelementen
- „Dimensionalität" (lineare, körperliche, flächige Bauelemente)
- Größe (absolute Maße L x B x H, relative Maße, Proportionen...)
- Form (regulär, irregulär, gerade, gekrümmt, geknickt, organisch...)
- Helligkeit (durch Licht erzeugt und verändert, selbstleuchtend...)
- Material (Oberflächenbeschaffenheit, Textur, Farbe, Image)

Beziehungen zwischen den Elementen
- topologische Beziehungen (Reihung, Gruppierung, Umschließung, Zuordnung, Durchdringung, Heraushebung, Zentralisierung...)
- maßliche Beziehungen (Maße, Maßverhältnisse, Moduli...)
- geometrische Beziehungen (Orthogonalität, Raster, Achse, Symmetrie...)

Beziehungen zwischen den Elementen und dem Standort des Betrachters
- Standortbezug zum Betrachter (nah, fern, über, unter, neben, vor...)
- Bezug zum Standortwechsel, Richtungswechsel: Wahrnehmungsfolge, geschwindigkeitsabhängige visuelle „Sequenz", Gehlinie...

Gestaltungsaspekte frei nach Fuhrmann[1]

(mögliche) GESTALTUNGSMITTEL

	Alle Beteiligte Nutzer/-innen	Funktionen Allgemein Spezifische Teilfunktionen
	VORGABEN	

Alle Beteiligte
Nutzer/-innen

Je nach Arbeit ist eine unterschiedliche Anzahl von Nutzergruppen beteiligt. Welche Bedürfnisse haben diese; sind diese ähnliche oder divergieren sie?
Wie gestalten wir Räume für sie?

- Beteiligte als eine Nutzung verstehen.
- Funktionsgerechte Gestaltung für Nutzergruppen (zum Beispiel Front-Office und Back-Office).
- Eine Funktion mit besonderer Bedeutung und besonderem Gestaltungskonzept besonders hervorheben (z. B. Lounge).
- Mögliche Leitideen (z. B. öffentliches und sichtbares Arbeiten, gläserne Produktion)?

Verschiedene Nutzergruppen – unterschiedliche Anforderungen und Bedürfnisse

Funktionen
Allgemein
Spezifische Teilfunktionen

Welche Anforderungen entstehen aus der Funktion? Lässt mir die Funktion einen Gestaltungsspielraum? Wie lange wird Funktion bestehen?
Wie gestalten wir Raum für Funktion?

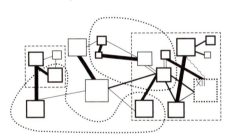

Werkzeug: Beziehungsschema einer Verwaltung¹

Standards
Minimal
Durchschnittlich – 08/15
De luxe

Architektonische Komponenten
Außen = Grundstück, urbane Anbindung
Hülle = Fassade
Innen = Räume und Strukturen

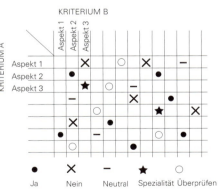

Werkzeug: Funktionsschema, Programmierung und Flächenbedarf

Inneneinrichtung/Design
Bilder, Stile, Sprachen...
Innovation, Kohärenz, Brüche...
Charakter, Stimmung...

Gestalten, Designen

Standards
Minimal
Durchschnittlich – 08/15
De luxe

Architektonische Komponenten
Außen = Grundstück, urbane Anbindung
Hülle = Fassade
Innen = Räume und Strukturen

Gestalt/Design
Bilder, Stile, Sprachen...
Innovation, Kohärenz, Brüche...
Charakter, Stimmung...

UMSETZUNG GESTALTUNG/ENTWURF

- Gibt es ein Hauptziel oder eine Nutzergruppe mit spezifischen Standardvorstellungen?
- Haben wir unterschiedliche Standardvorstellungen zu erfüllen?
- Um welche Art Arbeit geht es und wie ist deren Wertschöpfung (Anwaltskanzlei, Architekturbüro...)?
- Ist die Wertschöpfung einheitlich oder unterschiedlich?
- Themen: „belegschaftsfreundlich", „super-clean", „repräsentativ", „Understatement"...
- Werden Funktionen exzessiv baulich unterstützt?
- Welche zusätzlichen Funktionen wären wünschenswert, sind aber High-Standard?

- Welche Komponenten können was leisten, als Gesamtes oder als Einzelelemente?
- Gestalt des Gebäudes für: den urbanen Kontext und/oder für Kundschaft (Image)?
- Raumgestaltung für den Kunden/Belegschaft
- Sonderelemente für beide Gruppen: Empfang, Sitzungszimmer, Café, Sanitärbereich
- Welche Komponenten sind zur Gestaltung welcher Funktionen erforderlich?
- Mögliche Kombinationen zum Thema „neutrale und spezifische Ausgestaltung": außen neutral – innen spezifisch...
- Auflösung der Widersprüche zwischen Architekturkonzept und funktionalen Bedürfnissen
- Reale Einschätzung des Standards und folgerichtige Strategie für den Entwurf
- Standard unterschreiten (= möglich), Standard überschreiten (= großes Problem!)
- Zum Beispiel Hülle: sehr aufwendige Fassade versus einfache Lochfassade
- Zum Beispiel Volumensprache: einfache Kiste versus komplexe Raumlandschaft

- Bilder für bestimmte Adressaten: Geschmack, Stil, Zeitgeist, Styling, Experiment
- Soziologische Komponenten: Identifikation, Anregung, Identitätsbildung
- Hinzuziehung weiterer professioneller Beteiligter: Kommunikationsberater, Farbgestalter, Unternehmensberater, Corporate Identity, Entwurf, Kunst...

- Thema abbildbar – Olivetti, IT, Porsche
- Funktion (Produkt) wird architektonisch umgesetzt und lesbar
- losgelöst von der Funktion
- Funktionalismus als Stilbild
- Gibt es Gestaltkulturen (vorhandenes Corporate Identity, Brand), die übernommen werden können?

- Vorgegebene Standards für die Aufgabe: „schlanke Verwaltung", „Repräsentation einer Privatbank", „Minimal Start-up"...
- Bewusstsein über Kostenfolgen bestimmter Gestaltungsansprüche

- Standard bezüglich welchen Faktoren: Fläche, Ausstattung, Lage, Arbeitszeit...?
- Beziehen wir lieber mehr Lohn/Gewinn als in höchstem Standard zu arbeiten?
- „Einfache Kiste" versus „Gestaltung von A bis Z"

Die Eigenlogik des Projekts: Wie entwerfe ich rational eine kohärente Architektur?

- Integrale Gestaltung über gesamtes Werk
- „Trägerarchitektur": Rohbau, Hülle, Erschließung unter Kontrolle – Ausbau bleibt bei Mieter/Käufer
- Positionierung des Projekts, Projektstrategie (Image, Habitus, Schwerpunkte...)?

- Wie setze ich Gestaltung sinnvoll ein?
- Welche Konzepte kommen in Frage?
- Gibt es „Geschmacksgrenzen", welche ich nicht mehr verantworten kann?

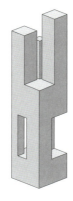

Südwestmetall
Schulstraße 23
Reutlingen (DE)

Allmann Sattler Wappner
Architekten
München

Fertigstellung
2002

Büroarbeitsplätze
9-49

Lage M 1:10 000

Südwestmetall

Das Projekt befindet sich im Altstadtzentrum Reutlingens, dessen Bebauungsstruktur durch eine Vielzahl von Gründerzeitbauten geprägt ist. Der Entwurf vereint in einfacher Form, jedoch mit komplexer Umsetzung, die städtebaulichen Vorgaben des Orts mit dem Wunsch nach Eigendarstellung von Südwestmetall als Verband der Metall- und Elektroindustrie. Die Assoziation „Stadtvilla mit Garten" wird durch die Eigenart des ungewohnten Oberflächenmaterials verfremdet. Die Funktion der Geschäftsstelle des Arbeitgeberverbands der Metallindustrie wird mit dem verwendeten Material repräsentiert. Durch additive Anordnung der drei Einzelbaukörper verdichten sich die Baumassen auf dem Grundstück und es entstehen vielschichtige Zwischenräume, die mit spezifischen Nutzungen belegt werden. Ornamentplatten aus Metall werden ebenerdig auf die gesamte Grundstücksfläche gelegt sowie als Sockelgeschossverkleidung drei Meter an den Häusern hochgeführt. Diese lichtdurchlässigen Platten definieren an der Fassade die Begrenzungen zwischen öffentlichem Raum und den privaten Bereichen von Südwestmetall. Die Außenoberflächen der Fassaden über dem Sockelgeschoss bestehen aus einer durchgehenden satinierten Edelstahlhaut.

Gestalten, Designen

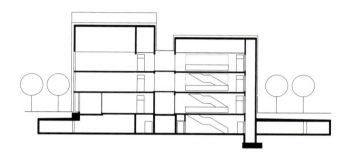

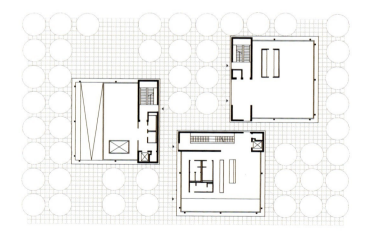

relevante Themen

FUNKTIONEN
allgemein
spezifisch
Geschäftsstelle

STANDARDS
minimal
08/15
de luxe

KOMPONENTEN
außen
Hülle
innen

GESTALT/DESIGN
Oberfläche Fassade

Schnitt M 1:750
Grundriss OG M 1:750

Hürlimann Areal
Brandschenkestraße 70-152
Zürich (CH)

Metron
Zürich

Fertigstellung
2005

Büroarbeitsplätze
> 250

Lage M 1:10 000

Hürlimann Areal, Zürich

In Zusammenhang mit der Revitalisierung einer größeren Industriebrache (ehemaliges Brauereigebäude Hürlimann) mitten in der Stadt wurde in Workshops mit der Stadt und den Investoren ein dem industriellen Charakter verwandtes Raumkonzept erarbeitet. Dieses sollte mit unterschiedlichsten Nutzungen belegt werden können. Einige der attraktiven historischen Gebäude konnten so erhalten werden. Trotz optimaler Lage an einer S-Bahn-Linie, konnte, mit der Begründung, dass dies zu Engpässen im Gesamttakt führen würde, keine eigene Station durchgesetzt werden. Teile der neuen Strukturen sind als Verwaltungsbauten angelegt. Diese sind in einer Serie von Standardtypologien mit großer Zurückhaltung aber auch mit Präzision, quasi mit industriellem Understatement, ausgestaltet. In einer Flanke ist das Unternehmen Google einquartiert; es zeichnet sich durch einen verspielt witzigen Innenausbau aus, der das äußere Erscheinungsbild beinahe konterkariert.

Gestalten, Designen

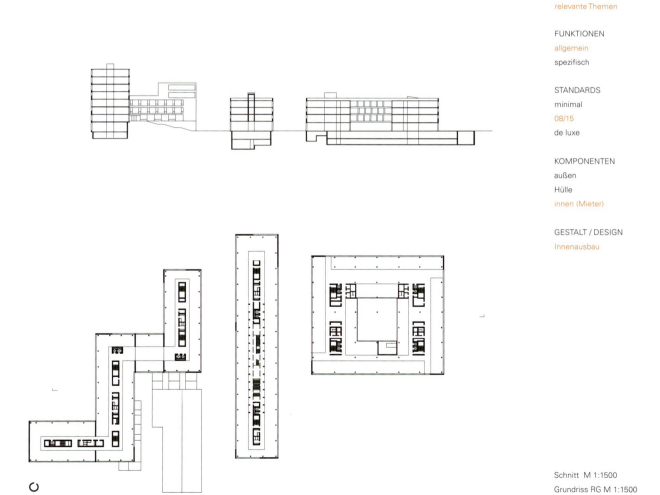

relevante Themen

FUNKTIONEN
allgemein
spezifisch

STANDARDS
minimal
08/15
de luxe

KOMPONENTEN
außen
Hülle
innen (Mieter)

GESTALT / DESIGN
Innenausbau

Schnitt M 1:1500
Grundriss RG M 1:1500

Arbeit und...

Periphere Dienste und technische Peripherie

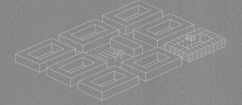

Periphere Dienste und technische Peripherie

Im weiten Netz der Bedürfnisse geht es um die Abgrenzung von eingelagerten und externen, peripheren Diensten (auch „outsourcing"). Beim Entwerfen muss abgeklärt werden, wie und in welchen Dienstnetzen das Projekt organisiert wird. „Peripherie" ist keine feste Größe – ihre Verteilung hängt von zahlreichen vorausgegangenen Entscheidungen und externen Faktoren ab.

Im Zentrum unserer Betrachtung steht der einzelne Arbeitsplatz, in dessen Umfeld sich in unterschiedlichen Distanzen sowohl die technische Peripherie (Technik, Möbel, Maschinen) als auch die peripheren Dienste befinden. Diese Distanzen ergeben sich aus den räumlichen Zonierungen des Entwurfs. In-house kann die „Peripherie" beliebig platziert werden. Unternehmen, die diese Synergien sinnvoll zu nutzen wissen, sind stärker verortet und vernetzt. Sie leisten zudem einen wichtigen Beitrag zur Standortqualität und zur Attraktivität des Arbeitsumfelds.

Zur Peripherie gehören auch die urbanen Freiräume und die Verkehrsräume. Deren Gestaltung hat für die Verortung eine besondere Bedeutung.

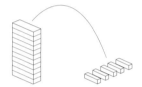
Server, Storage – Leibniz Rechenzentrum

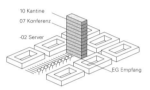
Alles in einem Gebäude, Konzern – Commerzbank, Frankfurt a.M.

Post selber verteilen, minimal

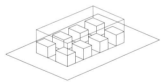
Büro als Raum auf Zeit, Zwischennutzung, Tagung

Minimalstandard, Küchentisch

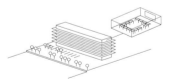
Konferenzhotel – Park Hyatt beim Kongresshaus Zürich

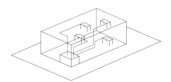
Poststelle im Haus, größere Firmen

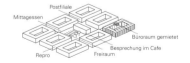
Quartiersperipherie – kempertrautmann.haus, Hamburg

Peripherie beruht auf Erleichterung

MASSSTAB

„Die Auftraggeber wollen sich klar positionieren in der Angebotsvielfalt und -konkurrenz dieses Stadtteils."

Karte mit Peripherie-Angeboten: Wo können Leistungen extern bezogen werden und wie sind diese erreichbar?

In welchem Umfeld sind die nächsten Konkurrenten? Und wie positionieren sich diese?

Ist das Angebot des Kunden quartier- oder stadtteilgebunden?

Potenzialanalyse: Zielen wir auf die richtige Betriebsgröße in diesem Umfeld ab? Gehen wir von den richtigen Größen und Parametern aus?

Unterschiedliche Anknüpfungspunkte an städtische Strukturen: Beispielsweise Anbindung an Freiraumnetze und -korridore.

Frage nach extern und intern
Mengen, Abholdistanzen, Preise
Entwicklung des Quartiers

LAGE

„Wir rufen hier viele qualifizierte periphere Dienstleister ab und entlasten so unser Raumprogramm."

Für die Arbeit notwendige Funktionen – und Entscheidung für interne oder externe Lösung:
- Netz peripherer Dienste (Plandruck, Modellbau...)
- Netz von Spezialisten (Ingenieure, Grünplaner, EDV)

Die Arbeit unterstützende Angebote:
Kita, Boardinghouse, Restaurant, After-Work...

Andere Angebote – als allgemeine Umfeldqualitäten:
- gute Wohnlagen für Nähe Wohnen-Arbeiten
- vielfältige Einkaufsmöglichkeiten

Welche Angebote fehlen tatsächlich und können auch selbst nicht organisiert werden?

Besteht bei den direkten Nachbarn eventuell Interesse an einer Kooperation, an gemeinsamem Betrieb eines Dienstes (z. B. kleine Reprografie)?

„Inside-Outside"
Netzwerke & Eigenleistung

Ein- und Anbindung an urbane Freiräume und Verkehrsstrukturen.

Angebote und Nachfragen im Quartier
Notwendige, erwünschte, zusätzliche, fehlende
Konsequenzen auf das eigene Programm

ÖKONOMIE

„Als graphischer Betrieb benötigt die Firma High-end Peripherie – das muss woanders eingespart werden."

2 Konzeption Peripherie in Nutz- und Raumdiagramm abgleich

Will man einen Ausstattungsstandard erreichen oder gibt es verschiedene (z. B. Drucker in jedem Büro oder zentral für alle Abteilungen gleich)?

Welches sind die Prioritäten? Und hat dies Auswirkungen auf das Raumprogramm?

Kann man sich die gemäß Raumprogramm vorgesehenen Flächen und Räume leisten?

Welche peripheren Funktionen will man sich leisten (z. B. Café, großer Empfang, repräsentative Bibliothek)?

Wer bietet welche Dienstleistungen extern zu welchen Preisen und Bedingungen an?

Können eventuell eigene Dienste nach außen angeboten werden?

In welchem Verhältnis stehen Aufwand/Nutzen und welcher Mehrwert entsteht?
Für Kunden, fürs Team, in der Effizienz...?

Notwendige und erwünschte Peripherie
Kostenvergleiche intern/extern
Qualitäts- und Komfortvergleiche
Verhandlungen im Quartier-Netzwerk

Periphere Dienste und technische Peripherie

3 Idee vom gesamten „System Peripherie"

FUNKTIONALITÄT	ZEIT	IDENTITÄT
„Der Erwerb dieser Mini-Fabrik wäre genial... aber wir müssten dann einige eigene Dienste outsourcen!"	„Die Beratertruppe der Firma ist zu 50% international unterwegs – wir planen hier einen Stützpunkt!"	„Dieses Hightech-Unternehmen wünscht sich eine witzige, verkitschte Requisitenlandschaft als Interieur!"
• Raumprogramm über alle peripheren Funktionen und Räume zur Gewährleistung der Arbeitsabläufe	• Welcher Lebenszyklus wird angestrebt? - Kurze Zyklen (1 bis 2 Jahre) - Normale Zyklen, bis amortisiert (3 bis 4 Jahre) - „Freak": immer „up to date"	• Welche Identität soll vermittelt werden? Design Architekturbüro – Tragwerksplaner – Steuerberatung – öffentlicher Dienst, Behörde...
• Welche Ansprüche bestehen bezüglich Mobilität und Homeworking (z.B. Notebooks, Accounts zuhause)?	• Welche Entwicklungen sind zu erwarten und wann sollen technische Geräte ersetzt werden?	• Erfordert die Identität gewisse Standards? Ausstattungsniveau, Materialität, Design, Arbeitsplatzqualitäten, technische Qualität der Maschinen...
• Wie ist der Background organisiert, was wird aufgeteilt?	• Welche Öffnungszeiten und Lieferzeiten haben die externen peripheren Dienstleister?	
• Welche Raumanordnungen stehen zur Disposition? Habe ich eventuell eine innovative Lösung übersehen?	• Welche Performance (Qualität, Preise, Lieferzeiten, Termintreue) bietet die externe/hauseigene Logistik?	• Apple Macintosh oder Windows-PC?
• Bei welcher Firma kann ich meinen Auftraggebern eine vergleichbare Lösung zeigen?	• Gibt es Hauptnutzungszeiten und wenn ja, wann? (z. B. die meisten drucken um 17 Uhr)	• Ist die Peripherie ein zentraler Bestandteil der Identität oder „ist sie einfach da"?
• Gelingt schonungslose Wertung der Funktionalität? Unbrauchbares Design – chic aber unbequem – nur zum Angucken – viel da, aber nie gebraucht... Und: Bei diesem System stimmen Kosten/Nutzen	• Welche Konsequenzen ergeben die zeitlich regelmäßigen/unregelmäßigen Belastungen? (z. B. Gruppierungen, teilen, schieben, leihen)	• Wird die Peripherie möglichst in den Hintergrund gebracht (eigene Kojen, Schränke, unter Tisch) oder wird sie offen inszeniert?
• Finden Aspekte der Arbeitsphysiologie Beachtung? bequem/unbequem, kurze/weite Wege, Druckergeräusche, Kaffeemaschinenlärm, Geruchsbelastung...	• Worauf muss Peripherie ausgelegt sein? - Grundlasten und Stoßzeiten - Was läuft immer, was wird dazugeschaltet?	• Welches technische Standing wirkt gegenüber den Kunden als professionell und wann kippt ein Standing ins Bemühende?
Funktionalität im Abgleich mit Kriterien: - Preis – Leistung - Mobilität - Einzellösungen – Systemlösungen	Langfristige Strategie kurzfristig operative Umsetzung interne und externe Rhythmen Zeit-Traditionen der Mitarbeiter/-innen	Kohärenz zwischen Arbeitsinhalten und Technik Gefühl für sinnvollen Standard Abstimmung mit umfassender Identität

1 Potenziale im Umfeld abklären – oder Anforderungen an Umfeld definieren

Verständnis von „Peripherie"

Peripherie ist dazu da, Bedürfnisse der Arbeitenden zu befriedigen und ihnen bei der Bewältigung des Alltags hilfreich zu sein. Wir haben Bedürfnisse beim unmittelbaren Arbeiten, aber auch an der Schnittstelle von Arbeiten zu anderen Funktionen (Freizeit, Einkaufen, Wohnen) – mehrmals im gesamten Tagesablauf. Im klassischen Verständnis von „Peripherie" geht es meist nur um die optimale Gestaltung von Arbeitsplätzen in Bezug auf die technische Peripherie. Wir erweitern dieses Verständnis um das der peripheren Dienste, womit wir ein erweitertes Spektrum an Funktionen einbeziehen.

Die technische Peripherie

Sie beinhaltet sämtliche Technik: Maschinen, die für das unmittelbare Arbeiten zur Verfügung stehen. Diese haben aufgrund der technologischen Entwicklung eine immer kürzere Lebensdauer, was zu höheren laufenden Kosten führt. Ein Teil der technischen Peripherie ist heute zwischen Firmen- und Privateigentum unklar zugeordnet. Handys und Notebooks, kleine Drucker und Digicam sind typische Beispiele, die in Verflechtung von Arbeitsraum und Privatraum angewendet werden. Deshalb wird hier das Thema mehrerer Arbeitsplätze beschrieben.

Die peripheren Dienste

Darunter verstehen wir ergänzende Nutzungsangebote im näheren und weiteren Umfeld mit unterschiedlichen „Bindungsstärken" in folgenden Kategorien:
- Direkt auf die Arbeit bezogen und in der näheren Umgebung: Printshop, Restaurants, Sandwichbar, Schreibwarenladen...
- Regelmäßig beanspruchte Dienste wie EDV-Service, Reinigungsdienste, Hauslieferdienste... Die räumliche Nähe ist sinnvoll aber nicht zwingend.
- Im Geflecht (auf den Wegen) zwischen Arbeiten und Wohnen könnten es sein: Kinderkrippe, Fitnesscenter, Einkaufsmöglichkeiten, Lebensmittelladen, Waschsalon, Frisör, Afterwork-Club, Biergarten...

In der Abbildung auf Seite 77 und im Schema auf Seite 212 stellen wir mögliche Beziehungen dar.

Beim Entwerfen können wir – falls das Nutzungsprogramm nicht klar ist – eine solche Übersicht aufzeichnen. Wir untersuchen, welche Nutzungen schon da sind oder fehlen und entscheiden, ob wir diese im Projekt implantieren wollen und können. Eine Frage ist, ob zusätzliche Nutzungen zumindest selbsttragend oder sogar rentabel sind, oder ob sie quersubventioniert werden müssen. Unrentable oder sehr unberechenbar benutzte Peripherie müsste ausgelagert werden (Outsourcing). Damit können Belastungen abgebaut werden. Es besteht dann allerdings das Risiko, dass der ausgelagerte Dienst definitiv „verschwindet". Eine Besonderheit ist, dass bestimmte zusätzliche Nutzungen das Gesamtprojekt ökonomisch aufwerten können, obwohl sie selbst nicht rentabel sind.

Notebook, Mobile, Organizer, USB-Stick, Portable Printer...

Zentrale (interne oder externe) Server

Periphere Dienste im Quartier

Periphere Dienste und technische Peripherie

Die große Vielfalt und die daraus entstehenden Kombinationsmöglichkeiten erfordern von uns ein komplexes Verständnis von Nutzungsgeflechten des Projekts in der Stadt. Die Geflechte sind in Zentren, Ballungsräumen und im Hinterland verständlicherweise sehr unterschiedlich. Nutzungsvielfalt ist ein Faktor der Standortqualität.

„Peripherie" ist keine feste Größe. Es gibt wohl eine minimal notwendige Peripherie, dann aber zahlreiche Standards.

Die peripheren Dienste selbst funktionieren (oder überleben) demnach unmittelbar über ihre Verortung und Vernetzung. Nahe Kundschaften, Laufkundschaften, Stammkundschaften – aufgrund dieses Regulativs sind sie in der Stadt nach Dichte der Nachfrager verteilt. Eine Besonderheit sind Dienstleistungsinseln: Orte, an welchen bestimmte Anbieter konzentriert sind. Dabei handelt es sich eher um Angebote, welche unregelmäßig und selten benötigt werden.

Autarke Inseln – symbiotische Netze

Wie in Kapitel Ökonomie dargestellt (siehe Seite 53), bestehen bei großen Verwaltungseinheiten (Konzerne oder Zusammenschlüsse vieler KMU) die Möglichkeit der internen Angebote, das heißt, ein wichtiger Anteil der peripheren Dienste kann in-house betrieben werden. Dies ist in gewissem Sinn komfortabel – es ist aber auch weniger urban.

Dies und die Fragen der Sicherheit sind Gründe, weshalb um Konzernarchitektur und auf Arealen großer Firmen oft eine unlebendige Athmosphäre herrscht, während im Umfeld vieler KMUs und den sich dazu symbiotisch positionierten peripheren Diensten ein recht urbanes Gefühl einstellt. Die Vielfalt ist unter Umständen nicht einmal größer, aber die Bewegungen verlagern sich in den öffentlichen Raum, und die diversen Nutzungen sind zugänglich. Unterschiedliche Nutzergruppen treffen aufeinander.

Mobile Peripherie

Der mobile Arbeitsplatz hat sich weitestgehend als Standard durchsetzen können: Notebook, externe Festplatte, Organizer, leistungsfähige Funknetze, Zugriff auf externe Server, Digicam (als Scannerersatz) und selbstverständlich das Mobiltelefon bilden die „portable unity".

Mobile periphere Dienste

Die Formen mobiler Peripherie gewinnen wieder etwas an Bedeutung. Mit ihr können wenig dichte Nutzungssysteme oder Nutzungsinseln angedient werden (zum Beispiel Pizzakurier zum Uni-Campus). Mobile Peripherie ist sehr intensiv in asiatischen Städten bekannt (Garküchen, telefonisch abrufbare Dienstleistung). Ein extremes Beispiel ist das indische Essensversorgungssystem, bei dem hunderttausende Werktätige das Essen in Alu-Proviantboxen („Dabbas") von ihren Familien aus den Vororten zugeliefert werden.

Weltkonzern in dörflichem Umfeld

Quartier mit weltweit tätigen Büros + periphere Dienste

Mobiles Büro im ICE

Dabbas und deren Lieferanten („Dabbawallas")

Mehrere Arbeitsorte

Es gibt Arbeiten, die mit einem Hauptarbeitsplatz auskommen, andere jedoch – und dieser Fall wird immer häufiger – verteilen sich auf mehrere Standorte (siehe Kapitel „Stadt, Quartier, Haus – Kontext und Mobilität", Seite 72 ff.). Im klassischen Fall fahren die Arbeitenden morgens zu ihren Arbeitsplätzen und verlassen diese nach geleisteter Arbeitszeit wieder.

Doch mehr und mehr Arbeitende sind teils zu Hause, teils in ihren Büroflächen, teils unterwegs oder beim Kunden tätig. Für sie stellt sich schnell die Frage, welche Elemente an welchem Ort platziert sind, welche zwangsläufig doppelt vorhanden sein müssen und wer die Mehrkosten für eine doppelte Peripherie übernimmt. Mit hochwertigen und preiswerten Notebooks sowie leistungsfähigen Netzwerken ist diese Problematik allerdings inzwischen wesentlich entschärft.

Verteilung der Standardgeräte

Die Verteilung der Peripherie wird durch unterschiedliche Faktoren bestimmt. Normalerweise versucht man Geräte gut auszulasten. Gerade weil die Halbwertszeiten der technischen Peripherie relativ klein sind, wird sich ein Unternehmen eher keine überflüssigen Geräte leisten wollen.

Früher wurde die mögliche Anordnung wesentlich durch das System der Zuleitung bestimmt; dieses Kriterium wird mit den Funknetzen beinahe irrelevant. Die Frequenz der Zugriffe, die Zuordnungen und Zugriffsrechte bestimmen Anzahl und Verteilung der Geräte. Die Hierarchie kann eine Spezialverteilung auslösen (Chefbüro mit eigenen Geräten).

Ein ganz wesentliches Kriterium ist letztlich die Frage oder der Anspruch, ob und wie wir Geräte und Technik sichtbar machen wollen.

Arbeitsprodukte als Peripherie

Entgegen den Manufakturen, wo konkrete Produkte auf den Arbeitsbänken liegen (Uhren, Zigarren, Pianos, Teddybären...), sind es bei Dienstleistungsunternehmen Abstraktionen der Arbeit: Korrespondenz, Pläne, Ordner und seit 20 Jahren nur noch Abbilder auf den Screens. Da das Arbeitsprodukt am PC nicht mehr sichtbar ist, wird stellvertretend der Arbeitsplatz intensiver gestaltet. Deshalb haben die wenigen noch existierenden Arbeitsprodukte einen sehr hohen Stellenwert: Modelle in Architekturbüros und bei Produktedesignern, Vorabdrucke, Fotos, Plakate bei Grafikern, Flipcharts mit Handskizzen bei Beratern.

Insgesamt wird das Bürobild von der Architektur, der Ausstattung und den Produkten bestimmt. Wir sollten deshalb Vorstellungen über diese Konstellation entwickeln.

„Hightech-Hotel": Installierter Arbeitsplatz im Zimmer

Sichtbare Peripherie – why not?

Von Peripherie absolut befreit...

Komfortabel in der Villa zu Hause...

Periphere Dienste und technische Peripherie

Persönliche Peripherie/Officestyle
Abgesehen von den lustigen Accessoires einiger Angestellter (Plüschschweinchen und anderes), besteht vielleicht ein berechtigter Anspruch auf persönliche Gegenstände: Fotos der Liebsten (heute als Bildschirmschoner), Kunst, die persönlich gefällt. Bei Desk-sharing sind wir mit diesen Fragen ernsthaft konfrontiert – weil dann der Arbeitsplatz nicht mehr persönlich gestaltet werden kann.

Wir Entwerfenden tun uns schwer mit den unberechenbaren „Privat-Schichten" – wir würden den Officestyle gerne entwerfen und kontrollieren können. Büros sind aber Lebensorte von Individuen. Vielleicht sollten nur bestimmte, gemeinsame Zonen komplett und kompromisslos durchgestylt werden. Vielleicht wird erwartet, dass die Mitarbeiter/-innen den Officestyle persönlich aber innovativ mitgestalten.

Peripherie-Bilder
Bilder publizierter Bürointerieurs sind „Hochglanz-Inszenierungen" und haben nicht zwingend mit dem realen Büroalltag zu tun. Von Interesse sind deshalb auch die „realen Bilder". Diese überraschen nämlich oft durch einen unterschiedlichen Charakter. Logisch erscheint vorerst, ein Büro passend auf sein Produkt zu gestalten. Wir stellen aber fest, dass Büro- und Produktstimmung nicht korrelieren müssen.

Flächen- und Standortermittlung
Für Raum- und Nutzungsprogramme müssen technische Konzepte der Peripherie sowie Nutzungsbedingungen geklärt sein. Kenngrößen wie Flächenbedarf, Sicherheitsanforderungen, Primär- und Sekundärflächen, getrennte Zonen et cetera werden definiert.

Urbane Freiräume
Die Gestaltung der Freiräume des Grundstücks ist Aufgabe von Landschaftsarchitekt/-innen oder Freiraumplaner/-innen.

Verkehrsräume/Erschließung
Die Gestaltung der Verkehrsräume des Grundstücks ist Aufgabe von Verkehrsplaner/-innen.

Interdisziplinäre Zusammenarbeit
Im Prozess der Planung, des Entwurfs, der Gestaltung haben die Fachleute aller Disziplinen ihre Strategie und ihre inhaltlichen Anliegen miteinander zu koordinieren. Nur in dieser offenen Zusammenarbeit kann eine integrale Gestaltung und ein wegweisendes Projekt entworfen werden. Ein dazu unfähiges Team wird nie ein beachtetes Werk erstellen können.

Aufdringliche persönliche Belegung

Modellregal bei MVRDV

Einsteins Arbeitsplatz

Bürohof als periphere Umgebung

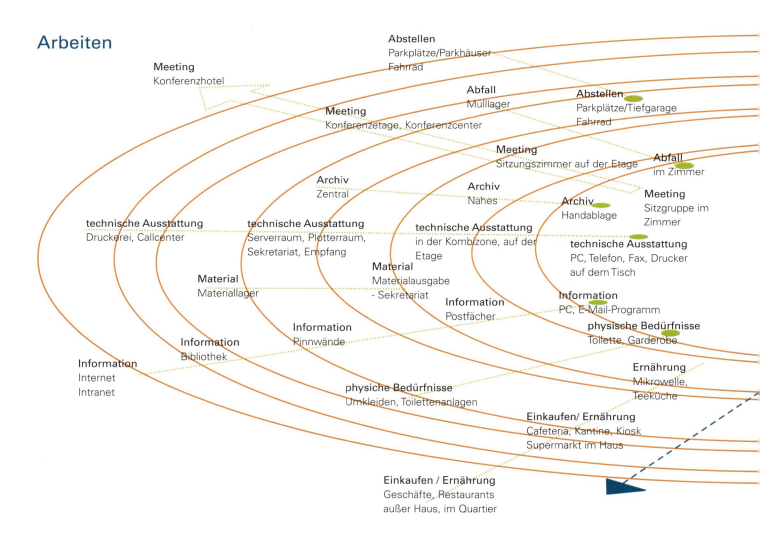

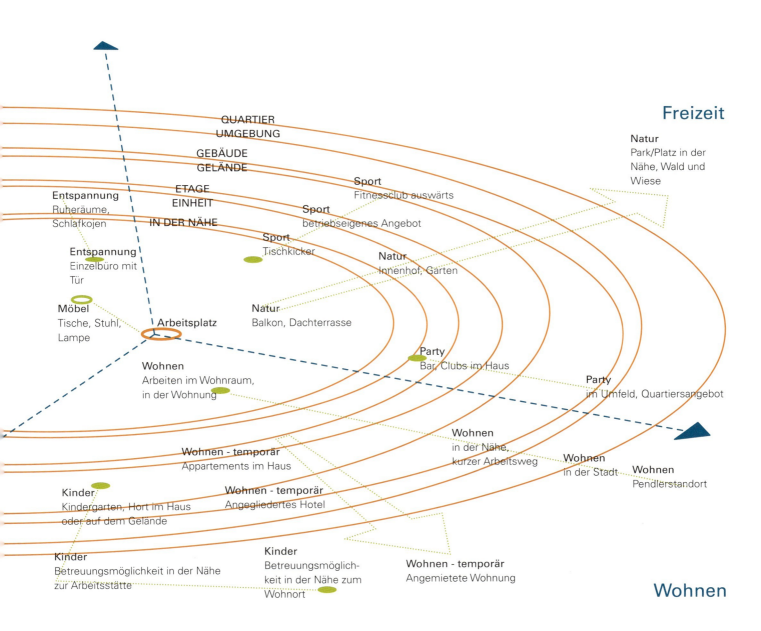

Lufthansa Aviation Center

Lufthansa Aviation Center
Gebäude 366
Airportring
Frankfurt am Main (DE)

Ingenhoven Architekten
Düsseldorf

Fertigstellung
2005

Büroarbeitsplätze
ca. 1800

Das neue Verwaltungsgebäude der Lufthansa AG liegt am Frankfurter Großflughafen und würde sich bei Bedarf mit weiteren Bauabschnitten erweitern lassen.

Neben der besonderen Gebäudestruktur, ist das Gebäude wegen seiner inneren Arbeitswelt von Interesse. Durch das Einführen von Desksharing konnte schon früh die Anzahl der Arbeitsplätze reduziert werden. In den sogenannten „Heimatbereichen" steht alles zur Verfügung, was zum Arbeiten und zum Wohlfühlen während des Arbeitstags benötigt wird. Eine Passage verbindet vertikale und horizontale Wege im Haus.

Meeting-Points, Versorgungs- und Aufenthaltsbereiche zum Ausruhen und Kommunizieren sind daran angelagert.

Durch abwechslungsreiche Raumbeziehungen entsteht ein Lebensraum, der eine effiziente Bürostruktur mit kommunikativen, öffentlichen Bereichen verbindet. Im Erdgeschoss steht den Besuchern eine Büro- und Kommunikationszone mit Internetzugang und Laptop-Arbeitsplätzen zur Verfügung. In diesen Businessbereichen sind auch Drucker und Faxgeräte vorhanden.

Lage M 1:10 000

Periphere Dienste und technische Peripherie

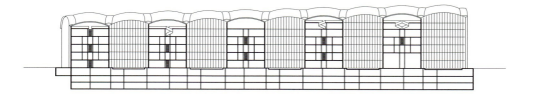

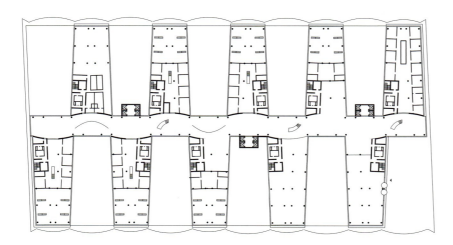

relevante Themen

NUTZUNGEN
Arbeit
Wohnen
Erholung

PERIPHERIE
technische Ausstattung
Information
Ernährung/Einkaufen
Kinder
Wohnen
Natur
Sport
Party
Entspannung
Möbel
Meeting
Material
Abfall
Archiv
Server/Daten

Schnitt M 1:1500
Grundriss EG M 1:1500

Rechenzentrum Leibniz
Boltzmannstraße 1
Garching (DE)

Herzog + Partner
München

Fertigstellung
2006

Büroarbeitsplätze
> 250

Lage M 1:20 000

Leibniz Rechenzentrum

Rechnerzentren sind meistens von außen unsichtbar und befinden sich in den Untergeschossen der Bürobauten. Anders ist der Entwurf für das Leibniz Rechenzentrum. Dieser manifestiert auch baulich den hohen Stellenwert der Informationstechnologie für die Arbeit der Wissensgesellschaft.

Das kompositorisch zusammengesetzte Bauensemble wird durch die drei Funktionen bestimmt und in selbstständige Gebäudeteile gegliedert. Die Strukturen der einzelnen Gebäudeteile entsprechen ihrer Nutzung. Der entlang der Straße gelegene viergeschossige lineare Bau für die Institute wird von dem Hörsaalgebäude im Osten und dem würfelartigen Rechnergebäude im Westen flankiert. Die Hauptnutzung des dreiteiligen Baus markiert als signifikanter „Rechnerwürfel" den Eingang für den Wissenschaftsstandort Garching. Er nimmt die wichtigste technische Peripherie, den Hochleistungsrechner, die Netzwerkserver und die umfangreichen Datenarchive auf, die wiederum nach ihren klimatischen Erfordernissen übereinandergestapelt sind. Ein vorgehängter Schleier aus Edelstahlnetzen in der äußersten Fassadenschicht reduziert durch Reflexion die Aufheizung des Gebäudes und schirmt die im Inneren des Baus befindlichen Rechner elektromagnetisch ab.

Periphere Dienste und technische Peripherie

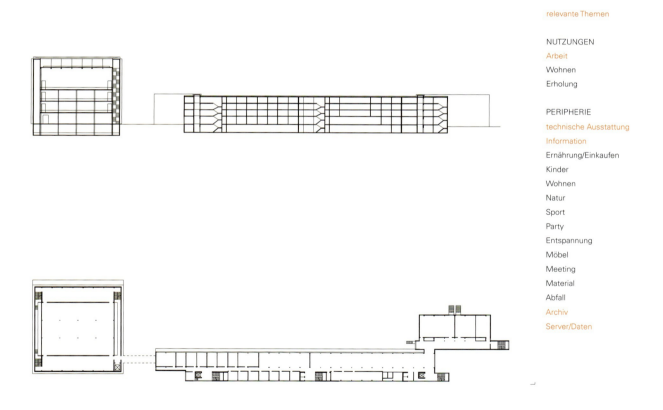

relevante Themen

NUTZUNGEN
Arbeit
Wohnen
Erholung

PERIPHERIE
technische Ausstattung
Information
Ernährung/Einkaufen
Kinder
Wohnen
Natur
Sport
Party
Entspannung
Möbel
Meeting
Material
Abfall
Archiv
Server/Daten

Schnitt M 1:1500
Grundriss OG M 1:1500

Projekte

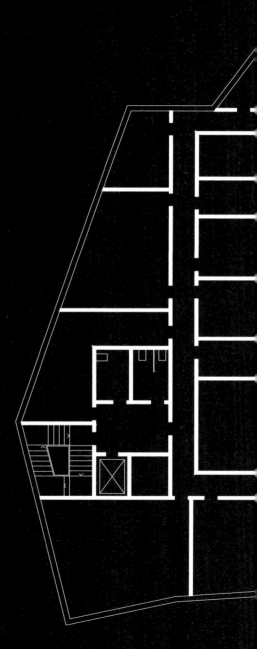

Projektauswahl 221

0-19 Arbeitsplätze

b&k+ 222
Kölner Brett

Daniel Fügenschuh 224
Büro unterm Garten

Schilling Architekten 226
Am Gereonswall

Oliva-Remolà 228
Estudio d'arquitectura

20-49 Arbeitsplätze

augustinundfrankarchitekten 230
Remise Schlesische Straße

Oskar Leo Kaufmann + 232
Albert Rüf
DMG Headquarters

GRAFT 234
Neue Sentimental Film

EM2N 236
Staatsarchiv Liestal

50-249 Arbeitsplätze

marte.marte 238
Bürogebäude SIE

Burkard Meyer 240
Wohn- und Geschäftshaus
Falken

henke und schreieck 242
Büro- und Geschäftshaus

SANAA 244
Novartis Campus

> 250 Arbeitsplätze

BKK-3 246
Impulszentrum IP-Two

Sauerbruch Hutton 248
Umweltbundesamt

Rüdiger Lainer 250
Wirtschaftskammer

Josep Lluís Mateo 252
Multifunktionale Bebauung

Projektauswahl

Die gebauten Beispiele in diesem Buchteil sind nach Anzahl der Arbeitsplätze sortiert. Dieses Kriterium schien uns geeignet, weil es keine räumliche Einheit darstellt und somit auch innerhalb der Kategorien die räumlichen Bandbreiten aufgezeigt werden können.

Über die linke Marginalspalte können Verfasser, Standort, Fertigstellung und die Zahl der Arbeitsplätze entnommen werden. In der rechten Spalte sind thematische Querbeziehung zu relevanten Kapitelinhalten aufgezeigt. Diese Anregungen erlauben ein Navigieren zu anderen Kapiteln. Insofern sind die Projektbeispiele das „Einstiegs-Portal" – und hauchen den Themen des ersten Buchteils und den Entwurfsthemen des zweiten Buchteils Leben ein.

Die folgende Projektserie hat mehrere Funktionen und bildet zusammen mit den Projekten aus dem zweiten Buchteil eine Einheit. In ihr zeigen die realen Bauwerke auf anschauliche, einheitliche Weise die Spannweite von Ausformulierungen in der Arbeitsarchitektur: vom allgemeingültigen Klassiker, über innovative Neupositionierung bis hin zum speziellen Sonderling. Mit der Projektauswahl möchten wir integral alle Ebenen und Aspekte des Entwurfs unterstützend und exemplarisch dokumentieren: Größe und Maßstäblichkeit, also Skalierung, Verortung, generell die Vielfalt gebauter Lösungen, die unterschiedlichen Themenstrategien, ausdifferenzierte Corporate Identities…

Wir raten zum Nachschlagen, Nachlesen und Nachschauen detaillierter Projektinhalte, weiterer Grundrisse und Bilder in Fachzeitschriften und Publikationen. Die komplexen Inhalte der einzelnen Projekte entfalten sich erst dann in Gänze.

Letztlich zeigt die Auswahl, welche Architekturen wir für interessant, qualifiziert und hochwertig halten. Für uns liegt ein Schwerpunkt bei den aktuellen Projekten, wobei wir auch einige Klassiker ins Boot genommen haben.

Hier regen wir zudem nochmal an, dass Studierende ihre eigene erweiterte Projektsammlung aufbauen und vielleicht sogar mit Themenreferenzen versehen.

Kölner Brett
Am Kölner Brett 2
50852 Köln

Bk+
Köln

Fertigstellung

Arbeitsplätze
<9

Lage M 1:10 000

Kölner Brett

Das Atelierhaus, gebaut für eine Kombination aus Wohnen und Arbeiten, liegt in einem heterogenen Gebiet am Rande der Kölner Innenstadt. Zielgruppe waren Freischaffende aus den Bereichen Medien, Kunst und Werbung.

Der kompakte Baukörper mit zwölf Einheiten setzt sich aus L-förmigen Raummodulen zusammen, die aus einem eingeschossigen Teil über zwei Drittel des Volumens und einem zweigeschossigen Teil bestehen. Diese Elemente können auf vielfältige Weise kombiniert werden und lassen individuelle Wohn- und Arbeitsappartements zu. Das Konzept, die Einheiten als reine Lofts, das heißt ohne Bad, Küche und Böden zu planen, ließ den Nutzern zusätzlichen Gestaltungsspielraum.

Rückseitig befindet sich eine Anlage mit Balkonen und Treppen, damit durch die Erschließung die Schaltbarkeit der Module nicht eingeschränkt wird. Ausgeführt ist der Bau in Massivbauweise mit großzügigen Glaselementen an den Hauptfassaden. Die Fassade besteht aus einer gelbgrünen, als transluzente Wärmedämmung dienenden Skobalitschicht.

0-19 Arbeitsplätze

relevante Themen

Nutzungsmischung
Flexibilität
Typologie

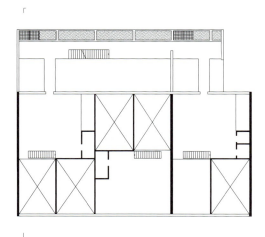

Schnitt M 1:500
Grundriss OG M 1:500

Büro unterm Garten

Büro unterm Garten
Höttinger Auffahrt 11
Innsbruck (AT)

Daniel Fügenschuh
Innsbruck

Fertigstellung
2008

Arbeitsplätze
10

Das alte, zu klein gewordene Büro in einer Stadtvilla am Sonnenberg in Innsbruck war Anlass, nach einem Alternativstandort zu suchen. Um den Hausbewohnern des Bestandsgebäudes weder die Aussicht noch den Grünraum zu nehmen, wurde der Neubau im Garten eingegraben. Die topographische Situation des Grundstücks in Hanglage mit Hangkante ermöglichte ein großzügiges Einraumbüro mit Galerie. Sogar eine Garage fand Platz unter dem Gebäude.

Der Bau schließt fast nahtlos an die Stützmauer der Hangkante an und entwickelt sich nach hinten in den Hang. Die Dachschräge folgt der Hangneigung, wodurch im Inneren des Gebäudes bis zu 6 m hohe Räume entstehen konnten. Von oben erscheint die Wiese unberührt, denn nur ein Lichtband und eine schmale Treppe sind sichtbar. Auf der Südseite tritt der Baukörper mit einer großen Glasfront in Erscheinung und lässt Einblicke in den Großraum zu.

Die Konstruktion mit Hohldielen aus Beton überspannt 10 m stützenfrei und nimmt zusätzlich alle notwendigen Leitungen und Rohre auf. Der Passivhausstandard wird erfüllt.

Lage M 1:10 000

0-19 Arbeitsplätze

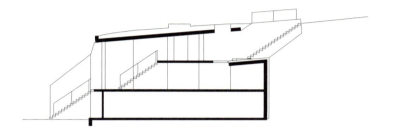

relevante Themen

Sich verorten
Gestalten, Designen

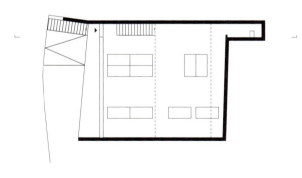

Schnitt M 1:333
Grundriss EG M 1:333

Am Gereonswall

Am Gereonswall
Gereonswall 75
50670 Köln

Schilling Architekten
Köln

Fertigstellung
2000

Arbeitsplätze
10

Auf einem Grundstück, das zuvor als unbefestigter Parkplatz genutzt worden war, steht jetzt ein langgestreckter, einladender Baukörper aus Glas, Stahl und Beton. Das neue Bürohaus kümmert sich nicht um seine Umgebung mit Nachkriegsbauten, Verkehrsschneisen und Resten der Stadtmauer. Es ist aus einer eigenen Logik heraus entwickelt und wirkt als Solitär.

In den Obergeschossen befinden sich die Büroflächen; das Erdgeschoss mit seinen großen verglasten Flächen ist für eine öffentliche Nutzung geplant. In dem geometrischen Konstruktionsraster sind Teile der Obergeschossdecken ausgespart. Somit ergeben sich zwischen den Etagen und zum Außenraum hin vielfältige Ein-, Durch- und Ausblicke. Eine gänzlich fehlende horizontale und vertikale Abtrennung und ein minimierter Kern unterstützen den fließenden Gesamteindruck des Hauses.

Durch die Offenheit im Inneren ist für das Arbeiten eine landschaftsartige Situation entstanden. Es ergeben sich vielfältig nutzbare Raumzonen, in denen sich je nach Arbeitssituation Projektgruppenarbeitsplätze, Besprechungs- oder Chefzimmer einrichten lassen.

Lage M 1:10 000

0-19 Arbeitsplätze

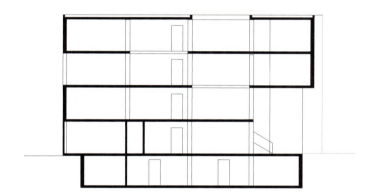

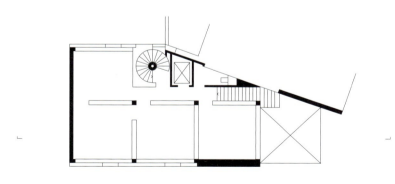

relevante Themen

sich verorten
Typologie
kommunizieren
Rohbau Ausbau,
Gebäudetechnologie

Schnitt M 1:333
Grundriss RG M 1:333

Oliva Remola
Cementiri Vell 56
E - 08221 Terrassa
(Barcelona)

Oliva Remola
Barcelona

Fertigstellung
1995

Arbeitsplätze
<9

Lage M 1:10 000

Estudio d'arquitectura

Auf einem Bauplatz im heruntergekommenen Industrievorort von Barcelona ist ein äußerst schmales Bürohaus entstanden. Das Gebäude ist nur 3,90 m breit, bei 24 m Höhe. Es liegt im stark bevölkerten Terrassa-Bezirk, umgeben von mittelmäßigen Wohngebäuden.

Wegen eines Höhenunterschieds auf dem Grundstück von ungefähr 5 m hat das schlanke Haus fünf Geschosse auf der Vorder- und drei auf der Rückseite. Im Erdgeschoss befindet sich eine Galerie, in den Obergeschossen Großraumbüros. Von der Dachterrasse hat man einen weiten Blick über die Stadt.

Durch die Lage des Lifts und des Treppenhauses wird der schlanke Grundriss zoniert. Die Rückfassade zeigt sich eher geschlossen, die Front sehr offen mit großen Glaselementen. Beim Bau wurden vorwiegend einfache Materialien wie Beton, Glas, Holz und Metall verwendet.

0-19 Arbeitsplätze

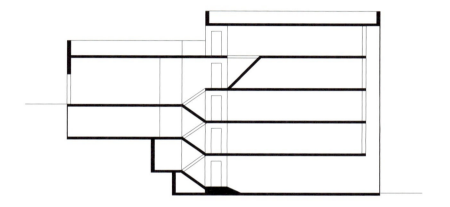

relevante Themen

Nutzungsmischung
sich verorten
Typologie

Schnitt M 1:333
Grundriss RG M 1:333
Grundriss EG M 1:333

Remise Schlesische Str.
Schlesische Straße 28
Berlin (DE)

augustinundfrank
Berlin

Fertigstellung
2003

Mitarbeiter
10-49

Lage M 1:10 000

Remise Schlesische Straße

Zwischen Spree und Schlesischer Straße in Berlin-Kreuzberg liegt ein Gewerbehof mit sehr lebendiger, bunt gemischter Nutzerstruktur. Die vorhandenen 30 000 m² sind vollständig vermietet und die vermietbare Fläche sollte vergrößert werden.

Inmitten des denkmalgeschützten Ensembles aus fünfgeschossigen Fabrikhallen bot sich dazu eine zweigeschossige Remise mit Notdach an. Sie wurde durch Aufstockung und Umbau in ein attraktives Bürogebäude verwandelt. Gewünscht waren neben der Vergrößerung der vermietbaren Fläche eine bessere Belichtung sowie die Qualifizierung der Dachaufsicht, um die Aussicht aus den umliegenden höheren Stockwerksfabriken zu verbessern.

Das 1. Obergeschoss wurde entkernt und über die gesamte Länge eine neue Galerie eingestellt. Ein hölzerner Dachaufbau mit fünf Kuben trägt dazu bei, dass sich die bisher für Büronutzung ungeeignete Tageslichtsituation erheblich verbessert hat.
Das Dach ist als fünfte Fassade gestaltet und durch geschickte Details tritt seine Funktion als Entwässerungsebene nicht in Erscheinung.

20 - 49 Arbeitsplätze

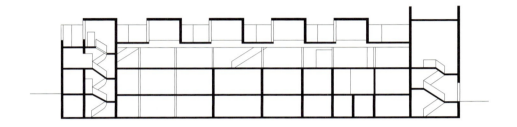

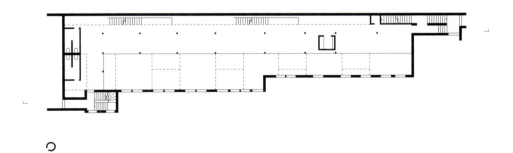

relevante Themen

Umbau, Bauen im Bestand

Nutzungsmischung

Sich verorten

Rohbau, Ausbau, Gebäudetechnologie

Schnitt M 1:500
Grundriss RG M 1:500

DMG Headquarters
Oberes Ried 11
Klaus (AT)

Oskar Leo Kaufmann + Albert Rüf
Dornbirn

Fertigstellung
2005

Mitarbeiter
10-49

Lage M 1:10 000

DMG Headquarters

Der neue Hauptsitz von DMG Europe und DMG Austria, einem weltweit führenden Werkzeugmaschinenhersteller, vereint repräsentative Ausstellungsflächen mit einem Ausbildungszentrum und Büroflächen.

Im Gewerbegebiet von Klaus liegt der Baukörper mit einer dreigeschossigen, von außen einsehbaren Ausstellungshalle. Zu ihr orientieren sich im Inneren Lager und Schulungsräume. Über einen Empfangsbereich erreicht der Besucher die Cafeteria, den Besprechungsraum sowie die Ausstellungshalle. Der Besprechungsraum im Obergeschoss ist von der Ausstellungshalle aus sichtbar. Die einzelnen Abteilungen und der zentrale Kern mit Nebenräumen liegen rund herum.

Interessant ist der räumliche „Dialog" zwischen dem Raum für das Produkt, der Ausstellungshalle und den Räumen für die Arbeitenden (Büro, Werkstatt und Ausbildungszentrum). Ein dazwischenliegender Erschließungsweg markiert auf besondere Weise die Schnittstelle. Für natürliche Lichtverhältnisse sorgt ein sich zwischen den Geschossen aufspannender Lichthof.

20-49 Arbeitsplätze

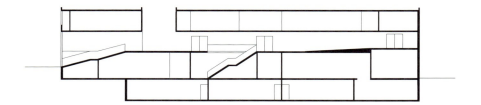

relevante Themen

Nutzungsmischung
Typologie
Kommunizieren
Trennen, Verbinden
Peripherie

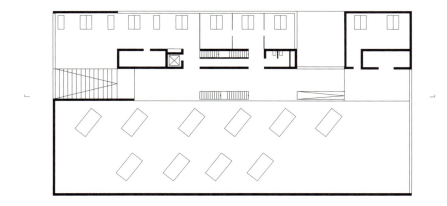

Schnitt M 1:500
Grundriss OG M 1:500

Neue Sentimental Film
4114 Glencoe Avenue,
Los Angeles (US)

GRAFT
Berlin

Fertigstellung
2001

Mitarbeiter
10-49

Lage M 1:10 000

Neue Sentimental Film

Bei dem Projekt galt es einen neuen Standort für die Firma „Neue Sentimental Film" in Los Angeles zu schaffen. Die Besonderheit des weltweit agierenden Unternehmens mit zahlreichen Aufgabenbereichen vom Filmkonzept bis zur Filmproduktion ist der stark variierende Raumbedarf.

Um auf die wechselnde Anzahl der Mitarbeiter reagieren zu können, wurde ein Konzept des „Office Sharing" mit einer Kombination aus dauerhaft genutzten Gemeinschaftseinrichtungen und temporär erweiterbaren Büroflächen umgesetzt.

Fünf Bürotürme, von denen drei dauerhaft belegt sind und zwei für temporäre Nutzungen zur Verfügung stehen, sind in die leere Hülle einer Lagerhalle mit 1 200 m² eingestellt. Zur Unterstützung der Atmosphäre des Temporären sind Übersee-Container (Eingangsbereich, Konferenzraum) mit eingebaut worden.

An zentraler Stelle des Grundrisses liegt der „Marktplatz", ein Kommunikationsort für alle Mitarbeiter. Der Fußboden in Form eines blauen Sportaußenraumbelags erweckt den Eindruck eines städtischen Freiraums.

20-49 Arbeitsplätze

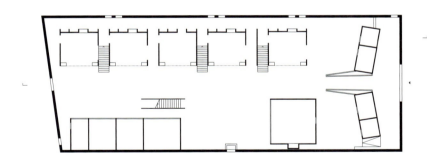

relevante Themen

Umbau, Bauen im Bestand

Zeit

Arbeitsorganisation

Sich verorten

Kommunizieren

Gestalten, Designen

Schnitt M 1:500
Grundriss EG M 1:500

Staatsarchiv Liestal
Wiedenhubstraße 35 E
Liestal (CH)

EM2N
Zürich

Fertigstellung
2000

Mitarbeiter
10-49

Lage M 1:10 000

Staatsarchiv Liestal

Der öffentliche Charakter des Staatsarchivs, verstanden als das kollektive Gedächtnis eines Kantons, kam am bestehenden Standort nicht zum Ausdruck. Umgeben von Wohnungsbauten und durch eine Bahntrasse von der Stadtmitte abgeschnitten, konnte die Institution keine Strahlkraft entfalten. Durch die Umgestaltung (zusammen mit einer Verdoppelung des Raumprogramms) sollte dem Bestand mehr Ausdruck verliehen werden.

Der Archivtrakt wurde aufgestockt und damit das Raumprogramm nicht mehr horizontal, sondern vertikal organisiert. Im 2. Obergeschoss entstand ein öffentlicher Bereich, der, aus der Enge der Lage herausgehoben, das Staatsarchiv als öffentliches Gebäude kennzeichnet. Das kompakte Volumen des neuen Komplexes ist mit einer Schicht aus Pflanzen umgeben, die an der Fassade emporwachsen. Der gläserne Aufbau ruht somit auf einem Sockelgeschoss, welches je nach Jahreszeit ein anderes Fassadenbild aufweist und sich mit der Umgebung verbindet. Die Fassadenbegrünung hat darüber hinaus noch baupysikalischen Nutzen.

20-49 Arbeitsplätze

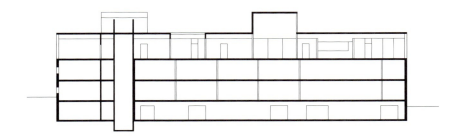

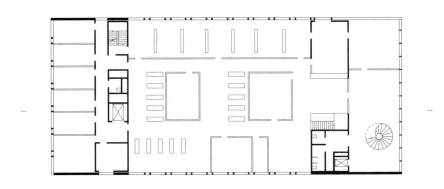

relevante Themen

Umbau, Bauen im Bestand

Nutzungsmischung

Sich verorten

Gestalten, Designen

Schnitt M 1:500
Grundriss OG M 1:500

Bürogebäude SIE
Millennium Park 12
Lustenau (AT)

marte.marte
Weiler

Fertigstellung
2002

Mitarbeiter
50-249

Lage M 1:10 000

Bürogebäude SIE

Das würfelförmige Volumen zeichnet sich nicht, wie herkömmliche Typologien, durch voneinander getrennte Trakte für Büro und Werkstätten aus, sondern besteht aus aufeinandergestapelten, nutzungsneutralen Ebenen. Die Besonderheit ist die dadurch entstehende Nähe zwischen den Abteilungen, den Planenden und Ausführenden, sowie die exquisite Umgebung für den Produktionsbereich.

Im Eingangsgeschoss befinden sich der Wareneingang und der Versand, im geschlossen gehaltenen 1. Obergeschoss sind die Lagerebenen und in den darüberliegenden Etagen Produktions- und Entwicklungsbereiche. Im Zentrum der Produktion liegt eine Cafeteria, ein Treffpunkt und Ort, um gemeinsam kreativ zu sein.

Die Arbeitsplätze sind entlang der Fassade platziert und bieten Bezug zur umliegenden Landschaft. Als Rückzugsmöglichkeit aus dem geschäftigen Treiben sowie als Ruheraum wurde ein „Brainroom" geschaffen. Parallel zur Haupterschließung befinden sich zwischen den Ebenen einige Treppen. Diese stärken die vertikale Verbindung und ermöglichen ein unkompliziertes kommunikatives Arbeiten. Auf dem Dach wurde für alle Mitarbeiter eine Sonnenterrasse angelegt.

50-249 Arbeitsplätze

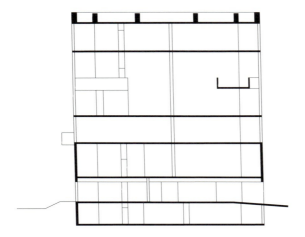

relevante Themen

Nutzungsmischung
Sich verorten
Typologie
Kommunizieren
Trennen, Verbinden
Gestalten, Designen

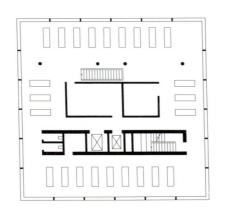

Schnitt M 1:500
Grundriss RG M 1:500

Wohn- und Geschäftshaus Falken

Wohn- und Geschäftshaus Falken
Mellingerstraße 2
Baden (CH)

Burkard Meyer Architekten
Baden

Fertigstellung
2006

Mitarbeiter
50-249

Das mehrgeschossiges Wohn- und Geschäftshaus liegt zwischen der Altstadt und unterschiedlichen Stadterweiterungsstrukturen. Auf den städtebaulich anspruchsvollen Ort antwortet der Entwurf mit einem ausdrucksstarken Solitär. Seine Volumetrie reagiert auf die Umgebung und setzt am südlichen Eingang der Stadt einen städtebaulichen Akzent.

Das Einknicken von Teilbereichen belebt das sonst einheitliche Erscheinungsbild. Durch die Rücksprünge kragen die Deckenplatten der darüberliegenden Geschosse aus und bilden überdachte Außenbereiche. Eine vorgespannte Stahlbetonstruktur aus mehrgeschossigen Scheiben durchdringt den gesamten Baukörper und bildet das eigentliche Skelett des Gebäudes. Um einen zentralen Innenhof gruppieren sich die frei möblierbaren Räume.

In der Doppelfassade aus Glas und Beton sind im Zwischenbereich wellenförmig geschosshohe Textilien angebracht. Ihre Farbigkeit schafft einen Bezug zur Umgebung. Um die horizontale Gliederung zu betonen, gibt es zwischen den verschiedenen Materialien große optische Fugen.

Lage M 1:10 000

50-249 Arbeitsplätze

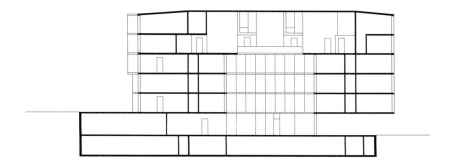

relevante Themen

Sich verorten

Rohbau, Ausbau, Gebäudetechnologie

Gestalten, Designen

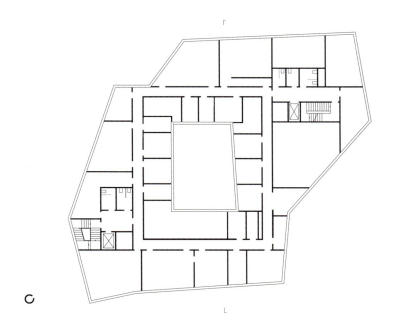

Schnitt M 1:500
Grundriss OG M 1:500

241

Büro- und Geschäftshaus k47
Franz-Josefs-Kai 47
Wien (AT)

henke und schreieck
Wien

Fertigstellung
2003

Mitarbeiter
50-249

Lage M 1:10 000

Büro- und Geschäftshaus k47

Der Wiener „Kaipalast", ein innerstädtisches Bürohaus, bietet offene Geschosse, in denen Kleinbüros mit bis zu wenigen Lamellen Breite abteilbar sind. Um auf dem ungefähr 800 m^2 kleinen Grundstück optimal belichtete Büroräume schaffen zu können, musste auf vermietbare Flächen verzichtet werden.

Innerhalb des kompakten Baukörpers sind ab dem 1. Obergeschoss große Volumina herausgeschnitten; diese Einschnitte schaffen attraktive Tageslicht- und Freiraumsituationen und lassen zudem vielfältige Ausblicke zu. Der Kern besteht aus Treppenhaus und Servicezonen und liegt neben einem verglasten Innenhof, durch dessen Decke die „Skybox", eine halböffentliche Fläche, zu sehen ist. Die Konstruktion unterstützt die freie Unterteilbarkeit in kleinste Einheiten, indem sonst im Raum stehende tragende Elemente wie Stützen und Träger in der Fassade verschwinden. Aufgrund von Klimageräten und um 360 Grad drehbaren Glaslamellen ist die Licht- und Klimasituation bei jeder Bürogröße individuell regelbar.

50-249 Arbeitsplätze

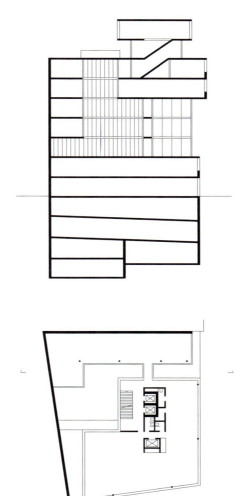

relevante Themen

Typologie
Kommunizieren
Rohbau, Ausbau, Gebäudetechnologie
Gestalten, Designen

Schnitt M 1:500
Grundriss OG M 1:500

Novartis Campus

Novartis Campus
Fabrikstraße 4
Basel (CH)

SANAA
Tokio

Fertigstellung
2006

Mitarbeiter
50-249

Das „Sanaa Building" steht am Eingang zum Campus-Areal und doch verhält es sich reaktionslos gegenüber dem Masterplan. Der schlanke, sechsgeschossige Bau zeichnet sich durch seine extreme Transparenz und seinen hierarchielosen Aufbau aus.

Das Gebäude ist ein Gestell aus Beton und Glas: Jedes Geschoss ist gleich hoch, auch das Eingangsgeschoss und das Dachgeschoss – alle Fassaden sind gleich, es gibt keine Hauptseite mit wahrnehmbarem Eingang, sämtliche Fensterscheiben sind gleich groß, Boden- und Dachstärken sind gleich, lediglich der Eingang und die Treppe sind besonders. Der langgestreckte Hof im Gebäude hat ungefähr die gleichen Proportionen wie der öffentliche Straßenraum.

Zwischen Straße und Hof liegen die Büros. Räumlich gibt es kaum einen Unterschied zwischen öffentlich und privat, zwischen innen und außen. In der hierarchielosen, transparenten Struktur ist der Blick immer frei: von innen nach außen, von einem Büro zum anderen.

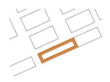

Lage M 1:10 000

50-249 Arbeitsplätze

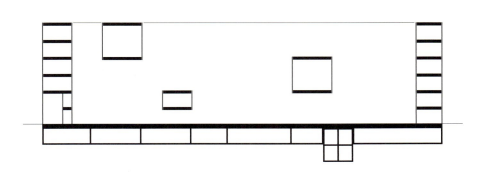

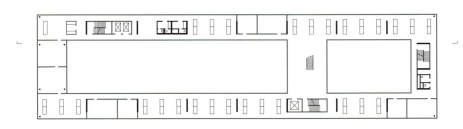

relevante Themen

Sich verorten
Kommunizieren
Trennen, Verbinden
Gestalten, Designen

Schnitt M 1:1000
Grundriss RG M 1:1000

Impulszentrum IP-Two

Impulszentrum IP-Two
Lerchenfelder Gürtel 43
Wien (AT)

BKK-3
Wien

Fertigstellung
2003

Mitarbeiter
> 250

Lage M 1:10 000

Das Impulszentrum ist bereits das zweite Gebäude seiner Art in Wien und liegt auf einem Restgrundstück am Lerchenfelder Gürtel. Es zeichnet sich durch ein Konzept aus, das neben flexiblen Grundrissen zusätzlich hochprofessionelle Infrastruktur bereitstellt. Ziel ist es, damit „Synergieeffekte" zu erzeugen und Qualitäten wie angenehmes Arbeitsumfeld und Identifikation mit dem Arbeitsort in den Vordergrund zu rücken. Die Gebäudestruktur ist aus diesem Grund einerseits funktional anpassungsfähig, andererseits auf ein Ineinandergreifen öffentlicher, hausgemeinschaftlicher und individueller Bereiche angelegt. Stadt- und Arbeitsraum durchdringen sich, das Foyer ist als Erweiterung des Stadtraums konzipiert. Über eine ansteigende Ebene erreicht man ein Café und eine Musiklounge. Das zentralen Sitzungszimmer wird gemeinschaftlich genutzt. Die großzügige Erschließungs- und Aufenthaltszone im Inneren fördert die Kommunikation unter den Mietern.

> 250 Arbeitsplätze

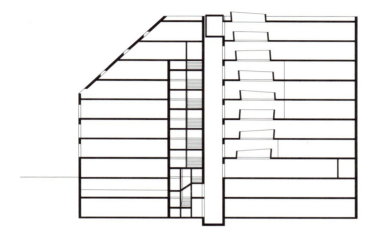

relevante Themen

Flexibilität
Sich verorten
Typologie
Kommunizieren
Trennen, Verbinden
Peripherie

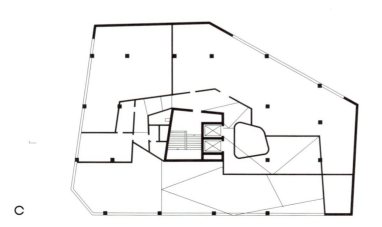

Schnitt M 1:500
Grundriss OG M 1:500

Umweltbundesamt
Wörlitzer Platz 1
Dessau-Roßlau (DE)

Sauerbruch Hutton
Berlin

Fertigstellung
2005

Mitarbeiter
> 250

Umweltbundesamt

Der schlangenförmige, viergeschossige Büroriegel steht in Dessau auf dem Areal eines ehemaligen Gaswerks. Der Baukörper gibt einer neuen Grünverbindung zwischen Innenstadt und nahe gelegener Parklandschaft Raum. Im Nordosten greift er aus und schließt gründerzeitliche Strukturen städtebaulich ab. Zusammen mit zwei Altbauten (jetzt Informationszentrum und Forschungsbibliothek) und einem Richtung Bahnhof ausgelagerten Gebäude für die Cafeteria bildet der Neubau eine „Stadt in der Landschaft".

Der Büroriegel besteht aus aufgereihten Zellenbüros, zwischen denen die langen Flure durch das Schwingen der Grundform nicht monoton wirken. Der sich weitende und verengende Innenhof ist überdacht und dient als thermischer Puffer und Kommunikationsbereich. Stege schaffen Verbindungen und Querbeziehungen und beleben das Atrium. Immer sind Menschen zu sehen, unterwegs oder bei der Arbeit. Eine Hightech-Konstruktion aus Glas und Stahl markiert den Eingangsbereich, in dem ein Forum mit Hörsaal und Lobby liegt.

Das Projekt steht für Ressourcen schonendes, nachhaltiges und energieoptimiertes Bauen. An der Fassade wurde Lärchenholz, auf den Böden Kautschuk verwendet. Darüber hinaus werden Erdwärmetauscher, Photovoltaikanlagen und Solarkollektoren als Energiequellen genutzt. Die kompakte Gebäudeform sowie das Atrium und der hohe Grad an Wärmedämmung tragen dazu bei, dass Werte zwischen Niedrigenergie- und Passivhausstandard erreicht werden konnten.

Lage M 1:20 000

> 250 Arbeitsplätze

relevante Themen

Sich verorten
Typologie
Kommunizieren
Rohbau Ausbau
Gebäudetechnologie
Trennen, Verbinden
Gestalten, Designen

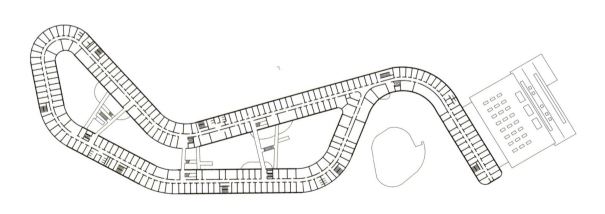

Schnitt M 1:1000
Grundriss RG M 1:1500

249

Wirtschaftskammer
Niederösterreich
Landsbergerstraße 1
St. Pölten (AT)

Rüdiger Lainer
Wien

Fertigstellung
2005

Mitarbeiter
> 250

Lage M 1:10 000

Wirtschaftskammer

Im Süden St. Pöltens ist ein langer, frei geformter Baukörper entstanden. Angedockt an das bestehende WIFI (eine Serviceeinrichtung der Wirtschaftskammer), bildet er den Abschluss eines großen Wirtschaftskomplexes. Der farbige Solitär strahlt in seinem heterogenen städtebaulichen Umfeld, bestehend aus freistehenden Objekten und dem flachen Bau des WIFI, Ruhe aus.

In die Außenfassade sind zahlreiche Loggien eingeschnitten. Sie ermöglichen, dass möglichst viele Büros am Tageslicht liegen. Im Innern gibt es ein Zusammenspiel architektonischer Elemente. Das Atrium stellt einen Ort der Begegnung, Kommunikation, Orientierung und Identifikation dar. Mehrere Lounges schaffen einen Übergang von einem Gebäudeteil zum anderen. Die grünen Zimmer beziehungsweise Loggien sind Entspannungsräume und Orte für informelle Kommunikation. Alle Arbeitsflächen sind flexibel gestaltet und bieten Möglichkeiten, unterschiedliche Büroformen unterzubringen.

Ein Luftraum über alle Geschosse verschafft im Gebäude Überblick und dient ebenfalls der Kommunikation. Weiterhin trägt er – mit Wasser und Pflanzen aufgewertet – zur Verbesserung des Mikroklimas bei.

> 250 Arbeitsplätze

relevante Themen

Sich verorten
Typologie
Kommunizieren
Gestalten, Designen

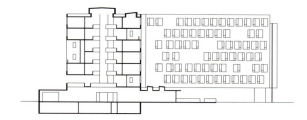

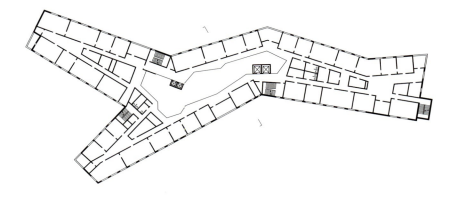

C

Schnitt M 1:1000
Grundriss RG M 1:1000

Multifunktionale Bebauung

Multlifunktionale Bebauung
Joan Güell
Carrer de Joan Güell
Barcelona (ES)

Josep Lluís Mateo
Barcelona

Fertigstellung
1993

Mitarbeiter
> 250

Bei diesem Projekt gibt die unterirdische Parkgarage des Komplexes die geometrische Ordnung für die aufsteigenden Gebäude vor. Das Stützenraster kommt aus der Logik der Fahrspuren und zieht sich vom untersten bis zum obersten Geschoss durch. Oberhalb des Geländes stehen zwei parallel zueinander verschobene Riegel. Sie beinhalten einen multifunktionalen Mix aus Hotel, Wohnungen und Büros. Diese Nutzungsvielfalt zeigt sich im Inneren nicht in unterschiedlichen Grundrissen, sondern findet hier in einem einzigen Grundrisstyp Platz. Ein geschlossener Kubus, in dem sich ein Einkaufszentrum befindet, stellt die Verbindung zwischen den beiden Riegeln her.

Als massive Prismen gedacht, setzen sich die Gebäude aus großen Steinblöcken mit leicht unterschiedlichen Texturen zusammen. Je nach Sonneneinfall wird das Fassadenbild belebt; dann werden auf den Mauerflächen hieroglyphenartige Inschriften sichtbar. Auch die innere Struktur zeigt sich an den Fassaden. Sämtliche Volumen sind gleichmäßig – bezugnehmend auf den Grundriss – von Öffnungen durchbrochen. Um die wechselnde Nutzung des Gebäudeinneren nach außen zu vermitteln, wurden als Gestaltungsmittel die Öffnungen herangezogen. An ihnen lassen sich die Fensterrahmen austauschen.

Lage M 1:10 000

> 250 Arbeitsplätze

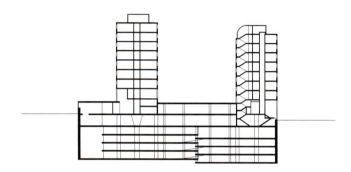

relevante Themen

Nutzungsmischung
Flexibilität
Typologie
Rohbau, Ausbau, Gebäudetechnologie
Trennen, Verbinden
Gestalten, Designen

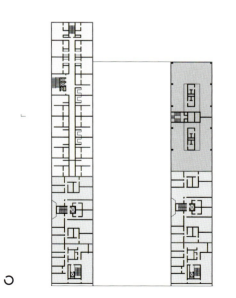

Hotel
Wohnen
Arbeiten

Schnitt M 1:1500
Grundriss RG M 1:1500

Anhang

Stichwortverzeichnis	257
Architektenregister	259
Quellennachweis und Literaturverzeichnis	260
Bildnachweis	263
Autoren	265

Stichwortverzeichnis

08/15-Büro ... 90, 145, 151, 189, 196
Adresse, Die gute ... 69, 72, 118
Adresskonflikte ... 82, 84
Airport HUB ... 70
Alltag ... 24, 26, 49, 80, 208, 211
Alltagsaufgabe ... 56
Arbeit, Wohnen und Freizeit ... 80
Arbeitnehmer ... 7, 26 ff.
arbeitslos ... 24, 26, 48, 165
Arbeitsweg ... 72 ff., 213
Archiv ... 33, 212
Asia multi-use ... 84
Ausbau ... 60, 64, 86 ff., 145 ff., 190, 197
Auslagerung – Outsourcing ... 47, 77, 86, 205, 208
Ausstattung ... 56, 64, 146, 190, 210, 212
autarke Inseln ... 209
autochthone Architektur ... 133
Baukosten ... 55, 57
Bedeutung ... 133, 145, 176, 189, 192, 194
Belegung, Belegungsdichte ... 19, 57 ff.
Belichtung ... 64, 129, 150 ff.
Bilder, Architektur-, Fassaden-, System- .. 31, 61, 63, 65, 87, ... 90 ff., 99, 134, 149, 193, 197
Bürofläche ... 20, 49, 55 ff., 70, 90, 150, 210
Büroquartier, -viertel, -stadt ... 69, 91, 116, 166
Corporated Design, Brand ... 61, 99
Crossover-Image ... 85
Dachcafé ... 63
Deprofilierung durch Nutzungsmix ... 80
Der gute Arbeitsplatz ... 64
Design ... 8, 177, 189 ff.
Dialog, mit Vorhandenem, mit dem Ort ... 12, 69, 95, 115, ... 118, 120, 132, 193
einfach, rudimentär, basic ... 31, 55, 56, 135
einfache... (Form, Fassade, Architektur) ... 57, 87, 95, 130, ... 134, 195, 197, 198, 228
Elastizität ... 61
Entkernung ... 95
Entropie und Autarkie ... 65
Entspannen, Schlafen ... 64
Entwurf, Entwerfen ... 12 ff., 53, 69, 111, 178, 189 ff., 197
Entwurfsengel ... 14
Entwurfsinstrumente ... 8
Entwurfsschema, Themen ... 11, 12
Entwurfstrategie, - konzept, -prozess, -methode ... 7, 10, ... 12 ff., 53
Erholungswert ... 189
Erschließung, Gestaltung der ... 193
exklusive Spezialfälle ... 57
Fassade, Fassadentechnologie ... 85, 87, 95, 148, 156
Fassade, Öffnungsgrad ... 93
Firmensitz, Gründungssitz ... 62, 106, 115, 121, 163

Flexibilität ... 11, 16, 25, 49, 60 ff., 79, 86 ff., 134, 146,
Form, Formen ... 195
Formneutral-hochflexibel ... 61, 88
Freelancer ... 26
Freiräume, urbane ... 71, 116, 189, 205, 211, 213
Fronarbeit ... 24
Funktionsdesign ... 190
Gesamtbilanzen, Lebensdauer ... 53, 61, 65, 86, ... 148, 191, 208
Gestalten ... 87, 189 ff., 195, 211
Giganten ... 90
Global, Globalisierung 7, 19, 21, 22, 31, 34, 50, 70, 115, 176
Großraumbüro ... 46, 64, 89, 95, 134
Grünkammern, innere ... 149
Handwerk ... 6, 35 ff., 80, 85
Hierarchie ... 49, 161, 210
Hybride ... 84, 105
Ich-AG ... 26, 50
Identifikation ... 8, 64, 178, 194, 197
Identität ... 15, 87, 111, 117, 131, 147, 163, 177, 179, 191, 207
Identität und Typologie ... 132
Infrastruktur ... 32, 70, 94, 120, 135, 146
intelligent ... 11, 95, 118, 148, 151
interdisziplinär ... 12, 48, 63, 176, 189, 192, 211
Investitionen, Folgeinvestitionen ... 53, 58, 119, 146, 163
Jobsharing ... 25
Kinder ... 24, 54, 73, 80, 208, 212
KMU ... 55, 58 ff., 70, 209
Kombibüro ... 21, 49, 65, 89, 134
Kombinatorik ... 132
Kommunikation ... 14 f., 48, 50, 162, 164, 175 ff., 192
Kommunikationsberater ... 197
Kommunikationstechnologie ... 48, 79, 151, 177, 179
Kompendiumcharakter ... 12
Komplexität ... 12 ff., 38, 134, 145, 194
Kontext ... 46, 72 ff., 94 f., 116, 130, 197
Konversion, Transformation ... 95
Konzentration ... 24, 31, 72, 164
Konzept ... 26, 59, 78, 85, 99, 134, 149, 163, 176, 190, 206
Konzern ... 47, 55, 58, 62, 69 ff., 85, 91, 167
Körnigkeit ... 78, 119, 134
Kostendach ... 53
Kurzarbeit ... 25
Kybernetik, totalitäre ... 49, 133
Kybernetische Architektur ... 48, 95, 133, 148
Landschaftsplaner ... 193
Lebensarbeitszeit ... 24
Lebensdauer ... 48, 53, 61, 65, 86, 147 ff., 208
lebenslanges Lernen ... 48
Lebensqualität ... 58, 65, 71 ff., 115, 119
Lehrstand ... 65
Leiharbeit ... 26

Lohnnebenkosten ... 55, 59, 72, 119
Lüftung, Belüftung ... 31, 64, 149, 153
Manövrierfähigkeit ... 19
Marketing ... 8
Marktleader ... 55
Maßstab, Maßstäblichkeit ... 14, 61, 79, 99, 116, 130, 134, ... 146, 162, 176, 190
Materialenergie, Grauenergie ... 48, 95, 135, 150
Megamaschine ... 22
Mehrere Arbeitsorte ... 73, 210
Mini-Job ... 24
Mitarbeiter ... 20, 26, 48, 55, 60, 74 f., 119
Mobilität, -systeme ... 8, 11, 20, 26, 48, 72 ff., 179, 210
Mobilitätsanbindung ÖPNV ... 48, 65
Mobilitätsverhalten ... 19, 192
Moderne ... 42, 44, 92, 101, 132
Monokulturen ... 78
Nachhaltigkeit ... 8, 11 f., 48, 53 f, 59, 65, 95, ... 133 ff., 148, 190, 193
Nachnutzung ... 145
Nachverdichtung ... 95, 104, 120
Neuzeit ... 31, 40, 193
Nutzung ... 31, 72, 120, 162, 206 ff.
Nutzungsgetrennte Stadt ... 71, 140
Nutzungsintervalle ... 117, 131, 162, 177
Nutzungsmischung, -mix, -verteilung ... 11, 16, 19, 20, 61, ... 78 ff., 80, 118, 139, 154
Nutzungsneutral ... 31, 86, 88
Nutzungsverband, komplexer; Nutzungsgeflecht ... 31, 62, ... 69, 72, 84, 208
Officestyle ... 211
Öffnungsgrad, Orientierung ... 149
Optimierung ... 26, 59, 64
Ordnungen ... 195
Organisatorische Revolution ... 48
Ort, der ... 61, 69, 70, 77, 94, 115 f., 118, 192, 266
ÖV, öffentlicher Verkehr ... 72 ff., 119, 162
Parkierung, Tiefgarage ... 146, 212
Parks, kleine Quartierplätze ... 71
Peripherie, technische/periphere Dienste ... 63 ff., ... 153, 205 ff.
Persönliche Peripherie ... 211
Postmoderne ... 47
Praktikum, Dauerpraktikum ... 25
Prekariat, prekäre Arbeit ... 25, 31, 56, 135
Projektjob ... 26
Qualität architektonische, räumliche ... 7, 16, 60, 64, 91, ... 149, 162, 190
Qualität der kleinen Orte ... 71
Qualitäten, wirkliche ... 8
Raumgestaltung ... 133, 150, 197
Region ... 8, 19, 31, 53, 60, 69 ff., 116, 119, 131, 147

257

Ressourcen, Verbrauch von 64
Rhythmus 22, 164, 195
Schichtarbeit, Schichtbetrieb......................................26, 74
Schwarzarbeit 25, 26
Seilschaften, Clans, Mafia 77
Sektoren der Arbeit (primär bis tertiär) 20, 24, 49, 53, 72
Selbstmanagement 48
Selbstverwaltung 27, 63
Skalierung 99
Small is beautiful 64
Sozialarbeit 27
Stabilität 71
Stadt der kurzen Wege 74, 76
Städtebau 8, 69, 79, 94, 116, 120, 133, 135
Standard ....8, 48, 53, 56 ff., 134, 146, 196
Standortanalyse 70, 118
Standortqualität, Lagequalität, Umfeldqualitäten.......70, 72,
....94, 118, 162, 176, 205, 209
Statistik, statistische Daten ....19 ff., 42, 53
Stress 60, 64
symbiotische Netze 71, 77, 78, 85, 209, 213
Systemischer Wandel 11
Team, fähig und unfähig...211
Technik..31, 42 ff., 50, 132, 192, 208
Technologie..48, 59, 65, 132, 145 ff.
Teilzeit 21, 24, 60, 74, 86
Telearbeit 25, 107, 179
Tradition, neue 93
transfunktional 87
Typo-Icons ....100 ff.
Typologie.......... 15, 31 ff., 95, 116, 119 f., 129 ff.,132, 132 ff.
Typologische Konzepte ....99 ff.
Umfeld............7, 31, 53, 62, 69 ff., 78, 115 ff., 131, 207, 213
Umnutzung 94
Unbezahlte Arbeit 24, 48
Unflexibel..87 ff.
Unternehmensgröße 55
Verantwortung für den Raum 73
Verdichtung..81, 120
Verdichtung, innere...60, 86
Vereinfachungen, „zulässige" 192
Verkehrsplaner 193
Verkehrsräume 205, 211
Wasteland – Officeland..90
Web 2, 50, 77
Wertschöpfung.................... 19, 21, 49, 53, 56 ff., 116, 121
Wettbewerb (ökonomischer) 42, 48
wirklich, wirklich, wirklich Wollen 85
Wirtschaftskrise..7, 45, 53, 59, 72
Workfare 27
Zeitbelegung...86
Zellenbüro..44, 49, 89, 134, 248

Architektenregister

Ábalos + Sentkiewicz arquitectos 85
Allmann Sattler Wappner Architekten 198
Alsop & Störmer 100
augustinundfrankarchitekten 230
Bogardus, James 43
b&k+ 107, 222
Behnisch, Günter 106
Berg, Max 44
Bergstrom, George Edwin 46, 90
Berlage, H.P. 44
BKK-3 246
Blume Brauser Architekten 104
BM+P 91
BMS 103
Böhm, Gottfried 105
Bolles & Wilson 124
Bonatz, Paul 44
Bottega + Erhardt 95, 103
Burckhardt + Partner 193
Burkard Meyer Architekten 240
Burnham, Daniel Hudson 43
Clive Wilkinson Architects 104
Calatrava & Frei 105
Campi, Mario 101
Chakhava, G. 99
de Architekten Cie. 107
de Ruiter, Paul 102
de Vattel, Lucien 47, 101
Dietz & Joppien 105, 153
Eisele & Fritz 106
Eisenman, John 105
EM2N 236
Fink + Jocher 133
Foster, Norman 47, 91, 93, 101, 104
Fügenschuh, Daniel 224
Gilbert, Cass 44
GRAFT 234
Gropius, Walter 44
Grose J. 105
Grüntuch Ernst Architekten 106
Gsell-Heldt, Robert 94
Gysin, Bob 93
Hadid, Zaha 80
Hagemann, Otto 45
Haller, Martin 43
Harrison, Wallace K. 90
HZDS Architekten 94
henke und schreieck 242
Héré, Emmanuel 42
Hertzberger, Herman 47, 107
Herzog + Partner 216
Höger, Fritz 44

Holl, Elias 41
Hood, Raymond 45
Hotz, Theo 93
Howe, George 45
HPP Hentrich-Petschnigg & Partner 46, 102, 103
Hubacher & Steiger 45
Hübsch, Heinrich 43
Ingenhoven Architekten 214
Kaufmann, Oskar Leo 232
Kees Christiaanse & Astoc 100
KSP Engel + Zimmermann 94
Kyncl Gasche Partner 82
Lainer, Rüdiger 250
Lawrow, W. 44
Le Baron Jenney, William 43
Le Cobursier 44, 46, 47, 90, 101
Lederer + Ragnarsdóttir + Oei 100
Lescaze, William 45
Loos, Adolf 44
Love 182
marte.marte 238
Mateo, Josep Lluís 252
May, Ernst 77
Mei Architecten 95
Meixner Schlüter Wendt Architekten 170
Metron 63, 200
Meyer & Scherer 103
Miller & Maranta 93
Müller, G. 91
MVRDV 101, 184
Neumann, Balthasar 42
Nil Hürzeler 104
Olgiati, Valerio 103
Oliva-Remolà arquitectos 228
OMA 91, 100
OTH architects 95
Pen, S. 45
pfeifer. roser. kuhn. architekten 156
Pfleghardt & Häfeli 82
Poitiers, André 63, 122
Raderschall Architekten 193
REX 85
RKW Architekten 104
Rogers, Richard 133
Romero, Franz 102
Rudnev, L. 45
SADAR VUGA ARHITEKTI 168
Sagebiel, Ernst 44
Salvisberg, Otto 44
SANAA 244
Sauerbruch Hutton 106, 248
Schilling Architekten 226

Scotti, Georg 46
Seelinger + Vogels 93, 102
Shreve, Lamb & Harmon Associates 45, 100
Soane, John 42
SOM – Skidmore, Owing and Merrill 46
Spangenberg, Gerhard 106
Steidle & Partner 138
Stürm & Wolf 100
Terragni, Guiseppe 45
Torp, Niels 102
van Alen, William 45, 90
van der Rohe, Mies 44, 46
Williams, Owen 90
Wright, Frank Lloyd 44

Quellennachweis und Literaturverzeichnis

Arbeit verstehen

Arbeit heute
1 Statistisches Bundesamt, Immobilien-Wirtschaft in Deutschland, 2006
http://www.statistik-portal.de/Statistik-Portal/de_jb01_jahrtab1.asp
2 Dostal, Werner: Mitteilungen aus der Arbeitsmarkt- und Berufsforschung (MittAB). Die Informatisierung der Arbeitswelt – Multimedia, offene Arbeitsformen und Telearbeit, 1995
3 gif „Bürobeschäftigte und Büroflächenbestände in Deutschland."
4 ebd.
5 Jones Lang LaSalle, Büromarktüberblick 2009
6 Jonas Lang LaSalle, Büroflächenkennziffern Q1 2009
7 Eurostat Jahrbuch 2008, Europa in Zahlen
8 ebd.
9 ebd.
10 ebd.
11 Vorrang für den Mittelstand, Ausgabe 2008, Europäische Gemeinschaften
12 Cushman & Wakefield Inc.
13 Atisreal International Research, Büromarkt – 1. Quartal 2009, Europe Quarterly
14 Cushman & Wakefield Inc., European Landlord & Tenant Survey 2009
15 ebd.
16 „Gesellschaft im Reformprozess", Die Friedrich Ebert Stiftung, 2006
17 GDI Impuls, Arbeit. Womit wir uns in der Zukunft beschäftigen werden, 2006, S. 18

Ökonomie
1 Statistisches Bundesamt.
ifs Institut für Städtebau, Wohnungswirtschaft und Bausparwesen e.V., Berlin, Folge 2/2006, S. 1
Jonas Lang LaSalle, Büroflächenkennziffern Q1 2009, Studie zur Belegung von Büroflächen, S. 2
2 Statistisches Bundesamt, Wo bleibt die Zeit, 2003
3 Publikation „Vorrang für den Mittelstand, Europa ist gut für KMU - KMU sind gut für Europa", Europäische Gemeinschaften, 2008
4 Mittelstanddefinition nach IfM, Bonn,
siehe http://www.ifm-bonn.org/index.php?id=89
5 Publikation „KMU im Brennpunkt, Hauptergebnisse des Beobachtungsnetzes der europäischen KMU" 2002, S. 4
6 BKI, Baukosteninformationszentrum, Stuttgart 2005, S. 46, S. 57, S. 68
Jonas Lang LaSalle, Büroflächenkennziffern Q1 2009, Studie zur Belegung von Büroflächen, S. 2
7 Publikation „Vorrang für den Mittelstand, Europa ist gut für KMU – KMU sind gut für Europa", Europäische Gemeinschaften, 2008
8 Statistisches Bundesamt: Deutschland, Erwerbstätige im Inland, Juli 2009
9 Industriegewerkschaft Metall, Vorstand (Hrsg.): Gute Arbeit im Büro. Neue Bürokonzepte gemeinsam gesund gestalten, 2004
http://www.gaggenau.igm.de/downloads/artikel/atachments/ARTID_13484_20070813104118.pdf?name=ArbeitshilfeBuero.pdf
10 http://www.quickborner-team.de/
11 http://www.sueddeutsche.de/jobkarriere/608/454291/text/, 25.07.2009
http://www.buero-forum.de/de/infoservice/forschungsprojekte/arbeitswelt/, 25.07.2009
Orginal: „Should Health Service Managers Embrace Open Plan Work Environments? A Review". Asia Pacific Journal of Health Management, 2008
12 http://www.humanbuilding.ch
13 Erni, Peter u. a.: „Transfer", Köln 1999

Stadt, Quartier, Haus
1 Sennett, Richard: Der flexible Mensch, Die Kultur des neuen Kapitalismus, Berlin 1998

Arbeit und...

Kommunizieren
1 Watzlawick, Paul: Menschliche Kommunikation, Bern u.ö., 1969, S. 53
2 Kleist, H. v.: Über die allmähliche Verfertigung der Gedanken beim Reden. An R[ühle] v[on] L[ilienstern]. 1805/06. Aus: Anekdoten. Kleine Schriften. München 1964, S. 53-58
3 Ising, H./ Sust, C. A./ Plath, P. : Lärmwirkungen; Gehör, Gesundheit, Leistungen, 11. Auflage, Dortmund 2004
4 Wiesner-Hager (Hrsg.): Kommunikation und Raum, 2002
5 Englich, G./ Remmers, B.: Planungshandbuch für Konferenz- und Kommunikationsräume, Bad Münder 1997

Typologie
1 Meel, J.J.: The European Office, Rotterdam, 2000

Gestalten Designen
1 Frei nach: Fuhrmann, Peter: Bauplanung und Entwurf. Grundlagen und Methoden der Gebäudelehre Stuttgart 1998, S. 190
2 Frei nach: Gottschalk, Ottomar : „Flexible Verwaltungsbauten", Quickborn 1968, Grafik Karin Eckl

Literaturverzeichnis

Albrecht, Stephan: Mittelalterliche Rathäuser in Deutschland, Darmstadt 2004

Arch+ 136, Aachen 1997, S. 49: Wagener, Wolfgang: Basics, Methoden der Formfindung, Basel/Berlin/Boston 2008

Baumgartner, A. Doris: Die flexible Frau, Frauenerwerbsarbeit im Werte- und Strukturwandel, Zürich 2008

Beck, Ulrich (Hrsg.): Die Zukunft von Arbeit und Demokratie, Frankfurt am Main 2000

Beck, Ulrich: Auf dem Weg in eine andere Moderne, Frankfurt am Main 1986

Beck, Ulrich: Schöne neue Arbeitswelt, Vision: Weltbürgerschaft, Frankfurt am Main 1999, S. 44

Benevolo, Leonardo: Die Geschichte der Stadt, 1975

Boesch, J.; Schläpfer R.: Weltgeschichte Band 1 + 2, Zürich 2008

Boesiger W.; Stonorov O.: Le Corbusier Oeuvre complète, Zürich 1964

Bolliger, R. H.; Ruhstaller, B.: Immobilien Marketing. Mehrwert für Liegenschaften. Bolliger/Ruhstaller c/o acasa Immobilienmarketing, 2004

Borras, Montse; Küper, Beate: Lobby Design, daab GmbH, Köln/London/New York, Editori Laterza, Rom/Bari, Frankfurt am Main 2006

Boulin, J.-Y.; Hoffmann, R. (Hrsg.): Neue Wege in der Arbeitszeitpolitik, Westfälisches Dampfboot, Münster 2001

Brandes, Uta: Citizen Office. Andrea Branzi. Michele De Lucchi, Ettore Sottsass, Steidl Verlag,1994

Bundi, Madlaina (Hrsg.): Erhalten und Gestalten – 100 Jahre Schweizer Heimatschutz, hier + jetzt Verlag, Baden, 2005

Bürkle, J.- Ch., u. a.: Giuseppe Terragni – Modelle einer rationalen Architektur, Sulgen 1999

Bürkle, J.- Ch., u. a.: SVA Zürich; Der Neue Standort, SVA von Stürm & Wolf, Sulgen 1999

Chan-Magomedov, S. O.: Pioniere der Sowjetischen Architektur, Wien/Berlin 1983

Ching, Francis D. K.: Die Kunst der Architekturgestaltung, Augsburg, überarbeitete und erweiterte Neuausgabe 1996

Cipolla, Carlo M.: Geld-Abenteuer, Berlin 1995

Czech, Hermann, u. a.: (Durchführung der Ausstellung): Adolf Loos, Graphische Sammlung Albertina, Wien 1989

Deckstein, D., Felixberger, P.: Arbeit neu denken, Frankfurt am Main/New York 2000

Drexhage, H.- J.; Konen, H.; Ruffing, K.: Die Wirtschaft des Römischen Reiches (1.-3. Jahrhundert), Berlin 2002

Duchardt, Heinz: Europa am Vorabend der Moderne 1650-1800, Stuttgart 2003

Quellennachweis und Literaturverzeichnis

Edition Le Monde diplomatique: Die Globalisierungsmacher, No. 2, Berlin 2007
Eisele J., u. a.: Serie „Bürowelten", Hrsg. European Business School und TU Darmstadt, FB Architektur, FG E + Baugestaltung
Eisele, J.; Staniek, B. (Hrsg.): BürobauAtlas, München 2005
Erni, P.; Huwiler, M.; Marchand, Ch.: Transfer. Erkennen und Bewirken, Baden 1999
Fonati, Franco: Elementare Gestaltungsprinzipien in der Architektur, Wiener Akademie-Reihe Band 11, Herausgegeben von Gustav Peichl, Wien 1982
Forum and Workshop Venice 2000 – New Working and Living Conditions in Cities
Friebe, H.; Lobo, S.: Wir nennen es Arbeit, München 2006
Fritz, Hans-Joachim: Menschen in Büroarbeitsräumen, München 1982
GDI Impuls: Arbeit. Womit wir uns in der Zukunft beschäftigen werden, 2006
Geist, J. F.: Die Passage, München 1982
Goldberger, Paul: The Skyscraper, New York 1992
Gottschalk, Thomas: Flexible Verwaltungsbauten, Quickborn 1968
Gottschalk, Thomas: Verwaltungsbauten, Gütersloh 1994
Haas, H.; Stekl, H. (Hrsg.): Bürgerliche Selbstdarstellung – Städtebau, Architektur, Denkmäler, Wien/Köln/Weimar 1995
Hascher, R.; Jeska, S.; Klauck, B. (Hrsg.): Entwurfsatlas Bürobau, Basel/Berlin/Boston 2002
Heindl, Gabu (Hrsg.): Arbeit Zeit Raum, Wien 2008
Heinelt, Hubert, u. a. (Hrsg.): Wissensbasierte Dienstleister in Metropolräumen, Opladen & Farmington Hills 2007
Heisel, Joachim P.: Planungsatlas, Bauwerk, 2004
Henckel, D.; Eberling, M.; Grabow, B.: Zukunft der Arbeit in der Stadt, Stuttgart/Berlin/Köln 1999
Henkel, Dietrich: Entscheidungsfelder städtischer Zukunft, Stuttgart/Berlin/Köln 1997
Herre, Franz: Die Fugger in ihrer Zeit, Augsburg 1985
Hitchcock, H.-R., u. a.: Baukunst – Von den Anfängen bis zur Moderne, Gütersloh 1966
Holenweger, T., Conrad, H. P. (Hrsg.): Arbeit und Zeit – Neue Arbeitszeitmodelle aus der Praxis, Zürich 1998
Homberger, Eric: The Historical Atlas of New York City, New York 1994
Hunke, Heinrich: Hanse und Downing Street, Berlin 1940
Jessen; Siebel; Siebel-Rebell; Walther; Weyrather: Arbeit nach der Arbeit, Opladen 1988
Joedicke, Jürgen: Büro- und Verwaltungsbauten, Stuttgart 1975
Kasten, G.; Soskice, D.: Europäische Beschäftigungspolitik – Möglichkeiten und Grenzen, Marburg 2001
Kinder, H., u. a. (Hrsg.): dtv-Atlas Weltgeschichte, München 2006

Knell, Heiner: Grundzüge der griechischen Architektur, Darmstadt 1980
Knirsch, Jürgen: Büroräume, Bürohäuser, Leinfelden-Echterdingen 1996
Kocke, J.; Offe, C. (Hrsg.): Geschichte und Zukunft der Arbeit, Frankfurt am Main/New York 2000
Kraemer, F. W.; Meyer, D.: Bürohausgrundrisse, Leinfelden-Echterdingen 1974
Krämer; Richter; Wendel; Zinßmeister (Hrsg.): Schöne neue Arbeit, Mössingen 1997, S. 122
Krätke, Stefan: Stadt, Raum, Ökonomie, Basel/Berlin/Boston 1995
Krumm, Carolin: Der Spätmittelalterliche bis frühneuzeitliche Markt- und Verwaltungsbau in Südwestdeutschland, Oberhausen 2001
Kurz, D.; Maurer, B.; Oechslin, W. (Hrsg.): METRON Planen und Bauen 1965-2003, Zürich 2003
Lampugnani, Vittorio Magnago: Moderne Architektur in Deutschland 1900 bis 1950 – Reform und Tradtion, Stuttgart 1992
Messedat, Jons: Corporate Architecture, Ludwigsburg 2005
Meuthen, Erich: Das 15. Jahrhundert, München 1996
Meyer-Bohe, Walter: Atlas Gebäudegrundrisse, Band 3 – Dienstleistung, Gewerbe, Verkehr, Stuttgart 2003
Mostaedi, Arian: Factories & Office Buildings, Barcelona 2008
Myerson, Jeremy; Ross, Philip: Bürodesign heute, München 2003
Myerson, Jeremy; Ross, Philip: The Creative Office, London 1999
Nagel, S.; Linke, S.: Verwaltungsbauten, Gütersloh 1972
Nerdinger, Winfried: Walter Gropius, Bauhaus Archiv, Berlin 1985
Neufert E., u. a; Neufert P. (Hrsg.): Bauentwurfslehre, verschiedene Ausgaben, u. a. Wiesbaden, Auflage 35, April 2000; Auflage 37, 2002, Auflage 39, überarbeitet und aktualisiert
Neuhaus, Kai-Jochen: Büro- und Geschäftsräume, Beck-Rechtsberater, München 2005
Noever, Peter (Hrsg.): Tyrannei des Schönen, München/New York 1994
NZZ Folio Nr.1, 2000: Jobs! - Schöne neue Arbeitswelt, Zürich 2000
NZZ Folio Nr.9, 1993: Arbeit, Zürich 2000
Oswalt, Ph.; Vismann, B.: Das Büro ohne Eigenschaften, oder: Wie ein Bürogebäude entsteht. Unter http://www.oswalt.de/de/text/txt/office.html (22.06.2009)
Paul, Donna: The Home Office Book, New York 1996
Pélegrin-Genel, Elisabeth: Büro, Köln 1996
Peters, Arno: Synchronoptische Weltgeschichte, München 1970/1999

Pfammatter, Ulrich: In die Zukunft gebaut, München 2005
Pogade, Daniela: Inspiration Office, Berlin 2008
Polo, Giancarlo (Hrsg.): Edoardo Persico, Die Freiheit des Geistes, Basel/Berlin/Boston 1993
Prokla 150: Umkämpfte Arbeit, Westfälisches Dampfboot, Berlin 2008
Rifkin, Jeremy: Das Ende der Arbeit und ihre Zukunft, New York,1995 und Frankfurt am Main 2004
Risselada, Max: Raumplan versus Plan Libre, Delft 1987
Rogers, R.: Reith Lectures, Britischer Rundfunk, BBC London 1995
Rosenberger, B.: Standortwahl, IHK München und Niederbayern 2006
Ruano, Miguel: Ökologischer Städtebau, Stuttgart + Zürich 1999
Schleifer, Simone (Hrsg.): Small Office, Köln 2005
Schleifer, Simone (Hrsg.): Working Space, Raum für Arbeit, Köln 2005
Schmid, Gottfried: Völker an der Arbeit, Band 1 + 2, Zürich 1952
Schneider, R.; Wang, W.: Moderne Architektur in Deutschland 1900 bis 2000 – Macht und Monument, Stuttgart 1998
Schneider, Norbert F., Meil, Gerardo: Mobile Living Across Europe I, Leverkusen Opladen 2008
Schramm, H.: Low Rise, High Density, Heidelberg 2004
Schulz, Annika: work! - Best of Office Design, Berlin 2008
Schumacher, Fritz: Das bauliche Gestalten / Fritz Schumacher, Basel/Berlin/Boston 1991
Schumann-Bacia; Eva-Maria: John Soane und die Bank of England 1788 bis 1833, Hildesheim/ Zürich/New York 1990
Sennett, Richard: Der flexible Mensch – Die Kultur des neuen Kapitalismus („The Corrosion of Character"), Berlin 2000 (1998)
Sieverts, Ernst: Bürohaus- und Verwaltungsbau, Stuttgart 1980
Silver, Nathan: Lost New York, New York 1967
Stewart, Matthew: The Other Office, Frame Publishers, Amsterdam, Basel/Berlin/Boston 2004
Thierfelder, Anja (Hrsg.): Transsolar, Klima-Engineering, Basel/Berlin/Boston 2003
Tiqqun (Aurorenkollektiv): Kybernetik und Revolte, Zürich-Berlin 2007
Van Maal, Juriaan: The European Office, Rotterdam 2000
van Uffelen, Chris: Offices, Verlagshaus Braun, Berlin, 2007
Voss, K.; Löhnert, G.; Herkel, S.; Wagner, A.; Wambsganß, M.: Bürogebäude mit Zukunft. BINE- Informationsdienst, Konzepte, Analysen, Erfahrungen, Solarpraxis AG, 03/2006
Votteler, Arno: Lebensraum Büro – Ideen für eine neue Bürowelt, München/Stuttgart 1992

Quellennachweis und Literaturverzeichnis

Werner, Katja; Tietenberg, Annette: Office Solution Nr. 04/05, Basel/Berlin/Boston und Frankfurt am Main 2004

Wielens, Hans: Neues Leben in alten Gebäuden, Münster 1999

Willke, Gerhard: Die Zukunft unserer Arbeit, Frankfurt am Main/New York 1999

Wüstenrot Stiftung (Hrsg.): Räumlicher Strukturwandel im Zeitalter des Internets, Wiesbaden 2004

Wüstenrot Stiftung (Hrsg.): Umnutzungen im Bestand – Neue Zwecke für alte Gebäude, Stuttgart + Zürich 2000

Wüstenrot Stiftung (Hrsg.):Telearbeit in der postindustriellen Gesellschaft, Stuttgart/Berlin/Köln 2000

Yerasimos, Stéphane: Konstantinopel – Istanbuls historisches Erbe, Köln 2000

Sonstige Quellen:

Berufsgenossenschaft:
BGI 650 „Bildschirm- und Büroarbeitsplätze" – Leitfaden für die Gestaltung
BGI 5050 „Büroraumplanung" – Hilfen für das systematische Planen und Gestalten von Büros
BGI 5001 „Büroarbeit – sicher, gesund und erfolgreich

DIN Normen:
DIN 4543-1: 1994-09
Büroarbeitsplätze – Teil 1: Flächen für die Aufstellung und Benutzung von Büromöbeln; Sicherheitstechnische Anforderungen, Prüfung
DIN 16555: 2002-12
Büroarbeitsplatz – Flächen für Kommunikationsarbeitsplätze in Büro- und Verwaltungsgebäuden – Anforderungen, Prüfung
DIN EN ISO 9241-5: 1999-8
Ergonomische Anforderungen für Bürotätigkeiten mit Bildschirmgeräten – Teil 5: Anforderungen an Arbeitsplatzgestaltung und Körperhaltung (ISO 9241-5: 1998); Deutsche Fassung EN ISO 9241-5: 1999
DIN EN ISO 9241-6: 2001-03
Ergonomische Anforderungen für Bürotätigkeiten mit Bildschirmgeräten – Teil 6: Leitsätze für die Arbeitsumgebung (ISO 9241-6: 1999); Deutsche Fassung EN ISO 9241-6: 1999
DIN EN 527-1
Büromöbel - Büro-Arbeitstische - Teil 1: Maße; Deutsche Fassung EN 527-1: 2008

Europäische Richtlinien:
Arbeitsschutzrahmenrichtlinie 89/391/EWG
Arbeitsstättenrichtlinie 89/654/EWG
Bildschirmrichtlinie 90/270/EWG

Gesetze und nationale Richtlinien:
Arbeitsstättenrichtlinien (ASR)

Verordnungen:
Arbeitsstättenverordnung (ArbStättV) 1975/2004
Bildschirmarbeitsverordnung (BildscharbV)
Betriebssicherheitsverordnung (BetrSichV)

http://www.buero_forum.de/

Bildnachweis

32	Mitte: Helmut Luley, Bonn
33	links: Paul S. Docherty
33	rechts: Wikimedia Commons
34	links unten: John Allan Cash (www.allancashpicturelibrary.com)
35	Mitte links: ZDF Enterprises, Mainz
35	Mitte rechts: aus Benevolo, Leonardo: Die Geschichte der Stadt, Campus Verlag
36	links: unbekannt
36	Mitte links: unbekannt
36	Mitte rechts: Stiftsbibliothek St. Gallen
37	Mitte: Archiv Foto Marburg, aus Koch, Wilfried: Baukunst – Von den Anfängen bis zur modernen Architektur, Bertelsmann, Gütersloh, 1967
38	rechts: aus privater Postkartensammlung von Markus Gasser
38	Mitte links: Florian Adler, Lizenziert unter GNU-Lizenz für freie Dokumentation
38	Mitte rechts: Rechtsarchäologische Sammlung Karl von Amira (1848-1930)/ Leopold-Wenger-Institut und digitale Bibliothek der Bayerischen Staatsbibliothek
39	links: unbekannt
39	Mitte links: unbekannt
39	Mitte rechts: Matthew Tiscareno, Ithaca
40	links: Stephan Eigendorf, Bremen
40	Mitte links: Rechtsarchäologische Sammlung Karl von Amira (1848-1930)/ Leopold-Wenger-Institut und digitale Bibliothek der Bayerischen Staatsbibliothek
40	Mitte rechts: Herzog Anton Ulrich-Museum, Kunstmuseum des Landes Niedersachsen, Niedersächsische Landesmuseen Braunschweig
40	rechts: aus Benevolo, Leonardo: Die Geschichte der Stadt, Campus Verlag
41	links: unbekannt
41	Mitte rechts: Wikimedia Commons
41	rechts: Archiv Foto Marburg, aus Koch, Wilfried: Baukunst – Von den Anfängen bis zur modernen Architektur, Bertelsmann, Gütersloh, 1967
42	links: Jaime Silva
42	Mitte: unbekannt
42	rechts: unbekannt
43	links: aus: Wolfgang Hermann, Deutsche Baukunst 19. und 20. Jahrhundert, GTA Verlag/Birkhäuser, 1977
43	Mitte links: Nathan Silver
43	Mitte: Chigaco Historical Society
43	Mitte rechts: Chicago Architectural Photographic Company
43	rechts: Staatsarchiv Hamburg
44	oben links: VG Bild-Kunst, Bonn 2009
44	oben 2. v. links: Irving Underhill /©Corbis
44	oben Mitte links: aus Deutschlands Städtebau, Breslau, Berlin 1921
44	oben Mitte rechts: Nachlass Le Corbusier
44	oben 3. v. rechts: Nachlass Mies van der Rohe
44	oben 2. v. rechts: Nachlass Adolf Loos
44	oben rechts: Atelier N. Ladowski, Moskau
44	unten links: unbekannt
44	unten 3. v. links: Busch-Reisinger Museum und Bauhaus-Archiv, Berlin
44	rechts: gta Archiv/ETH Zürich, Foto: Otto Salvisberg
45	oben Mitte rechts: Philadelphia Saving Fund Society
45	oben rechts: Samuel Gottscho
45	unten links: unbekannt
45	unten 2. v. links: BAZ Baugeschichtliches Archiv Zürich, Foto: Wolf Bender
45	unten 2. v. rechts: Deutsches Bundesarchiv Berlin
45	unten rechts: aus den Beständen des GMA – Staatliches Museum für Architektur, Privatsammlung, Fotos: Heinz Großkopf + Igor Palmin
46	oben links: DoD photo by Master Sgt. Ken Hammond, U.S. Air Force
46	oben rechts: GIG Grundeigentümer-Interessengemeinschaft City Nord GmbH, Hamburg
46	unten links: www.profilm.de
46	unten 2. v. links: G. Schmidter
46	unten Mitte: Deutsche Post AG
47	links, 2. v. oben: unbekannt
48	links, 2. v. unten: Aerophoto, Schiphol
49	links unten: Ken Kirkwood
57	oben links: Deutsche Bank AG
57	oben Mitte links: David Franck, Ostfildern
57	oben Mitte rechts: DEGW, www.degw.de
57	oben rechts: DEGW, www.degw.de
57	unten, 2. v. rechts: Hendrik Blaukat
57	unten rechts: ERCO GmbH, Lüdenscheid
63	rechts: unbekannt
74	links: unbekannt
74	Mitte: unbekannt
78	links oben: unbekannt
80	links: Bene AG
80	Mitte: Peter Baldes
80	rechts: Esther Kluth
84	unten links: Ian Lambot/ aus der Publikation „City of Darkness – Life in Kowloon Walled City", Berlin 1993
85	Mitte: Abalos + Sentiewicz
85	rechts: Abalos + Sentiewicz
87	Mitte: unbekannt/ aus der Publikation „Small Offices", Köln 2005
87	rechts: Scagliola/Brakke, Rotterdam
91	links oben: DoD photo by Master Sgt. Ken Hammond, U.S. Air Force
91	links unten: U.S. Department of the Interior, National Park Service, Historic American Buildings Survey. Survey number HABS MICH, 82-DETRO, 22-/U.S. Library of Congress, Prints and Photographs Division, „Built in America" Collection
91	Mitte: Courtesy of the Office for Metropolitan Architecture (OMA)
91	rechts oben: Google Earth, AEROWEST GmbH, Dortmund
91	rechts unten: Google Earth, AEROWEST GmbH, Dortmund
92	links oben: Adolph Wittmann
92	Mitte: Adolph Wittmann
93	unten rechts: Simone Rosenberg, München
94	links: Madleina Bundi, aus „Erhalten und Gestalten – 100 Jahre Schweizer Heimatschutz, Zürich 2005
94	Mitte: Klonk Fotodesign
94	rechts: WWF Schweiz, www.wwf.ch
95	links: Kraanspoor, Amsterdam North –architecture: OTH, Foto: Christiaan de Bruijne
95	Mitte: David Franck, Ostfildern
95	rechts: Luuk Kramer, Amsterdam
99	unten: Geert Goiris
100	oben links: Courtesy of the Office for Metropolitan Architecture (OMA)
100	oben rechts: Google Earth & Stürm & Wolf, www.teleatlas.com
100	Mitte links: H.G. Esch, Hennef
100	Mitte rechts: unbekannt
100	unten links: Roland Halbe, Stuttgart
101	oben rechts: unbekannt
101	Mitte rechts: Ken Kirkwood
101	unten links: unbekannt
101	unten rechts: Camilo José Vergara, aus „The New American Ghetto"
102	oben links: H.G. Esch, Hennef
102	oben rechts: unbekannt
102	Mitte rechts: Simone Rosenberg, München
102	unten links: Rob 't Hart, Rotterdam
102	unten rechts: Google Earth, Zusammensetzung & Überarbeitung TU Darmstadt
103	oben rechts: David Franck, Ostfildern
103	Mitte links: Santander Consumer Bank
103	Mitte rechts: Timothy Hursley

Bildnachweis

103	unten links: Google Earth, www.teleatlas.com
103	unten rechts: Archive Olgiati
104	oben links: Stefan Müller-Naumann, München
104	oben rechts: Benny Chan
104	Mitte rechts: unbekannt
104	unten links: Foster + Partners
104	unten rechts: Stuart Hopps
105	oben links: VIEW Pictures, London
105	oben rechts: John Gollings
105	Mitte rechts: Robert Metsch Fotografie, Offenbach
105	unten links: Library of Congress, Prints and Photographs Division, Historic American Buildings Survey, Martin Linsey, Photographer, HABS OHIO, 18-CLEV, 6-4
105	unten rechts: Züblin AG
106	oben links: Werner Huthmacher, Berlin
106	oben rechts: WISTA Management GmbH, Berlin
106	Mitte links: Leprowski Studios
106	Mitte rechts: unbekannt
106	unten links: unbekannt
106	unten rechts: Google Earth, Zusammensetzung & Überarbeitung TU Darmstadt
107	oben links: Stefan Schneider, Düsseldorf
107	Mitte rechts: Luuk Kramer, Amsterdam
107	unten rechts: Aerophoto, Schiphol
122	Klaus Frahm, Hamburg
124	Christian Richters, Münster
133	Mitte: Yuichiro Kodama, Building Research Institute
133	rechts: Michael Heinrich, München
138	Reinhard Görner, Berlin
140	unbekannt
154	Robert Metsch Fotografie, Offenbach
156	Ruedi Walti, Basel
168	Hisao Suzuki
170	Christoph Kraneburg, Köln
182	Love architecture and urbanism, Graz
184	unbekannt
198	Jens Passoth, Berlin
200	Google Inc./Foto: Peter Würmli
208	links: Courtesy of Apple
208	Mitte: Silicon Graphics International/Helmut Payer, produced by gsiCom
208	rechts: Markus Gasser und Roland Wick
210	Mitte rechts: unbekannt
210	rechts: Grey Crawford
211	links: unbekannt
211	Mitte rechts: Ralph Morse
214	Deutsche Lufthansa AG
216	Christoph Rehbach, Fuchstal
222	Stefan Schneider, Düsseldorf
224	Christian Flatscher, Innsbruck
226	Jens Willebrand, Köln
228	Duccio Malagamba, Barcelona
230	Stefan Krämer
232	Adolf Bereuter, Lauterach
234	Ricardo Ridecous
236	Hannes Henz, Zürich
238	Bruno Klomfar, Wien
240	Roger Frei, Zürich
242	Margherita Spiluttini, Wien
244	Christian Richters, Münster
246	Hertha Hurnaus, Wien
248	Michael Erxleben
250	Wirtschaftskammer Niederösterreich
252	Jordi Bernardó

Alle anderen Bilder bei Markus Gasser, Mario Tvrtković, Carolin zur Brügge.

Alle Grafiken und Zeichnungen bei Markus Gasser, MarioTvrtković, Carolin zur Brügge.

außer

Seite 22-23, Die Megamaschine.
Theo Deutinger, Romuald Dehio, http://td-architects.eu/

Autoren

Markus Gasser (Zürich, 1959)
Architekt, Prof. Dipl. Arch. ETH, Inhaber der Professur Entwerfen und Siedlungsentwicklung Fachbereich Architektur, Technische Universität Darmstadt, freier Architekt
gasser@upspace.com

Carolin zur Brügge (Düsseldorf, 1977)
Dipl.-Ing., Wissenschaftliche Mitarbeiterin an der Professur Entwerfen und Siedlungsentwicklung, Fachbereich Architektur, Technische Universität Darmstadt

Mario Tvrtković (Zenica, 1976)
Dipl.-Ing., Wissenschaftlicher Mitarbeiter an der Professur Entwerfen und Siedlungsentwicklung, Fachbereich Architektur, Technische Universität Darmstadt
mtv@urbanorbit.net

Im Rahmen der Entwicklung des Buches wurden von uns mehrere Seminare an der TU Darmstadt veranstaltet, die sich in verschiedener Form mit den betrachteten Inhalten auseinandersetzten. Den Seminarteilnehmern sei an dieser Stelle ausdrücklich für ihre wertvolle Arbeit gedankt. Zusätzlich zu den Seminarteilnehmern haben uns mehrere wissenschaftliche Hilfskräfte bei dem Projekt unterstützt. Insbesondere bei Friederike Diehl und Philippa Glaser möchten wir uns für ihre professionelle Mitarbeit bedanken.